高等师范院校系列教材
学前教育专业核心课教材 吴玲/执行总主编

幼儿园数学教育活动设计与指导

张更立 主编
杨日飞 游 达 副主编

Youeryuan Shuxue Jiaoyuhuodong
Sheji yu Zhidao

安徽大学出版社

图书在版编目(CIP)数据

幼儿园数学教育活动设计与指导/张更立主编.—合肥:安徽大学出版社,2014.1(2019.10重印)

ISBN 978-7-5664-0531-9

Ⅰ.①幼… Ⅱ.①张… Ⅲ.①数学课－课程设计－学前教育 Ⅳ.①G613.4

中国版本图书馆 CIP 数据核字(2013)第 252108 号

幼儿园数学教育活动设计与指导

张更立 主 编
杨日飞 游 达 副主编

出版发行:安徽大学出版社
    (安徽省合肥市肥西路3号 邮编230039)
    www.ahupress.com.cn
印　　刷:安徽省人民印刷有限公司
经　　销:全国新华书店
开　　本:170mm×240mm
印　　张:17.5
字　　数:340千字
版　　次:2014年1月第1版
印　　次:2019年10月第6次印刷
定　　价:45.00元
ISBN 978-7-5664-0531-9

策划编辑:谢 莎 　　　　　装帧设计:李 军
责任编辑:徐 建 　　　　　美术编辑:李 军
责任校对:程中业 　　　　　责任印制:赵明炎

版权所有　侵权必究

反盗版、侵权举报电话:0551－65106311
外埠邮购电话:0551－65107716
本书如有印装质量问题,请与印制管理部联系调换。
印制管理部电话:0551－65106311

目 录

前言 ·· 1

第一章　幼儿园数学教育的基本理论 ·································· 1
  第一节　幼儿园数学教育的研究对象与研究内容 ················· 1
  第二节　幼儿园数学教育的意义与任务 ························· 6
  第三节　幼儿怎样学习数学 ··································· 13
  第四节　我国幼儿园数学教育的发展概况 ······················· 33

第二章　幼儿园数学教育的目标与内容 ································ 36
  第一节　幼儿园数学教育的目标 ······························· 36
  第二节　幼儿园数学教育的内容 ······························· 44

第三章　幼儿园数学教育的途径与方法 ································ 59
  第一节　幼儿园数学教育的途径 ······························· 59
  第二节　幼儿园数学教育的方法 ······························· 68

第四章　幼儿园数学教学活动设计 ···································· 80
  第一节　教学设计概述 ······································· 80
  第二节　幼儿园数学教学活动设计的依据与原则 ················· 83
  第三节　幼儿园数学教学活动的结构设计 ······················· 87
  第四节　幼儿园数学教学活动的程序设计
      ——三阶梯教学程序设计 ··························· 92

第五章　幼儿感知集合的发展与教育 ·································· 98
  第一节　集合的基本知识 ····································· 98

第二节　幼儿感知集合的意义与发展特点……………………………… 102
第三节　幼儿感知集合的教育……………………………………………… 106

第六章　幼儿初步数概念的发展与教育……………………………… 121
第一节　自然数的基本知识……………………………………………… 121
第二节　幼儿 10 以内初步"数"概念的发展特点…………………… 123
第三节　幼儿 10 以内"数"概念的教学………………………………… 126

第七章　幼儿 10 以内加减运算能力的发展与教育…………………… 145
第一节　关于加减运算的基本知识……………………………………… 145
第二节　幼儿加减运算能力的发展……………………………………… 146
第三节　幼儿 10 以内数的加减运算的教学…………………………… 152

第八章　幼儿认识几何图形能力的发展与教育………………………… 164
第一节　关于几何图形的基本知识……………………………………… 164
第二节　幼儿认识几何图形能力的发展特点…………………………… 169
第三节　幼儿认识几何形体的教学……………………………………… 175

第九章　幼儿物理量概念的发展与教育………………………………… 190
第一节　物理量的基本知识……………………………………………… 190
第二节　幼儿物理量概念的发展………………………………………… 193
第三节　幼儿认识物理量的教学………………………………………… 199

第十章　幼儿空间方位概念的发展与教育……………………………… 220
第一节　关于空间方位的基本知识……………………………………… 220
第二节　幼儿空间方位概念的发展特点………………………………… 222
第三节　幼儿认识空间方位的教学……………………………………… 224

第十一章　幼儿时间概念的发展与教育………………………………… 236
第一节　关于时间认知的基本知识……………………………………… 237
第二节　幼儿时间概念的发展特点……………………………………… 239
第三节　幼儿认识时间的教学…………………………………………… 243

第十二章　幼儿园数学教育评价………………………………………… 253
第一节　幼儿园数学教育评价概述……………………………………… 253
第二节　幼儿园数学教育评价的类型与方法…………………………… 258
第三节　幼儿园数学教育评价的基本原则……………………………… 264
第四节　当前幼儿园数学教育评价存在的问题与发展趋势…………… 266

参考文献……………………………………………………………………… 270

前　言

本书是北京师范大学出版集团安徽大学出版社为适应当前政府大力发展学前教育和培养幼儿教师队伍的要求，而组织编写的学前教育专业核心课程教材之一。本书既可作为高等师范院校学前教育专业的普通大专以上程度学生、自考学生和函授学生的教材，也可作为幼教工作人员的学习指导用书。本书系统地向学习者介绍幼儿园数学教育中有关"学"和"教"的理论与方法。

本书具有以下特点：

第一，理论依据充分。本书围绕幼儿学习数学的可能性、必要性以及幼儿学什么、怎样学和教师如何教等问题，系统吸收了现代认知心理学、发展心理学和学习心理学等学科的相关理论，总结了已有的关于幼儿数学学习和教育方面的研究成果，具有较高的理论性。

第二，注重实践。幼儿园数学教育是一门实践性很强的课程，因此本书在理论分析的同时，为学习者提供了在数学教学操作层面的知识，有大量具体的数学教学活动设计和实际案例分析，以便学习者将理论知识转化为操作技能。

第三，有所创新。为适应"完整儿童"培养的需要，本书在编写指导思想上实现了三个转变：即由关注教师怎样"教"数学转向关注学前儿童怎样"学"数学；由单纯重视数学知识的传授转向在数学学习中提高学前儿童整体的身心素质；由脱离儿童生活的学校数学教育转向生活化、游戏化的数学教育。期望通过这些转变促进幼儿园数学教育适合幼儿发展的需要。

本书由安徽师范大学张更立担任主编，并负责全书的统稿工作。具体编写分工如下：张更立、沈静（第一章、第二章、第三章、第四章），杨颖慧、张艳（第五章），周渊（第六章），杨红雨（第七章），李钦（第八章），周琼（第九章），杨颖慧、王翠（第十章），杨日飞（第十一章），游达（第十二章）。此外，游达、杨颖慧、杨日飞还参与了本书的统稿和修改工作。

  本书的出版得到了各编写人员所在单位、安徽大学出版社的大力支持。编写过程中参考了一些国内外研究幼儿园数学教育的专家、学者的有关研究成果，在此一并致以诚挚的感谢！由于时间紧迫，水平有限，书中错误和不当之处在所难免，诚望广大读者批评指正。

编者

2013 年 8 月

第一章
幼儿园数学教育的基本理论

【内容提要】数学是研究现实世界的空间形式和数量关系的科学,它是现代儿童必备的科学文化素质之一。幼儿园数学教育具有启蒙性,它是提高幼儿数学素养的基本途径之一。由此,本章就幼儿园数学教育的几个基本理论问题进行了概述。首先根据数学学科的特点和幼儿身心发展的特点,厘定了幼儿园数学教育的基本内涵和基本研究内容;其次围绕幼儿园数学教育与幼儿发展的关系,分别阐释了幼儿园数学教育的意义和任务;另外,在简要介绍皮亚杰、斯肯普、迪恩尼斯、利贝克、列乌申娜、凯米等人的有关儿童数学学习与教育的基本观点的基础上,探讨了幼儿学习数学的心理准备与特点;最后基于对已有发展成果的综合分析,梳理了我国幼儿园数学教育的发展概况。

【学习目标】通过本章学习,(1)明确幼儿园数学教育的研究对象和研究内容;(2)结合实际,领会幼儿园数学教育的意义与任务;(3)掌握幼儿学习数学的心理准备与特点;(4)了解我国幼儿园数学教育的发展概况。

第一节 幼儿园数学教育的研究对象与研究内容

一、数学是什么

在许多人的心目中,数学就是计算。而且,几乎每个人在成长的过程中,都经历过数数、认数、加减运算之类的"数学启蒙"。然而,数学究竟是什么?这个问题并不容易回答。

恩格斯称数学是研究现实世界的空间形式和数量关系的科学。数学与一般自然科学的区别在于,数学描述的不是具体事物自身的特性,而是事物与事物之间的抽象关系,如数、量、形等。正如卡西尔(E. Cassirer)所言:"数学是一种普遍的符号语言——它与对事物的描述无关,而只涉及对关系的一般表达。"①

(一)数学的特点

1. 抽象性

数学源于具体事物,但又不同于具体的事物,它是对具体事物之间关系的一种抽象。即使是幼儿学习的10以内的自然数,也具有抽象的意义。比如,"5"它可以表示5朵花、5条狗、5块积木……任何数量是5的物体。它是对一堆物体的数量特征的抽象,和这些物体的大小、颜色、形状、材料无关;也和它们的排列方式无关,无论是横着排、竖着排,还是围成圈,它们都是5个。儿童学习数学知识,不同于学习其他的知识(如物理知识)——通过直接的感官活动,如看、闻、摸、尝等,儿童能够了解物体的物理特性。但是儿童不能通过直接感知获得物体的数量属性,而必须依赖于对这一堆物体之间的关系的协调,具体讲就是建立在"点数"动作的基础上才能得出总数。理解数学知识的抽象性不是一件容易的事情。在整个学前阶段,儿童对数学知识的理解都处在从具体到抽象的发展过程中。因此,幼儿学习的数学知识只是初步的知识。

2. 逻辑性

数学知识的逻辑性首先揭示了客观世界的逻辑关系。以"数"概念为例,"数"实际上是各种逻辑关系的集中体现。其中既有对应关系,又有序列关系和包含关系。如在计数时,首先必须使手点的动作和口数的动作相对应;其次是序的协调,口头数的数应该是有序的,而点物体的动作也应该是连续有序的,既不能遗漏,也不能重复;最后,还要将所有动作合在一起,才能得出物体的总数,这就涉及整体和部分的包含关系。

同时,数学知识的逻辑性表现为数学知识本身的体系也具有严密的逻辑性。学习数学知识必须由简单到复杂地学,后学的知识是以前面的知识为基础的,层层递进,环环相扣,循序渐进。儿童只有掌握了数学知识之间的逻辑关系,才能更加深刻地理解数学知识。

3. 精确性

如果说数学是一种语言,那么它就是一种精确的语言。数学的精确性主要是指数学定义的精确性、逻辑的严密性和数学结论的确定性,即用简练的、抽象的符号反映严密的逻辑推理,并获得精确的结果。当然,数学的精确性不是绝对

---

① [德]卡西尔.人论.甘阳译.上海:上海译文出版社,1985

第一章 幼儿园数学教育的基本理论

的,而是相对的,是随着人类认识逐渐深化而不断发展的。这就要求数学教育要持科学严谨的态度,即使是最简单初步的数学知识,也要认真研究,严谨表达。

4. 应用性

现实生活中的任何事物都具有数、量、形的特性,都可以用数学工具描述它们的特性及其相互关系。如果没有数学,人类就无法有效地理解世界,科学技术也不可能得到发展。可见数学应用范围的极端广泛性是数学的重要特性之一。正如著名数学家华罗庚教授所言:"宇宙之大,粒子之微,火箭之速,化工之巧,地球之变,日用之繁,数学无所不在。"数学来自客观世界,反过来又广泛应用于世界,从学习生活中简单的技能、技巧到研究天文、地理、物理、化学等都要离不开数学。

(二)数学的起源

运用数学表达世界、理解世界是人类在进化过程中形成的一项基本能力。儿童"数学"概念的产生、发展过程是人类数学概念产生和发展过程的浓缩。数学的产生经历了一个从数觉、计数到数学的进化过程。

数觉是一种低级的能力,无论是从人类种族的进化进程看,还是从个体的发展过程看,它都是在早期出现的一种能力,它表现出笼统性和非精确性的特点。例如,在人类发展的初期,在一个小的物体集合里增加或减少一些东西的时候,尽管人类还未能直接知道"增减",但已能辨认出其中的变化;一个幼儿面对一块大西瓜、一块小西瓜,他会去抓大块的西瓜。同时,需要指出的是,诸多鸟类也具有这种低级的数觉能力。罗素在他的《数的哲学》中指出:"当然,具有数觉的动物仅限于几种昆虫、鸟类和整个人类,人们对于狗、马和其他家畜所做的实验和观察,都不曾发现他们有什么数觉,况且普通文明人的直接数觉,很少能超过四。"

现代人类所使用的"数"概念到底是怎样产生的?研究表明,在人类社会初期所出现的这种比鸟类高明不了多少的原始数觉是人类"数"概念产生的基础。但是,毫无疑问,如果人类单凭这种直接的、感性的数觉,那么,其在计算技术上就不会比鸟类进步多少。但人类在进化过程中,经历了一连串的特殊环境,使人类发明了一种对生活环境有巨大影响的数学技巧——计数。正是有了"计数",人类才取得了用数来表达宇宙世界的惊人成就。

我们知道,从数学的起源看,人类所具有的数学能力是为解决现实问题而产生的,即是说,数学产生于实践,并伴随生产实践的发展而发展。人类的全部生活实践——衣、食、住、行几乎都离不开数学。可以说,数学同语言能力一样对人类非常重要。语言是人们理解世界的工具,数学能力则是人们打开世界的钥匙。伽利略曾说:"数学是上帝用来书写宇宙的文字。"

在远古渔猎穴居时代,随着生产力的发展和人们生活的需要,人们为了记录时间和财产,逐步学会了使用一对一的堆石法、结绳法,或采用在树枝、骨头、石板等上面刻画记号的方法计数。如从月圆的第一天开始,每晚放一块小石头,到下一个月圆为止,这堆石头就是这一个月的天数。猎人为了数有多少张兽皮,每割下一张兽皮就在树上画1个记号。但这时人们还不会对这些数进行命名。随着生产力水平的进一步提高,人们计算的数目也越来越大,这时一对一的"刻画法"就显得过于繁琐,不能适应发展的需要了。这就促使"数组"产生了。人的10个手指头为划分数组提供了最自然的条件,如要记录"54"张兽皮,就先分成5堆和10个手指头对应的量,另外再画4个记号。

到了农业、商业社会,生活越来越进步和复杂,因此在用十指计算的过程中,人们发明了1,2,3……自然计数系统和十进制。可以说,自然计数系统和十进制的发明是数学产生的标志。数和数学是人类的伟大发明,它的诞生标志着人类的逻辑智慧和抽象能力达到了较为成熟的水平。

对儿童来说,他们学习数学同样也有一个发明和创造的过程。儿童的"数"概念的发生发展过程实际上是人类"数"概念发生发展过程的浓缩和复演。儿童刚出生时没"数"的概念。研究证实,2岁左右的儿童只能笼统地感知数量的多少。随着认知能力的发展,3岁后的儿童逐渐形成了对应的逻辑概念,能够用一一对应的方式比较事物的多少。到了5岁时,儿童逐渐抽象出初步的"数"概念,并能对数与数之间的关系进行逻辑的思考。儿童对"数"的理解也有一个从具体到抽象的发展过程。起初,儿童对"数"的理解还离不开具体的事物,随着思维抽象性的发展,儿童逐渐能够脱离具体的事物,在抽象的意义上理解"数"。可见,儿童掌握数学概念的过程,并不是简单地学习某个具体知识,而是一个不断抽象的过程。

所以,无论从"数"的起源还是从儿童的"数"概念的发生、发展过程看,数学都是人的发明,是抽象化的结果。

二、幼儿园数学教育的研究对象

幼儿园数学教育活动是一门关于学前儿童数学学习与教学的课程。在《幼儿园教育指导纲要(试行)》所规定的五大教育领域中,数学教育是科学领域中的一项重要内容。幼儿园数学教育是研究幼儿初步数学概念发生发展及其教育规律的科学,其主要任务是解决对幼儿进行数学教育的理论及实践问题。具体地讲,一是对幼儿数学学习的认知特点等问题进行系统的研究,具有很强的理论性;二是在实际教育过程中,对如何指导幼儿学习数学,以提高数学教学质量等问题进行系统研究,具有很强的实践性。

幼儿园数学教育有两个基本特点:一是尽管与小学数学教育有些类似,但不强调幼儿对数学知识的掌握,而是重视学习过程和数学的经验。二是幼儿园数学教育是与具体的操作活动分不开的,强调的是在具体活动中对数学的认知和数学思想的建构,这是与幼儿的具体形象思维特点相符的。

近现代以来,随着科学、教育水平的提高、人们对婴幼儿认知能力发展研究的深入,加之对数学在人们生活中的作用的重视,对学前期儿童开展数学教育也越来越受到重视。对幼儿进行数学教育是发展现代幼儿数学能力的一条最有效的途径。因此,在师范院校学前教育专业开设"幼儿园数学教育课程",能帮助学生系统掌握学前儿童数学能力发展及数学学习的特点与规律;能帮助学生认识幼儿园数学教育的规律,掌握幼儿园数学教育的目标、内容、方法,提高其在实践中的应用和操作能力。这对丰富学生的专业知识,用正确的教育观念和教育方法分析和解决幼儿园数学教育中存在的问题,以及较好地适应幼儿园教育改革的需要、提高教学技能等,都有着重要的作用。

三、幼儿园数学教育的研究内容

数学无处不在。儿童一出生就生活在多彩且纷繁的呈现出不同数量、形状、大小及空间位置等的客观物质世界里。在与客观事物的交互作用中,学前儿童的数学概念是怎样发生的?何时出现?又以何种形式表现?这些都是幼儿园数学教育学应研究的重要内容。

(一)幼儿数学概念发展的一般规律与年龄特征

幼儿数学概念的发展具有个体差异。但同一年龄阶段幼儿的数学概念的发展都遵循着一定的大致相同的规律,表现出一定的发展趋势。例如,如果幼儿认知发展的一般规律是由具体到抽象,那么,幼儿期的"自然数"概念又是如何从具体至抽象地发展起来的?又如,辨别空间方位,幼儿期要经过一个怎样的具有规律性的发展过程才能形成空间观念?这些整个学前期带有普遍意义的问题是幼儿园数学教育研究的重要内容。

学前期包括连续发展的各年龄阶段(如 2 岁前、2 岁、3 岁……)。同一年龄段的儿童,尽管个体差异较大,但又具有大致相同的水平和特点。由于数学的抽象性和学前期是数学概念的萌发时期,各年龄段之间的差异有时表现得十分明显和突出。因此,研究学前期内各年龄段儿童的发展水平及特点也是幼儿园数学教育研究的一个重要内容。

(二)幼儿园数学教育的理论与方法

幼儿园数学教育的根本任务是对幼儿进行数学的启蒙教育。研究幼儿数学概念的发生及发展的目的也是为幼儿园数学教育服务,为探讨幼儿园数学教育的理论及方法提供科学的心理依据。从教育的角度看，对幼儿进行数学教育尚需回答一系列的教育理论问题，如为什么要对幼儿进行数学教育，对幼儿进行数学教育的任务、内容、途径及方法是什么，它们的依据是什么等。

总之，幼儿数学教育的研究对象，涉及幼儿的心理特点、教育内容和教学方法等诸多范畴。它强调以幼儿心理发展为依据建立幼儿园数学教育体系，从而科学地解决幼儿园数学教育的"教什么"、"如何教"、"教到什么程度"及"为什么"等问题。

第二节 幼儿园数学教育的意义与任务

一、幼儿园数学教育的意义

数学是研究现实世界的空间形式和数量关系的科学。它产生于生产实践，与人类文明同时开始，又随着人类的生产实践和科学技术的发展而发展，应用极为广泛。可以说，在我们的生活和生产实践中，数学无处不在，人们的全部生活和生产实践几乎都离不开数学。所以，伽利略曾赞美数学说："数学是上帝用来书写宇宙的文字。"认知发展心理学研究表明，从学前期开始培养幼儿的数学科学素养，既有必要性，又有可能性。因此，对幼儿进行数学教育有着十分重要的意义。

（一）数学是现代儿童应具备的科学文化素养之一

《库克罗夫特报告·数学问题》（英国皇家出版局，1981年出版）里的第一个问题就是为什么要教孩子学习数学。书中的回答是："无论是在科学研究中，还是在商业、工业及日常生活中，数学都有很大的用处。因为数学提供了阐明情况和预测结果的手段，而且还提供了简练、明确且高效能的传递信息的方法。数学的效能来自数学符号。数学符号有其本身的'语法'。"①

从目前世界范围内的教育改革来看，数学教育越来越受到人们的重视。在当今世界，科学、技术、生产等快速发展，每个国家都在为生存而竞争，为生存求发展。人们总是从人才培养、教育改革，特别是从基础教育方面（包括数学教育方面）提出问题，探索新途径、新策略。例如，20世纪50年代，苏联第一颗人造卫星升天，震撼了世界，欧美国家纷纷探寻、争论他们国家的科技为什么落后了。找到的一个重要原因就是在人才的培养上，尤其是在中小学的数学教育方面比

---

① ［英］帕梅拉·利贝克.儿童怎样学习数学.方未之译.北京：人民教育出版社，1986

苏联落后了。1981年,美国《华盛顿邮报》曾报道,在过去20年里,日本、西德和苏联的教育计划加强了对数学教育的要求,而美国的数学课程难度却降低了。在苏联的中学毕业生中,大约有500万人学过两年的微积分,而美国每年只有10.5万高中毕业生学过一年的微积分,而且,美国的早期数学教育也存在过于简单化的问题。因此,众声疾呼美国的中学数学教育需要改革。1986年,一份对美国、日本、中国台湾省低幼儿童数学水平的跨文化研究报告表明,美国儿童的数学程度最低。如五年级,美国平均分数最高的班的分比日本平均分数最低的班的分还要低,甚至比台湾平均分数最高的一年级班的分数仅仅略高一点。因而,从20世纪八九十年代起,出现了世界范围内的"新数学教育"改革运动,其目的之一就是提高基础教育的数学教育水平,提高未成年人的数学科学素养,以适应世界科学技术发展和竞争的需要。

（二）幼儿园数学教育可以满足幼儿生活和正确认识世界的需要

儿童生活在社会和物质的世界里,周围环境均表现为一定的数量、形状、大小、空间位置等。如幼儿看到母亲的脸是圆的;自己的每只小手都有五个手指,且粗细、长短各不一样;玩具皮球是圆的,积木盒是长方体的;小兔子有两只长长的耳朵,两只红眼睛,三瓣嘴唇,四条腿,还有一条短短的尾巴等。因此,儿童从出生起,就不可避免地和数学打交道,从日常生活中不断地感知着数、量、形、类别、次序、空间、时间等数学知识。教幼儿一些适宜的初步数学知识和技能,能使他们更好地认识客观事物、与人交往,解决生活中遇到的有关问题。对于一个还没有掌握数学知识的学前儿童来说,他们对世界的认识就不一样了。例如,一个1岁多的孩子,拿着一块饼干直嚷着"还要",爸爸把这块饼干掰成两半再给他,他就心满意足了。还有,当问及一个2～3岁的儿童"你家有几口人",他能列举出"爸爸、妈妈、还有我",却回答不出"一共有三个人"。

学习数学知识本身与强调将知识运用于生活,在教育中会经历一个博弈的过程,这也是一个人们对数学与生活之间关系认识发展的过程。起初,数学教育只是强调孩子们一定要懂得数学的结构,但不重视让他们具有做日常计算工作的能力。于是有一个反对这一观点的典型笑话:他们坚持说孩子们应该懂得5×3=3×5,至于孩子们懂不懂"三五一十五",他们并不在乎。所以,他们认为教学的重点当然放在数学结构上,而不是在日常生活的计算能力上。后来,雇主们抱怨说他们招收的青年人不会计算。他们给学校开的处方是:"使孩子们有计算能力,理解就随它去吧。"雇主们所需要的当然不是不用心思的计算能力,而是运用数学来解决实际问题的能力。可是,除非既懂得有关的数学结构,又掌握了相应的计算技能,否则在解决实际问题上就不可能有多大的发展。比如,要求算出5cm长、3cm宽的长方形的面积,如果不懂得相应的算法,只知道5×3=15和

5+3=8,也就没有什么用处。又如,如果不懂得5×3=3×5,就不可能决定拿3张5英镑的钞票去买5支单价3英镑的玫瑰花。在理解和服务生活之间寻求平衡才能真正满足儿童理解数学、服务生活、认识世界的需要。

(三)幼儿园数学教育能为幼儿日后进入小学学习创造有利条件

幼儿园数学教育和游戏活动能让幼儿接触和认识一些初步的数学知识和技能,逐步积累数学的感性经验;在运用数学解决其他学科或日常生活中的问题时,让幼儿感受到数学的真实、正确、新奇和有用,这都为幼儿以后形成正确的数学观念和概念打下基础。

研究表明,在儿童入学前,向幼儿进行一些基本的、适宜的初级数学知识教育,对其今后的学业成绩和能力的发展会产生明显的影响。例如,马以念曾对我国甘肃省农村边远山区和一些少数民族地区的一年级学生进行抽样调查,结果显示:入学前受过学前启蒙教育的儿童在语文、数学两科学习成绩上要远远高于入学前没有受过启蒙教育的儿童。[①] 还有研究资料表明,小学生数学能力的发展与初入学时的数学水平有密切关系。那些初入学时就会正确计数、倒数,具有初步的"数"概念,会对10以内的数进行分解、组合,以及在此基础上进行10以内数的加减的一年级小学生,在以后多位数、小数和分数的学习上,都表现出较高的理解能力和计算能力;反之,则处于低水平,计算能力差,解答应用题的能力更差。另外,国外也有研究表明,如果对学前儿童进行初步的数学启蒙教育,这些儿童到十三四岁时,其数学成绩比未受过学前数学训练的同龄人要好。可见,向学前儿童进行初步的数学教育,能为儿童进入小学后的数学学习带来积极影响,创造有利条件。

二、幼儿园数学教育的任务

《幼儿园工作规程》指出,幼儿园的任务是"实行保育与教育相结合的原则,对幼儿实施体、智、德、美全面发展的教育,促进其身心和谐发展"。这一任务中包含了一个重要的教育目标:"发展幼儿正确运用感官和运用语言交往的基本能力,增进其对环境的认识,培养有益的兴趣和动手能力,发展智力。"《幼儿园教育指导纲要(试行)》也指出:"幼儿园教育的内容是广泛的、启蒙性的,可按照幼儿学习活动的范畴相应划分为健康、社会、科学、语言、艺术等五个方面……各方面的内容都应发展幼儿的知识、技能、能力、情感态度等。"其中,对科学教育方面的教育目标又作了详细规定:①有好奇心,能发现周围环境中有趣的事情;②喜欢

---

① 马以念.21世纪初中国少数民族地区的婴幼儿教育.21世纪婴幼儿教育国际研讨会论文(香港),1989.

第一章 幼儿园数学教育的基本理论

观察,乐于动手动脑,发现和解决问题;③理解生活中的简单数学关系,能用简单的分类、比较、推理等方法探索事物;④愿意与同伴共同探究,能用适当的方式表达各自的发现,并相互交流;⑤喜爱动植物,亲近大自然,关心周围的生活环境。由此可知,数学教育是学前教育的重要内容之一。根据幼儿认知发展的特点和社会需要,幼儿园数学教育有以下几项基本任务:

(一)帮助幼儿获得一些初步的数学知识和技能,为其数学能力的形成奠定基础

研究表明,数学能力一般包括四个方面:空间成分(理解空间图形、形状,空间形状记忆,空间组合);逻辑成分(概念、理解、记忆和独立发现概念、根据逻辑法则作出结论);数的成分("数"概念的形成,对数字、数值解答的记忆);符号成分(理解各种符号,记忆各种符号,用各种符号进行运算)。数学能力的形成要以一定的数学知识和技能为基础,没有相应的数学知识和技能的支持,数学能力的形成将无从谈起。对于学前儿童而言,学前期是其数学能力形成的萌芽期,因此,帮助学前儿童获得一些初步的数学知识和技能,对其以后数学能力的提高有着重要的作用。

幼儿应获得的简单初步的数学知识主要包括:感知集合及元素、认识10以内数和初步掌握10以内数的组成、初步学习10以内数的加减法、初步认识一些简单的几何形体、初步认识一些常见的量,以及空间方位和时间方面的简单知识。幼儿应获得的一些简单初步的数学技能主要包括:对应、计数、简单加减和自然测量等。

幼儿具有学习简单的初步数学知识和技能的可能性。首先,幼儿在生活中接触并积累的有关数、量、形、时、空等方面的感性经验,为他们学习初步的数学知识和技能奠定了重要基础。例如,不同大小的物体,有的能用手抓住,有的却不能;不同形状的东西有的能站住不动,有的却会滚动;儿童活动时,一会爬到桌面上,一会又钻到桌面下;吃糕点时,会吃到大小、形状不同的糕点。这些均是幼儿学习数学的感性经验基础。其次,大量实验研究证明,幼儿能够理解一些初步的数学知识,特别是5岁以后更是初步"数"概念迅速发展的时期。例如,在正确教育指导下,4~5岁的儿童能够理解10以内"数"的实际含义。5岁半以后,随着儿童抽象思维的初步发展,他们掌握"数"概念的抽象程度也有所提高,可不完全依靠直觉来理解数量关系,并能在一定抽象水平上掌握10以内"数"的组成和加减运算方法。1987年,上海的邵渭滨等人,以长度守恒、体积守恒、面积守恒、容积守恒、重量守恒、数量守恒等为内容,研究4~8岁儿童逻辑推理能力的发展。结论是大班幼儿初步具有了推理能力,显示了儿童具有逻辑推理能力的可接受性和培养的可能性,并建议用体验法启发、诱导儿童初步理解守恒概念,以

幼儿园数学教育活动设计与指导

促进其逻辑推理能力的发展。1988年,林嘉绥等人的实验研究,也证明幼儿期、特别是5～6岁儿童具有初步理解数的可逆性、传递性和双重性(相对性)的能力。

(二)培养幼儿"数学地思维"问题的方法,并形成良好的思维能力

在我们的日常生活中,数学无处不在,很多具体的问题,都是数学问题的具体表现,都可以划归为一个数学问题。"数学地思维"首先就是能够认识到具体情境中的"数学性",发现其中存在的数学问题,然后运用数学的方法来解决这个数学问题,并再将其运用于具体的问题情境中。例如,在日常生活中经常会遇到分物体的事情:分一包糖果、分一个大西瓜、分一块蛋糕等。以平常的眼光看,这是一个如何实现"公平原则"的问题;而以数学的眼光来看,它是一个数学问题。能否发现并能有效地把此作为数学问题来解决,将直接影响着公平的实现。学前儿童由于认知水平低,数学经验贫乏,因此在日常生活中数学地思考问题的主动性和意识都很差。例如,有几个中班的幼儿在判断一幅画中是猫多还是鱼多时发生了争论:有的说"猫多","因为我看出来的";有的却说"鱼多","因为我数过,鱼有7条,猫有6只"。在这个问题上,教师设置了一个障碍,即猫的数量比鱼少,但它们的体积大,所占空间也大。儿童如果不是逐个点数,而是凭直觉就不能正确地判断。在这个问题上,对数学问题的敏感性就成为解决问题的关键。

实践证明,数学教育能够培养学前儿童对日常生活情境的数学敏感性。曾有一位大班教师讲过这样一个事例:六一儿童节前夕,教师和幼儿商量决定把自己的活动室装扮一下。他们找来长长的皱纹纸拉起了彩带,并在彩带上悬挂一些挂饰。不过,他们对于挂饰之间疏密不一的距离不满意。正在为此犯难的时候,一个幼儿想出了一个好主意。他拿一块长积木,建议大家:"先用这块积木来量一下,然后再挂挂饰,这样它们之间就都是一块积木的距离了。"[①]教师对该幼儿能想到这个主意感到十分高兴。这个事例表明,数学教育不是单纯的让孩子学习计算,而是培养他们"数学地思维"的敏感性和能力,善于发现生活中的数学。

而且,数学本身所具有的抽象性、逻辑性和应用性,决定了数学教育是促进学前儿童思维发展的重要途径。在某种意义上讲,正如苏联革命家、教育家加里宁所言"数学是思维的体操"。幼儿思维发展的趋势和特点,是具体形象思维逐渐取代直觉行动思维而成为主要的思维类型,同时抽象逻辑思维开始萌芽。也就是说,幼儿的思维虽然还不能完全摆脱具体的动作和形象的束缚,但已经开始

---

① 张慧和、张俊.幼儿园数学教育.北京:人民教育出版社,2004

了向抽象逻辑思维的过渡。对于某些具体的问题情境,他们已能够用逻辑的方法进行思考和推理,而且也能够概括出具体事物的共同特征,进行初步的抽象。

幼儿园数学教育可从对思维活动的态度、思维类型和思维的智力品质三个方面提出发展幼儿思维的具体要求。①激发幼儿思维的积极性和主动性。即让他们愿意学习数学,解决数学问题。这是幼儿获得数学知识和技能及发展思维能力的基本前提。②依靠幼儿的具体形象和直观行动思维,促进其抽象思维能力和推理能力的发展。在此,我们不是指发展幼儿的初步抽象逻辑思维,而是指将其具体化为幼儿初步的抽象能力和推理能力。这一是因为抽象逻辑思维主要表现为思维的抽象概括能力和推理能力;二是从严格意义上讲,幼儿思维的抽象性和推理性还有限,仅是初步发展;三是将其界定为思维的抽象能力和推理能力比较具体,便于教育工作者理解和实施。③培养幼儿思维的敏捷性和灵活性。敏捷性是指思维活动的速度,即反应快;灵活性是指思维的灵活程度,即善于改变思维的方向,从不同的方面、角度思考问题,灵活运用数学知识和技能解决问题。

(三)培养幼儿对数学活动的兴趣和良好的学习习惯

兴趣是人们积极探究某种事物或从事某种活动的意识倾向。浓厚的兴趣能使幼儿的大脑和感官处于最积极、最活跃的状态,它不仅能使幼儿思维敏捷、注意力集中,全神贯注地学习,而且还容易使其产生新的联想和创新。因此,在数学教育活动中要想开发幼儿的智力潜能,培养他们的数学能力,就必须重视对他们的学习兴趣的培养。兴趣是最好的老师。幼儿的数学学习活动同样需要兴趣的驱动,这就像艾尔肯所说的:在任何时候,一盎司的动机都等值于一磅的技巧,有了动机就不怕无法学得技巧了。皮亚杰也曾说过:所有智力方面的工作都要依赖于兴趣。所以,《幼儿园教育指导纲要(试行)》中将幼儿数学教育的目标明确定位为"能从生活和游戏中感受事物的数量关系并体验到数学的重要和有趣"。也就是说,学前阶段的数学启蒙教育的首要任务就是培养孩子对数学的兴趣和主动探究的愿望,激发他们猜想和思考,引导他们步入神秘有趣的数学世界。过分强调数学知识和技能的获得而忽略幼儿对数学的兴趣,是极其危险且不利于幼儿的可持续发展的。

一般来说,幼儿对数学活动的兴趣与成人的教育指导、恰当的教学内容、方法和良好的活动组织形式有关。为此,数学教育老师可从以下几个方面开展工作:①选择适合幼儿学习的内容。学习内容应是幼儿在原有经验基础上,经过一定的努力能掌握的内容,过难过易的学习内容都会降低儿童的学习兴趣。②选择能引起幼儿积极思维的活动方式和教学方法。数学教育活动如能让幼儿付出智力上的努力,则能吸引他们。根据幼儿身心发展的特点和需要,游戏活动、启发式教学等是引起他们积极思维和学习的重要活动形式和方法。③提供多种多样的直观活动材料。科学的活动内容和智力上的要求相结合是一个以内因为主,调动儿童学习兴趣和积极性的正确途径。但是,我们要避免单纯依靠外部因素的刺激和吸引来迎合幼儿的好奇心,而不顾数学知识和智力上的要求来引起兴趣的做法。直观的活动材料并不是越新颖、越多越好,直观的材料只有服从于具体的教学要求,才能真正促进儿童积极地学习数学知识。

(四)创设幼儿数学学习的环境条件

儿童的心理是在操作活动中、与周围人们的相互作用中发展起来的。因此,为幼儿创设良好的环境条件是其学习数学的不可或缺的因素。幼儿数学学习的环境条件主要包括物质环境和社会环境(心理环境)两个方面。物质环境主要涉及空间环境的布置与利用、活动材料的制作与提供等;社会环境主要涉及活动室的氛围、师幼关系、同伴关系等。

数学是一种高度抽象的数理逻辑知识,它不同于社会知识,可以通过直接的传递习得,幼儿学习数学知识必须依赖幼儿作用于物体的一系列动作才能建构。在皮亚杰等人看来,算术是孩子重新发明的,儿童的数学思维来源于动作。也就是说,对物质材料的操作,能使儿童具体地理解数学概念,直觉地体验到物体的形状、数量,以及它们之间的关系等。这一点恰是抽象的数学知识符号所不能比拟。物质环境条件是通向抽象数学世界的桥梁。为此,教师在为幼儿创设物质环境、提供活动材料时,应注意以下几点:①创设的物质环境要真实且有趣。真实,主要体现在环境与儿童的生活紧密联系上。数学教育只有与幼儿生活中的事、物等相联系,才能够引起他们的注意,回忆相关经验,建立一定联系,并在体验中提升经验,建构概念。有趣,是指环境创设要充分利用幼儿园整个的活动空间,如活动室、墙壁、操场、栏杆、卫生间、厨房等。如我们可以在墙上贴一些用不同形状拼成的卡通人物、动植物,每一个楼梯台阶标示一个数字,用不同的颜色表示不同长度的栏杆等。这样,就让抽象的数学知识随机呈现在儿童生活中的每一处、每一点。②为幼儿提供的动手操作的活动材料应体现出寓教于乐、生动有趣、多功能性的特点。

教育心理学研究表明,教育环境特别是社会环境不仅关系着儿童情感和社会性的发展,而且对儿童的认知发展过程也有直接的作用。为此,在数学教育中,教师要注意引导形成宽容、和谐的氛围和良好的师幼关系、同伴关系。比如,尊重幼儿,给他们自由和充分的活动机会与时间、不随意打断他们的自主探究活动,为他们在自主活动中建构自己的经验体系创造条件;营造宽松的活动氛围,让幼儿敢于活动、敢于表达和交流;注重发挥幼儿的主体性和主动性,为幼儿之间提供交往的机会。在进行完一项活动之后,要留给他们一定的时间进行自由交流，说说自己在活动中的感受及学到的知识，这有助于幼儿把自己的想法和行为与他人进行比较、协调与分享，学会理解别人的观点和重新思考自己的想法，从而培养幼儿相互交流和协作的意识，同时还能减少幼儿对教师的依赖。

第三节 幼儿怎样学习数学

一、幼儿数学学习与教育的基本观点

数学是人们表达、理解世界的一把钥匙，也是儿童学习的一个重要领域。数学学习的本质是什么？儿童是怎样学习数学的？现代儿童数学学习与教育理论可以为上述问题提供一些很好的解释。

（一）皮亚杰的儿童数学学习论

皮亚杰是瑞士著名的儿童心理学家，发生认识论的提出者。他在儿童物理知识和逻辑数理知识的获得方面的研究成果颇丰，他的理论在国际心理学界受到高度重视，在儿童教育领域也产生了广泛的影响。在其理论中，对儿童逻辑和数学概念的获得与发展的研究占有重要地位。其对有关儿童的逻辑发展、数概念、守恒概念、空间与时间概念等发展的系统研究成果主要反映在他的五部著作中——《儿童的数学概念》(1952)、《儿童的几何概念》(1960)、《儿童的空间概念》(1967)、《儿童的时间概念》(1969)和《儿童的机遇概念》(1975)。对其在这方面的研究成果，我们将在后面章节里详细介绍。本节主要对儿童如何获得这些概念的过程和特点作概要分析。

1. 儿童学习数学的基础——基本心理逻辑结构

皮亚杰认为，儿童的心理逻辑结构与数理逻辑知识的基本结构有着非常直接的联系。心理逻辑结构为儿童进行相关数理逻辑知识的学习提供了心理准备。数学有基本结构吗？以裘东尼为代表的布尔巴基数学派试图从所有的数学结构中分离出基本的结构。最后，他们建立了三种母结构：代数结构（其原型是"群"的概念）、序的结构和拓扑结构。随之而来的问题是，这些数学结构与儿童头脑中的心理结构是何种关系。在巴黎一次"心理结构与数学结构"的会议上，一群心理学家和数学家会面了。皮亚杰的报告给出了让数学家们惊奇的答案："儿童运算思维中的三个结构与数学上的三种母结构有着非常直接的联系。"[①]皮亚杰研究发现，儿童有三种基本的心理逻辑结构：类包含结构、序的结构和拓

---

① 转引自金浩.学前儿童数学教育概论.上海：华东师范大学出版社，2000

扑结构。

(1)类包含结构。在儿童的思维中,基本的代数最容易在类的逻辑或逻辑分类中找到。对物体进行适当分类所需要的心理结构是"类包含",这是第一种思维的结构。借助此结构,一个六七岁的儿童会认同所有的鸭子是家禽,而不是所有的家禽都是鸭子的道理。但是,若问他:"家禽多还是鸭子多?"他就不知道了。这说明他还没有获得心理上的必要的代数结构:鸭子 + 别的家禽 = 全部家禽。这样的分类层次是建立在包含关系的逻辑基础上的。另外,还因为学前儿童没有形成否定的可逆性概念,如"假设全部家禽死了,还会有鸭子吗?"或者说"所有的鸭子死了,还会有家禽吗?"学前儿童对这样的问题是不能完全正确回答的。

(2)序的结构。儿童的这一心理结构直到 7 岁时才会发生,它是形成数学上"序的结构"的必要前提。当要求年幼儿童把 10 根木棍按长度排列时,起初,他们会把木棍分成一对一对。例如,把两根短的放在一起,两根长的放在一起,或者三根放在一起加以排列。后来,儿童运用"尝试—错误"的方法,即拿一根试试,然后再拿另一根试试,看看哪根更适合。这时,他们还没有一个有效的协调方法。要使次序化活动获得成功,儿童必须具有理解逻辑的"传递"关系所必需的心理结构。也就是说,如果 B 比 A 长,C 比 B 长,那么在逻辑上 C 就比 A 长。但问学前儿童这个问题时,他会说让他再看一次,然后他把 C 放在 A 的旁边,才能看出 C 比较长。

(3)拓扑结构。皮亚杰认为拓扑心理结构是学习数学欧几里得几何的必要基础。他发现,儿童在能够解决欧几里得几何问题之前就能解决拓扑问题了。例如,儿童能够分清内和外,在区分诸如圆形和方形等欧几里得几何之前,就能区分封闭图形和开放图形了。

2.儿童数学学习过程的实质

皮亚杰认为,数学是一组关系,它既不存在于物体本身,也不存在于主体,这种关系必须通过动作,由学习者的心灵去创造,因此,他十分重视儿童在学习过程中的理解的作用。所谓的儿童数学学习,就是个体在环境中为解决数学认知上的不平衡或冲突,用同化与顺应两种方式,而建立的一个新的数学认知结构的内在自我过程。

具体地讲,皮亚杰认为,"学习有三个基本步骤:形成内心概念→修正这些概念使之适应于体验→把概念与概念联系起来形成'结构'"。① 例如,我们可以通过分析儿童学习"球"这个概念来说明学习的三步骤:

---

① [英]帕梅拉·利贝克.儿童怎样学习数学.方未之译.北京:人民教育出版社,1986

首先,一个婴儿把藏在被子里的球找出来,这表明他具有了"球"的概念。他不是靠感觉,而是凭心理活动,知道球在哪里。

其次,他把别的类似球的物体也叫作"球",这些物体的颜色和大小都和自己的球不一样。这表明他已经修正了自己的概念。这时对他来说,"球"的意思就不仅是指自己的球,而是指在某个特定方面和他自己的球相同的一类物体。

再次,他告诉我们:"球滚了。"这表明他已把两个概念联系起来形成了一个"结构"。"球滚了"这句话联结了"球"和"滚"两个概念。

皮亚杰认为,适应是学习的主要组成部分。他曾说,智慧就是适应。这就和一个有机体使自己的行为适应环境一样,有智慧的动物也修正它们的心理活动,以适应体验。他认为,适应的方式有两种:同化和顺应。

(1)同化。同化是指把新体验结合到个体已有的观念上的过程。一个孩子能用"5"表达 5 个玩具,再发展到能表达"5 只小猫",就说明他已把新体验同化到了他的"5"的概念之中。当然,由于经验的限制,孩子的同化过程有时是不符合常规的,例如,小孩子会把刚见到的大汤碗叫做"澡盆"。

(2)顺应。顺应是一种修改过程。原有概念通过顺应,或是限定了应用范围,或是扩大了应用范围。如孩子根据成人的指导,不得不限定他的原来的"澡盆"概念,而把"大汤碗"排除掉。再如,孩子学会用"5"表达五个东西后,在面临着"54"这个数字时,就不得不扩大他对"5"这个符号的理解,因为这时的"5"表示的是"50"。

由此,皮亚杰认为,同化过程没有引起原有概念的质的变化,因此被称为"舒服的适应";而顺应则是造成原有概念与新体验之间的不平衡,它把学习者的世界暂时翻了个底朝天,引起了原有概念的质的变化,因此被称为"不舒服的适应"。

3. 动作操作活动对于数学理解的意义

皮亚杰在《意识的把握——幼儿的动作和概念》一书中主张,幼儿可以正确地完成一项活动,如做加减法,但他并不一定能正确理解其中的过程。对逻辑—数学过程的理解可能落后于会正确操作达 6 年之久。一个孩子可能会计算 6+2=8,但他可能并不理解其中所涉及的包含与可逆关系。

因此,"会做"数学与"理解"数学不是一回事。"会做"包含有经条件反射训练形成的刺激与反应之间的联结成分;"理解"包含有概念化和对新旧概念之间本质关系的认识成分。同时,理解的达成需要学习者主动积极地进行操作、探索和发现,而不能简单地靠训练和灌输。所以,概念化含有某种必要的心理上的组织或协调。皮亚杰说:"每一次你把孩子们本来能够自己去发现的事情教给了他们,你就妨碍了他们自己去发现它,也就妨碍了他们自己去经历这个同化、顺应和重新整理的过程。"①

(二)理查德·斯肯普的数学知识论和儿童数学学习论

1. 数学知识论

英国心理学家理查德·斯肯普指出,人类所建立的各种概念是有等级的。初级概念是概念系统中的原始材料,是学习者依靠"感觉材料"形成的。例如,"红色"、"球"、"1"等都是初级概念。

斯肯普断言,人类在初级概念之外,还形成了"二级"概念。我们要在认识一对对具有某种共同点的物体之后,才能形成"二"的概念。按斯肯普的看法,"二"是一个二级概念。因为它是在若干初级概念的基础上形成的。同样,我们要在理解"红"、"黄"、"蓝"等概念之后,才能产生"颜色"这个概念。"颜色"也是二级概念。概念的等级继续向上发展,在已形成的"二"、"三"、"四"级概念之后,才能形成"数"的概念。据斯肯普的看法,"数"是三级概念,"加法"是四级概念。数学也包含着由概念构成的许多等级,而且比大部分其他学科中包含的等级还要多。任何一个特定的概念,都只有在作为这个概念的基础的、次一级的概念形成之后,才能形成。

2. 儿童数学学习论

数学被看作由各级概念构成的一个等级体系,可以帮助我们把想教给孩子的数学知识组织好,有利于提高教学的效率。概念等级体系不能告诉我们孩子是怎样学习数学的。为此,斯肯普根据学习目的与动机的关系,提出了一个儿童学习数学的理论。

他认为,一个有机体大脑内有一个学习指挥系统,它组织指挥着有机体的学习行为,以达到某个学习目的。对于人类来说,我们可以把这个指挥系统当作脑内的一部分模型。斯肯普说,学习就是有机体指挥系统的状态朝着学习目的的方向作改变,以发挥最大的效能。这个指挥系统的效能的发挥受情绪的控制。例如"愉快感",它所发出的信号是这个指挥系统接近或达到了"目的状态";"自信感"所发出的信号是有能力达到"目的状态";"不快感"所发出的信号是放弃"目的状态"而后撤;"挫折感"所发出的信号则是没有能力接近或达到"目的状态"。例如,玩拼板游戏,"目的"是要儿童找出正确的一块来拼接上去,儿童找到了就愉快;如果有旁人来干预,给儿童指出了这一块,儿童就可能会产生挫折感。

斯肯普说,和"目的状态"相反,还有"反目的状态"。"反目的"就是我们力求避免的事物。和"反目的状态"联系在一起的情绪是"恐惧感",它发出的信号是

---

① [英]帕梅拉·利贝克.儿童怎样学习数学.方未之译.北京:人民教育出版社,1986

第一章 幼儿园数学教育的基本理论

这个事物临近了;"焦虑感"所发出的信号是没有能力避开这个事物;"安心感"所发出的信号是离开了这个事物;"安全感"所发出的信号是有能力摆脱这个事物。

儿童在学习数学时,指挥系统会将数学知识登记挂号,同时把信息传递给情绪系统。若情绪系统反馈的是积极、自信的信号,儿童学习的兴趣就高,有利于学习目的的实现;若反馈的是焦虑、厌烦的信号,儿童就会产生厌学、逃学的情绪,或产生一种学习无力感,不利于学习的进行。所以,在教学中,教师要控制好教学内容的难易度,注重对儿童学习信心和兴趣的培养,以提高教学的效果。

(三)布鲁纳的儿童数学学习论

布鲁纳是不同意皮亚杰理论(学习完全从属于生物学意义上的发展)的心理学家之一。他宣称:"任何知识,它的大意或是主体都可以用简单的形式表现出来,简单到足以让任何一个特定的学习者能够按某种人们可以承认的方式来理解它。"据此,他创立了自己的学习理论,认为学习的实质就是类目及其编码系统(认知结构)的形成。一个类目就是一组有关的对象或事件,它可以是一个概念,也可以是一条规则。而人们有三种水平不同的表示概念或规则的形式:表演形式、肖像形式和符号形式。他主张,应向儿童提供一些适宜的具体事物,以便他们发现自己的编码系统。另外,布鲁纳强调学习中理解的作用,强调认知结构和学科基本结构的结合,强调学习者的主动性和独立性。他认为,学习者在一定情境中对学习材料的亲身经历和主动发现的过程,是学习中最有价值的东西。

1.布鲁纳的数学学习原理

布鲁纳依据自己的学习理论对儿童的数学学习进行了大量的实验,从中总结出了四条数学学习原理:

(1)建构原理,指儿童开始学习一个数学概念、原理或规则时,要以自己的方法建构其表征系统。

(2)符号原理,指如果儿童掌握了适合于他们建构方法的符号,那么在认知上就形成了早期的结构。

(3)比较和变式原理,指从具体形式到抽象形式的过渡,需要比较和变式。

(4)关联原理,指应把各种概念、规则联系起来,在统一的系统中学习。①

2.布鲁纳的数学教学原则

教的目的是让儿童学懂,为此,布鲁纳认为教师应注意研究这样四个问题:一是儿童学习的动机如何;二是儿童要学习的知识是用什么方法构成的;三是应按什么顺序进行学习;四是准备使用的促进和奖励方法是什么。这四个问题便

---

① 马忠林.数学学习论.南宁:广西教育出版社,1998

构成了布鲁纳的四个教学原则:

(1)动机原则。儿童要学习的愿望是根深蒂固的,因为他们有一种内在的好奇心。但是,布鲁纳说,需要把这种好奇心引向他所说的"指导之下的发现"。要做到这样,体验活动及表示这种活动的语言、图画和符号都要精心选择。

(2)结构原则。任何知识都可以用动作、图像和符号三种表象形式呈现。动作表象是借助动作进行学习,无需语言的帮助;图像表象是借助图像表象进行学习,以感觉材料为基础;符号表象是借助语言进行学习,经验一旦转化为语言,逻辑推理便能进行。至于选择哪一种呈现方式,要根据儿童的知识背景、发展水平和学习内容的性质而定。

(3)程序原则。把一项知识按什么顺序呈现出来,则对儿童学习的效果有不同的影响。教儿童学数学并没有一种"最佳"的顺序,达到同一目的有不同的途径。而且,重要的是要因人而异地确立不同的学习途径。只有这样,才能提高他们对学习内容的掌握、转化和迁移的能力。例如,常去商店的儿童,通过钱来学习"价值"的概念,就可能很好;但是,不经常去商店的儿童,就可能需要通过其他体验来学习这个概念,然后把这个概念应用到"钱"上来。布鲁纳断言,教学的安排应是"螺旋式"的,一开始是用普通而不甚准确的语言来表达概念,后来就需要修正这个概念,以更准确地表达。

(4)强化原则。布鲁纳说,提高儿童的学习积极性,最重要的奖励不是大人的称赞,而是儿童自己内心的满足。所以,教学要考虑儿童在学习中的体验,要让儿童及时知道自己的学习结果,知道有了新知识,就有能力去取得什么样的成就。但是,对学习结果的呈现要把握时机,结果呈现得过早,易使儿童慌乱,从而干扰其探究活动的进行;结果呈现得太晚,则易使儿童失去受帮助的机会,甚至有可能接受不正确的信息。

(四)佐尔坦·迪恩尼斯的儿童数学学习论

1. 学习的实质

佐尔坦·迪恩尼斯的学习理论,可以用这样一句话来概括:"学习的过程就是做一套越来越复杂的游戏的过程。"①我们来看看他所说的"游戏"是什么意思。

迪恩尼斯认为,游戏依本质可分为两类:初级游戏和二级游戏。"初级游戏是用器材进行的活动,其目的是满足当前的愿望或本能;二级游戏则是凭认识进行的活动,要达到的目的是超出当前愿望的满足"。②例如,一个婴儿起初努力伸

---

①②[英]帕梅拉·利贝克.儿童怎样学习数学.方未之译.北京:人民教育出版社,1986

手去抓他的响铃的行为,可以说是初级游戏,其目的可能纯粹是满足于抓住它。到后来,在他运用已经学会的技能再去抓响铃,并想让它发出响声的时候,这时的抓响铃行为就是二级游戏。迪恩尼斯认为,数学游戏也可以分成这样两类。初级游戏主要是指摆弄、操作、观察数学活动器材本身的活动。二级游戏是指儿童努力拿器材进行搭建,发现规律,以及形成抽象的、有关这些规律的"法则"的活动。完整的数学学习过程也是在数学游戏阶段的逐级交替中实现的。这样,在第一阶段的二级游戏结束后,可能又开始进入第二阶段的初级游戏活动,第一阶段的二级游戏形成的"法则"成为了本阶段初级游戏的活动器材,并积极为本阶段二级游戏的进行做准备……如此继续下去,就构成了儿童学习的完整过程,并在此过程中实现了儿童知识经验的增长。

2.二级游戏的心理成分

迪恩尼斯认为,二级游戏主要包含抽象、归纳和符号化等心理成分。

(1)抽象。依据迪恩尼斯的观点,抽象是指在一批不相同的事物中抽取共同特点,同时排除噪声(干扰)的过程。他说,要进行抽象,就必须在内心里掌握若干个形象。此外,还要注意排除"噪声"的干扰,否则将影响抽象的质量。例如,在设计让孩子认识"一样长"的活动中,假如给的木棒,是所有的红色棒与示范棒一样长,这时就可能让孩子形成和示范棒一样长的棒与它们的颜色有关的观念。这样活动中的因素特征就是噪音,干扰了孩子正确理解"一样长"的概念。

(2)归纳。根据迪恩尼斯的看法,归纳就是把一个"类"的范围扩大,以容纳新的事例的过程。例如,当一个孩子能够判断"两个东西加上三个东西就是五个东西"时,就可以说他已经把他对"两个玩具加三个玩具是五个玩具"、"两块糖加三块糖是五块糖"等的体验归纳起来了。

(3)符号化。迪恩尼斯说,符号化是指用符号代表抽象过程中所集合起来的一类事物的过程。如一个孩子形成"二"、"三"、"五"的抽象概念后,就会说"两个玩具加上三个玩具就是五个玩具"。这时,就可以鼓励他们把自己发现的用书面符号"2+3=5",或者用口头语言符号"二加三就是五"来表达。值得注意的是,这种符号化不能过早介绍给孩子,只有当他们的思维能力和语言表达能力发展到能用符号"2+3=5",或者用口头语言符号"二加三就是五"来表达时,再介绍给他们才合适。否则,孩子只是简单地学会了看到"两个玩具加上三个玩具就是五个玩具"这句话便写出"2+3=5",而不具有把其他类似事例归纳成这一算式的能力。

3.教学应遵循的原则

(1)多样化原则。幼儿的抽象与归纳还离不开对具体事物的体验,因此,在教学中要使幼儿正确理解知识经验,就要尽可能多地为孩子创设进行多样化操作的体验活动,否则会影响孩子的学习质量。如让孩子形成"二加三等于五"的概念,我们就要利用一些事物及其测量活动,让孩子有大量的、各式各样的体验,才能形成。

(2)适宜性原则。迪恩尼斯又发现,幼儿能够进行抽象归纳的面要比成人窄得多,我们在引导他们进行归纳时,如果举出的实例过于多样化,孩子们就可能被这种多样化的事例中的"噪声"影响而过多地分散注意力,不利于达到学习的目的。因此,举例要贴近幼儿的生活,有代表性,数量适宜。

(五)帕梅拉·利贝克的儿童数学学习论

帕梅拉·利贝克指出,儿童在日常生活中认识周围世界的发展历程是:一个婴儿首先用看、摸等方式探察有形事物,如玩具,不久之后他就知道了代表这些物体的语言(口语);随后就会认识这些物体的图画;再往后,他就会把书面符号与这些物体联系起来。利贝克认为,儿童学习数学也一定要经历这个过程。由此,她把儿童的数学学习过程归纳为体验、语言、图画和符号等四个阶段。

体验——对有形物体的体验(操作、探究)。

语言——表达这种体验的口头语言。

图画——显示这种体验的图画。

符号——概括这种体验的书面符号。

例如,儿童学习"球"这个概念所经历的步骤:

体验——他看球、摸球、尝球的味道、抱球、滚球、投球、挡球,在玩耍中知道了球的很多属性。

语言——他把"球"这个字的发音和他的玩具联系起来,这很有用。以后,他再发出这个字的声音,就可能有人给他球类的玩具玩。他很快就会把这个字和其他有滚动属性的物体联系起来。

图画——虽然图画与球本身的差别很大,图画不能滚动,摸着也不一样。但是,他还是能够识别出图画上的球类物体和他自己的球有足够的共同点,于是也称为"球"。这是一种新的抽象的产生。

符号——他学会了表示"球"的概括性文字符号,在概括性符号与具体的球之间建立了联系。这一步相当复杂。这个符号与真正的球之间完全没有共同属性,它仅仅是人为地和"球"的发音联系在一起。

帕梅拉·利贝克指出,在现实中,孩子们所使用的数学教科书,不管编者在编写上下了多大工夫,大多数也只能涉及后两个步骤:图画和符号。实际上,我们给孩子的教学内容应该从孩子的体验和口头语言开始,否则,就会给孩子的数学学习带来不利影响。

(六)列乌申娜的儿童数学学习理论

列乌申娜是苏联著名幼教专家、教育学博士,她关于学前儿童数学概念发展与教育方面的研究成果主要集中反映在她的代表性著作《学前儿童初步数概念的形成》一书中。该书系统阐述了学前儿童初步"数"概念的形成和发展的理论与特点,并分年龄段详细介绍了对3～7岁儿童进行数学教育的方法、形式、原则等。这本书是迄今较早系统全面研究儿童数学教育理论与实践的专著,它对后来的研究产生了巨大影响。

1. 关于学前儿童数学概念形成与发展的观点

(1) 现实生活是儿童数学概念形成与发展的源泉。

列乌申娜在《学前儿童初步数概念的形成》一书中明确指出,儿童"数"概念的形成与发展离不开其周围的生活环境和客观现实。儿童从婴儿期就认识到客体、声音和运动,并用不同的分析器(视觉的、听觉的等)感知它们,比较它们,从数量上区分它们。儿童很早就开始按照大小、颜色、形状、空间位置关系和其他特征来区分物体。而且,随着儿童运动能力的发展,他们不但学会判断不同事物的大小,而且也能运用相应的词汇语言正确地反映自己的知觉和表象,[①]例如,大小、多少、高矮、厚薄等。而当儿童学会独立行走后,他们实际上已能认识物体之间的空间关系,他们时而靠近自己感兴趣的东西,时而远离它们;知道一些物体在自己的前面,另一些物体则在自己的后面、左面或右面。另外,儿童与成人共同生活的过程也是儿童形成时间知觉和学会使用相关词汇的过程。表示时间意义的词汇在整个学前期随着儿童的交往活动增多而迅速发展着。儿童借助成人为其提供的表示时间的具体事件,逐步地理解着时间的流动性、延续性和周期性。由此可见,周围的现实生活是儿童获得基础数学知识的源泉,儿童正是在与客观事物的交往中感知着"数"、"量"、"形"等概念的。

(2) 感知觉的发展是儿童形成数学概念的基础。

儿童在感知觉活动中所积累的感性经验,影响着儿童对抽象的数学概念的掌握。在列乌申娜看来,儿童"在知觉活动中,进行着形状、大小、数量等的比较,并在比较中把它们与过去的经验进行对比。因此,组织儿童积累经验,教会他们使用公认的标准和最合理的做法进行比较是非常重要的"。例如,在向儿童介绍四边形及其基本特征时,依据其已经具有的关于正方形和长方形的知识,一方面建议儿童从自己所熟悉的图形中找出和说出有相同特征(四条边、四个顶点和四个角)的图形,并能够把它们列入四边形;另一方面建议儿童寻找具有四边形特征的物体。需要注意的是,在这一过程中,要使抽象概括化过程和具体化过程统一起来,这样有助于加深儿童对"数"概念的准确理解。

---

① [苏联]列乌申娜.学前儿童初步数概念的形成.曹筱宁等译.北京:人民教育出版社,1982

2. 关于幼儿园数学教育教学的观点

• 儿童发展与教育教学之间应是怎样的关系？对这个问题，苏联心理学家和教育学家提出了一个鲜明且肯定的观点：教学必须走在发展的前面，教学引导着发展，教学是发展的源泉。著名心理学家维果斯基的"最近发展区"理论是这一主张的典型代表。他认为"我们能够考虑的不只是今天已经结束的发展过程，不只是已经完成的发展周期，不只是已经完成的成熟的过程，同时也应考虑这样的过程，这个过程正处在形成的状态，刚刚在发展、刚刚在成熟"。在这个由已经实现的发展水平向将要实现的发展水平不断跨越的过程中，教学具有十分重要的作用。学前儿童的发展并不是一个自发的过程，也需要有教学，有符合儿童身心发展特点的教学内容，需要教师运用发展的教学方法去促进儿童的智能发展。

据此，列乌申娜指出，为了促进儿童数理逻辑智能的发展，应重视对学前儿童的早期数学教育。心理学研究表明，在教学条件下，学前儿童达到了比平常更高的区分颜色、形状、大小等客体特征的水平。儿童在掌握序列中的每一个元素大小的相对性时，还顺利地掌握了排序。在教学条件下，五六岁儿童能顺利形成"数"的概念，从客体的空间特征中把数量抽象出来。儿童观察和确定子集与集、类的从属关系的能力在发展着，证明自己判断和推理的正确性的能力也在发展着。总之，这就如科斯丘克所言："教学不仅加速着儿童智力活动从低级向高级结构的过渡，而且还是智力活动结构形成的必要条件。"

• 什么样的数学教学内容对学前儿童是合适的？根据苏联教育家乌索娃的观点，为了最大限度地促进儿童的智力发展，就要在教学内容上作很好地选择。现代心理学研究表明，能够引起儿童智力飞跃发展的知识才是合适的。具体地讲：一是掌握反映事物和现象之间内在联系和关系的知识体系；二是掌握与此知识体系相应的一般活动方式和方法。

据此，列乌申娜指出，儿童的数学教学内容应是一个结构完整的知识体系，它应包括集合感知的教学、"数"概念与计数、空间和时间概念的教学等。一个结构完整的数学知识体系，能够有助于培养儿童的逻辑概括能力和发现事物之间关系与联系的能力。数学知识体系可以是经验水平上的概括，也可以是表象水平上的概括，这时的知识内容主要是以表象形式反映的；它也可以是理论水平上的概括，这时的知识内容是以概念形式表现的。

• 什么样的数学教学方法与形式对学前儿童来说是有效的？有效的教学方法和形式必须具有这样几个基本特点：①能激发儿童的学习兴趣和形成学习动

---

① 转引自黄瑾.学前儿童数学教育(修订版).上海：华东师范大学出版社，2007

机,如问题情境、小试验等都能很好地激发学前儿童的学习兴趣;①能引起和实现儿童内在的积极的思维活动,如重视模型、图表和表格的运用,借助这些形象的东西,儿童可以在一种直观的形式下认识事物的内在属性,就像温格尔所认为的"模型的运用是学前儿童由直观形象过渡到概念思维的最好桥梁,是发展儿童智力的有效武器";②能有效组织和控制儿童的活动,③且能使儿童容易监测自己学习的效果。

为此,列乌申娜指出,在学前儿童数学教育中,有效的教学方法和形式有这样几个:①游戏。数学教学首先要调动儿童学习的兴趣,激发儿童参与活动的积极性,因此,要用儿童最接近、最喜欢的游戏形式和手段,将数学知识和概念在游戏的情境中得以体现,借助游戏的形式帮助儿童体验和获得相关的"数"概念。② 操作。应当充分让儿童活动,对不同的材料进行感知和操作,在儿童体验和发现的过程中积累相关的数学经验,为"数"概念的形成提供感性经验。③ 小实验。小实验也是促进儿童在感知活动中体验"数"及其之间关系的一种有效的活动方法与形式。通过小实验,可以增加儿童主动发现问题、解决问题的机会,在体验的过程中进一步促进儿童的思维和认知的发展。

• 学前儿童数学教学应遵循哪些基本原则?列乌申娜提出了七条教学原则:一是发展性原则,即强调教学的重要性在于在掌握知识的过程中发展儿童的思维,培养儿童对数学的兴趣和积极参与的意识;二是密切联系生活原则,即数学教育的任务要使儿童学会去发现周围生活中的数学关系;三是可接受性原则,即教学内容和教学方法应适合儿童的身心发展水平,教学应当由易到难、由近及远、由简单到复杂地进行;四是直观性原则,即教学要利用直观的教具,如模型、标本、图表等,以促进儿童将直观思维和逻辑思维相互联系;五是连贯系统性原则,即教学必须严格依据知识的逻辑顺序来安排教学内容,学习数学知识,发展儿童的思维能力;六是个体差异性原则,即教学要尊重个体发展的差异,因材施教;七是自觉性和积极性原则,自觉性是指教师在教学中要注重感性认识和理性认识、具体和概括之间的统一,积极性则是要求教学要始终注意保持儿童学习的积极性。

(七)康司坦斯·凯米的数学教育思想与课程方案

康司坦斯·凯米任教于美国伯明翰大学,是一位早期教育研究者,她是皮亚

---

① [苏联]列乌申娜.学前儿童初步数概念的形成.曹筱宁等译.北京:人民教育出版社,1982
② 中央教科所编.发展中的苏联教育.北京:教育科学出版社,1989
③ 黄瑾.学前儿童数学教育(修订版).上海:华东师范大学出版社,2007

杰理论的忠实追随者。她始终致力于对建构主义理论、尤其是关于儿童物理知识和数理逻辑知识获得的研究，并将建构主义理论演绎成了早期儿童教育的课程方案（Program of Early Education，简称 EEP）。著有《幼儿数的教育》（Number in Preschool and Kindergarten）一书，详细阐述了"数"的本质、数学教育的目标、数学教育的原则、数学教育的情境和教师的作用等理论与实践问题。

1. "数"的本质

凯米关于"数"本质的观点与皮亚杰是一致的，认为知识有三类：物理知识、社会知识和数理逻辑知识。其中，物理知识的获得是建立在对客观物体经验性抽象化的基础上的，具有可观察性；数理逻辑知识的获得则是一种反省性抽象化；而社会知识是一种内容知识，它表现出明显的主观性，需要一种数学逻辑框架帮助其同化和组织。作为数理逻辑知识的"数"概念既不同于社会知识的主观性，也不同于物理知识的可观察性，它不直接存在于客观实体，而是人们创造和协调关系的结果。所以，"数"的逻辑结构是教师无法直接教导的，需要儿童自己操作和用内心所创造的关系进行主体的自我建构。教师的作用就是鼓励儿童将事物归纳到各种关系中，并引导他们积极思考，从而促进儿童的数学认知结构的发展。

2. 数学教育的目标

凯米依据皮亚杰的理论，本着建构主义的理念，制定了以知识建构为核心的早期教育方案。该方案确立了以"自主"为核心来实现儿童一般性发展的教育目标体系。该目标体系由认知目标和社会情感目标两部分组成。认知目标包括：让儿童提出种种想法和问题；让儿童把事物放在关系中去考虑，注意其相似性和差异性。社会目标包括：让儿童与成人保持一种非强制性关系，逐渐增加儿童的自主性；要求儿童尊重他人的情感和权利，并开始与人合作；培养儿童的机敏和好奇心，并能主动地满足自己的好奇心，相信自己具有解决问题的能力，能自信地表达自己的思想。

从以上的目标可以看出，无论是认知目标还是社会情感目标，都充分体现了以儿童的自主性培养为核心的教学特点。在认知目标上，"让儿童提出种种想法和问题"与传统意义上要求儿童记住成人所要求的正确答案的目标显然是背道而驰的。而在儿童"数"概念的学习上，"让儿童把事物放在关系中去考虑，注意其相似性和差异性"则更有着积极的意义，这个目标能够促使教师有意识地去鼓励儿童主动地建构知识。在凯米看来，儿童在分类、排序、"数"概念、空间、时间等方面的发展虽然有着不同的特点，但在儿童的实际生活中，这些方面往往是不可分割地整合在一起的，如果儿童能够在蕴涵着生活情境的一系列问题解决中学会"将事物放在关系中去考虑"的话，那么，数量的比较、运算等活动就会自然发生。而在情感目标上，三条目标分别提出了儿童与成人、同伴及学习之间的关系。在与成人的关系上，减少成人的权威性和外部的调节与制约，让儿童增加管理自己和构造自己内部规则的机会，就能更好地促进儿童自主性的发展；在与同伴的关系上，强调了社会交往对儿童逻辑思维发展的重要性，儿童必须学会协调与他人的关系，这种协调意味着儿童能够考虑他人的立场和观点及其与自己的关系，从而进行合作，在与他人的交互作用中学习比较和协调关系。

3. 数学教育的原则

凯米根据其建构主义的立场，提出了与传统的教学原则不同的六条教育原则，这些原则具体而详细，给教师提供了一个在实际教学中如何进行有关数学教学的明确说法，但这些原则的落实也依赖于教师对儿童建构和思考过程的充分关注和支持。

第一，鼓励儿童将各种事物归类到各种关系中，并变换、创造出各种不同的关系；

第二，当数字或数量对儿童而言是有意义的时候，鼓励他们对具体物的数字或数量加以思考；

第三，鼓励儿童将具体物合理地数量化，并比较其形式，而不是鼓励其去计算；

第四，鼓励儿童将可移动的具体物加以分组；

第五，鼓励儿童与同伴交换想法；

第六，预测儿童可能的想法，并根据儿童可能的思考方向加以辅导。

第一条原则涉及对各种关系的建构。凯米认为，人们在日常生活中对各种关系的建构是随时发生的。譬如，幼儿园的一个6岁孩子不小心在吃饭的时候把一盘沙拉酱打翻了，当孩子找来扫把却无法把黏在地毯上的沙拉酱弄干净时，教师建议他改用纸巾试试……此情境可以启发儿童对沙拉酱、扫把、纸巾间的关系的思考，而且对各种关系的灵活思考会进一步激发儿童对更多事物或情境的探索。

第二、三、四条原则都涉及关于具体物的数量。凯米提出，对于学前阶段的儿童来说，应当在他们对"数"或"数字"感到需要或有兴趣的时候，鼓励他们对有关数量进行思考；而发生在自然情境、儿童的生活或游戏中的数学问题则更能引起他们的兴趣，如在玩投掷保龄球游戏时的分合、在吃蛋糕或点蜡烛时的计数、在翻看日历时对时间的感知等等，都能为儿童提供真实地感知和思考数学的有意义的背景。在数量的比较中，凯米认为，数学的逻辑思考本身比计数更重要，对于问题，并不都要用数数的方式或技巧才能解决，也可以引导儿童用一一对应的方式来解决数量的比较问题；而鼓励儿童进行分组、归类和排序，则能够使儿童在活动中发展起逻辑思维能力。

第五、六条原则主要反映在与同伴和教师的社会交往方面。凯米倡导教师应支持儿童之间相互交换想法,这与传统教师只是帮助幼儿巩固正确的答案或纠正错误的答案的做法是完全不同的。凯米认为不能把成人当作有效回馈的唯一来源,鼓励同伴交流是很重要的,这可以促进儿童积极思考,通过自我尝试和协调、采纳他人的建议来建构新知识。而教师凭借对儿童行为的观察,可以敏锐地推断儿童是在用直觉的、空间的还是逻辑的方法思考问题,了解儿童在想什么,这样,教师就能够根据所涉及的知识的种类对儿童作出反应,及时地介入儿童的学习,通过建议、指导影响儿童的思考过程,帮助儿童扩展自己的想法。

4. 数学教育的形式

凯米在《幼儿重新发明算术》一书中指出,运用日常生活情境和团体游戏教学是刺激儿童数学思维发展的有效途径和形式。

①日常生活情境。凯米认为,"算术不是从书本、教师的解释或者计算器程序中来的,而是从每个儿童对现实的逻辑数理化的思维中来的",①儿童自然的生活情境是他们重新发明数学的背景,日常生活情境中的问题能够自然地激发儿童的数学思维,促使儿童在与环境的有效互动中建构相应的数学概念。凯米指出:"对这些情境的利用,一能够鼓励儿童对现实的逻辑数理化;二能够增进其自主性的发展。"②团体游戏。团体游戏是指"儿童根据约定的规则一起进行的游戏,具体地说,要达到某些预先规定的顶点(或一系列顶点),游戏者应承担独立的、对抗的和合作的角色"。②这是凯米推崇的又一儿童数学教育的有效形式。团体游戏对促进儿童的认知、社会性发展和激发儿童的活动动机有着独特的作用。它能为儿童提供一些有趣的和有挑战性的东西,让儿童积极思考如何游戏;能允许儿童对自己的成功作出判断,并让所有的儿童在游戏中积极参与,获得愉快体验。同时,游戏的形式还能够弥补日常生活情境中的数学问题教学方法能激发数学思维但不能使儿童得到反复训练和练习的不足。在游戏的背景下,儿童能进行操作,为结构化数学活动提供了有效途径。凯米将团体游戏分成八种类型:击目标游戏、赛跑游戏、追逐游戏、捉迷藏游戏、猜谜语游戏、涉及语言要求的游戏、卡片游戏、棋子游戏。这些游戏都有助于儿童对相关数学概念的感知和建构。例如,击目标游戏,是将目标物作为一个靶子,动作有投、扔、滚、踢等,这一类游戏有助于儿童空间概念的建构。再如卡片游戏和棋子游戏,则能帮助儿童发展数序、数学运算等相关概念。

为此,凯米为教师在组织团体游戏时提出了两个组织原则:调整,即教师要及时地调整自己,以与儿童的思维方式相符合;减少教师的权威性,多鼓励儿童之间的合作和交往。

---

① ②C. Kamii. Young Children Reinvent Arithmetic. Teachers College Press,1985

二、幼儿学习数学的心理准备

学习数学知识是一个从具体的事物中抽象出普遍的数学关系的过程。幼儿要想学习数学这种抽象概括的逻辑知识,不仅要具备一定的数理逻辑概念,还要具备一定的抽象思维能力。那么,幼儿是否具有了这些心理准备呢?

(一)幼儿逻辑观念的发展

根据皮亚杰的观点,数学知识的逻辑和儿童的心理逻辑是相对应的。幼儿思维的发展,特别是心理逻辑观念的发展,为他们学习数学提供了重要的心理准备。他认为,儿童的思维逻辑的发展遵循着从动作的层面向抽象的层面转化的规律。而且,一一对应观念、序列观念和包含观念构成了幼儿基本的思维逻辑结构,这也是学习数学知识的基础。

1. 幼儿对应观念的产生与发展

幼儿在没有学会计数之前,一一对应关系是他们比较两组物体数量多少的重要方法。起初,他们可能只是在对应的操作中感受一种秩序,但并没有将其作为比较两组物体数目的方法。在 3 岁半以后,他们发现仅凭直觉判断多少是不可靠的,有时候,占的地方大,数目不一定就多,而通过一一对应比较则更可靠些。于是,他们在并放或重叠操作过程中逐渐掌握了对应操作的技巧,形成了一一对应观念。例如,教师问图中的小猫有几只,他们通过点数说出有 4 只;教师再问鱼(和猫对应)有多少条,他们会立刻说有 4 条。

但是幼儿的对应观念带有明显的动作性。皮亚杰用一个有趣的"放珠子"实验证明了这一点。实验者向幼儿呈现两个盒子,一个装有许多珠子,让幼儿往另一个盒子里放珠子,问幼儿如果这样一直放下去,两个盒子里的珠子会不会一样多,幼儿不能确认。他们先回答不会。当实验者强调问如果一直放下去时,他们就会说比前面的盒子多了,而不知道肯定会有一个相等的情形。可见学前儿童在没有具体的形象和动作支持下,是不可能在头脑中将两个盒子里珠子的数量进行一一对应的。

2. 幼儿序列观念的产生与发展

序列观念是幼儿理解数序所必需的逻辑观念。幼儿对数序的理解是依赖他们对数列中数与数之间的等差关系和顺序关系来实现的。研究表明,幼儿序列观念的形成是他们经过多次的实际尝试错误的排序活动而逐渐形成和发展的。在中班以后,他们才开始能够运用逻辑解决问题。如他们每次找最短或最长的小棍,依次排序。这说明他们已具备了序列观念。

但是,幼儿的序列观念同样仅局限于动作层次的逻辑观念。如果脱离具体、形象的事物,即使是只有三个物体,他们也很难正确排出它们的序列。一个典型的例子是:小红比小明高,小亮比小红高,则他们三个人中谁最高?通常,幼儿对回答这样的问题感到很困难。

3.幼儿"包含"概念的产生与发展

包含关系是指整体包含部分,部分包含于整体,整体大于部分,部分小于整体的关系。幼儿只有具备了类包含概念,才能理解数的组成、加减运算和类与子类的关系。例如,幼儿在数数时,都经历这样一个阶段:他能点数物体,却报不出总数。还有,幼儿在小班开始能够在感知的基础上进行简单的分类活动,但是在他们的思维中,还没有形成整体与部分的包含关系,更不知道整体一定大于部分。张慧和曾用10个红绿片片(8红2绿)问一名幼儿,是红片多还是片片多。幼儿一直坚称是红片多。直到他理解了片片是指所有的片片,而不是剩下的绿片片,他才能做出正确回答。而他得出答案的方式也耐人寻味。他不是像成人一样靠逻辑判断,而是一一对应点数,得出红片8个,片片10个,所以片片比红片多。由此可见,在幼儿头脑中,并没有形成整体和部分之间的包含关系,而是并列的两个部分的关系。

总之,幼儿已具备了一定的逻辑观念。但是,这些观念具有很大的局限性,它们需要具体的动作和形象的支持。如果遇到的问题是同直接的、外化的动作和形象相联系的,则幼儿有可能解决;如果是间接抽象的问题,幼儿就无能为力了。这个现象正是由幼儿思维的逻辑抽象水平有限所决定的。然而,正是这些具体的、感性的逻辑观念为幼儿抽象逻辑思维能力的发展奠定了坚实的基础。

(二)幼儿抽象思维能力的发展

幼儿思维抽象性的发展实际上伴随着两个方面的内化过程,一是将外部的形象内化为头脑中的表象,二是将外部的动作内化为头脑中的思考。而后者是最根本的。这是因为表象只是提供了幼儿抽象思维的具体素材,幼儿的抽象逻辑思维取决于他们在头脑中处理事物之间关系的能力。即无论是形象还是表象,都是对静止事物的模仿,属于思维的图像方面;而思维的运算方面,即对主体的外部动作或内部动作的协调,才是构成逻辑的基础。所以,皮亚杰认为,抽象的思维起源于动作。

幼儿在1岁半左右,就具备了表象能力,这使得抽象的思维开始成为可能。幼儿能够借助头脑中的表象,对已经不在此刻存在的事物进行间接思考,这是幼儿抽象思维发展的开始。然而,幼儿头脑中要完全形成一种逻辑的思考,则需要大约10年的时间,这是因为学前儿童需要在头脑中重新建构一个抽象的逻辑。这不仅需要将动作内化于头脑中,还要能将这些内化了的动作在头脑中自如地加以逆转。对于幼儿来说,这不是一件容易的事情。所以,幼儿的抽象思维是建立在对动作的内化的基础上的,而整个学前期正处在这个发展的过程中。学前儿童不能进行独立的逻辑思考,必须借助自身动作或具体的事物形象进行,到大班末期才开始出现抽象逻辑思维的萌芽。

三、幼儿学习数学的心理特点

幼儿思维的发展为他们学习数学提供了一定的心理准备。但是,他们思维发展的特点又造成其在建构抽象数学知识时的困难。在整个学前期,数学概念对他们来说还没有在头脑中建构成一个抽象的逻辑体系,需要借助具体的事物和形象进行学习。然而,幼儿在学习数学的过程中,也在不断努力摆脱具体事物的影响,使那些和具体事物相联系的知识内化于脑,成为具有一定概括意义的数学知识。

（一）幼儿的数学学习是一个由动作探究、表象积累向抽象逻辑思维发展的过程

皮亚杰的"抽象的思维起源于动作"的观点被幼儿园数学教育界广为接受。我们经常看到,幼儿在学习数学时,最初是通过动作进行的。特别是小班的幼儿,在完成某些任务时,经常伴随有外显的动作。随着幼儿动作的逐渐内化,他们才能够在头脑中进行相应的数学操作。幼儿表现出的这些动作,实际上是其协调事物关系的过程。这对于他们理解数学中的关系是不可或缺的,在幼儿学习数学的初级阶段尤其必要;而且对于那些发展迟缓,在抽象思维上表现出有困难的儿童,也需要有充分操作的机会,因为这种外显的操作既符合他们的心理需要,也有助于他们的学习。

尽管表象对幼儿的数学学习不起决定性作用,但并不是毫无用处,幼儿对数学知识的理解开始于外部动作,但是要把数学知识变成头脑中抽象的概念,却需有一个内化的过程,即在头脑中重建事物之间的逻辑关系。表象的作用在于帮助幼儿完成这一内化过程。过去有些不适当的做法夸大了表象的作用,甚至认为幼儿学习数学就是在头脑中形成数学的表象,于是通过让幼儿看实物或图片、教师讲解数学概念的方法让幼儿学习数学,试图让幼儿在头脑中"印下"数学表象。其实,这样的做法不符合幼儿的学习心理。不过,如能在幼儿操作的基础上,同时引导幼儿观察实物或图片及其变化,并鼓励他们将其转化为头脑中的具体表象,则能帮助幼儿重建事物之间的逻辑关系,对幼儿的抽象逻辑思维能力的发展也有益无害。

（二）幼儿对数学知识的理解与概括需要多样化的经验和体验的支持

数学知识是一种抽象的知识,而幼儿对数学知识的学习却是从具体的事物

开始的。可以说,幼儿在数学概念的形成过程中所依赖的具体经验越丰富,他们对数学概念的理解就越具有概括性。因此,为他们提供多样化的经验,并产生多样化的体验,能帮助幼儿更好地理解数学概念的抽象意义。例如,幼儿在认识数字"3"时,让他们说出各种各样的可以用3表示的物体,而且让他们知道,凡数量是3的物体,无论它们怎样排列,都是3。这样幼儿就可以对数字"3"的抽象意义有所了解。相反,如果幼儿对数学知识缺乏多样化的经验和体验,他们对数学概念的理解就会出现问题。例如,幼儿会把两个三角形拼成一个大三角形,却不会把一个长方形分成两个三角形,原因就是其缺少摆弄图形的经验,对图形之间的关系没有积累起丰富的经验。

(三)幼儿数学学习的过程表现为从同化到顺应的转变

如前所述,同化与顺应是皮亚杰提出的儿童适应环境的两种方式。同化是指个体将外部环境纳入自己已有的认知结构中;顺应是指个体改变自己已有的认知结构去适应外部环境。在儿童与环境的交互作用中,这两种方式是同时存在的,但有时同化占主导地位,有时顺应占主导地位,二者都处在一个由自我调节来实现认知平衡化的过程之中。儿童在解决数学问题时,也表现出同化和顺应的特点。例如,幼儿在比较两组物体数量多少的过程中,起初他们是用直觉来判断和比较数量多少,实际上是根据物体所占空间的多少来判断的。这一策略有时是有效的,但有时就会发生错误。我们观察到的小班幼儿不能正确比较数量多少,就是由于他们用了一个错误的认知策略来同化外部的问题情境的原因。这时,他们虽然知道一一对应和点数也是比较数量的方法,但他们绝不会自觉地去使用。直到儿童自己感到现有的认知策略不能适应问题情境时,才会主动去寻求新的方法,这时顺应开始占主导地位。可见,同化与顺应的自我调节过程是幼儿不断积累数学经验,重建新的认知结构的过程。

(四)幼儿数学学习过程表现为从不自觉到自觉的转变

心理学上所说的"自觉"是指主体对自己认知过程的意识。幼儿往往对自己的认知过程缺乏自我意识,主要原因就是其动作还没有完全内化,他们对事物的判断还停留在具体动作的水平上,没有上升到抽象的思维水平。这种"不自觉"的特点在年龄越小的幼儿身上表现得越突出。研究表明,儿童认知的自觉程度与动作的内化程度相关。例如,小班幼儿在进行物体分类活动时,常常出现说的和做的不一致的现象。不少幼儿能根据某个共同的感官特征(如形状)进行分类,但在语言表达时却出现不一致的情况。随着动作操作的逐渐内化,语言才逐渐发挥其功能,并表现出认知过程的自觉性。作为教师,要充分理解幼儿的这一发展特征,鼓励幼儿在活动中用语言表达自己的操作过程,这样能够促进幼儿对自己的动作进行有效的监控,从而有助于动作的内化过程,实现认知从"不自觉"向"自觉"的转变。

(五)幼儿数学学习过程表现为从自我中心到社会化的转变

幼儿思维的自觉程度与他的社会化程度是同步的。由于幼儿思维的自觉意识程度不高,抽象概括水平有限,因此幼儿的思维表现出"自我中心"的特点,只关注自己的动作,且还不能有效内化,也因此使得他们不能和同伴进行有效的合作、交流。例如,小班幼儿在给片片分类,某个小朋友是按照形状特征分类的,而当他看到另一小朋友是按照颜色分类时,就说别人是"乱七八糟的"。如果这时对方也发现他们之间的不同,也会说"你是乱七八糟的"。当研究人员问:"你是按照什么进行分类的?"他们都回答不上来。可见,幼儿是意识不到自己归类的依据的,更不会从别人的立场去考虑问题。

因此,对幼儿来说,"去自我中心化"具有社会性发展的意义,是思维发展的标志。当儿童逐渐能够在头脑中思考自己的动作,并更加具有自觉性时,他也就能逐渐克服自我中心式的思维,努力理解同伴的想法,从而产生真正的交流,并在交流碰撞中获得启示。

四、为什么有些孩子学不好数学

为什么有些孩子学不好数学?这是个常常有人提起的问题。如果我们知道了孩子怎样才能学好数学,那么,我们就应该了解,在一个数学没有学好的孩子的学习经历中,一直缺少的是什么。帕梅拉·利贝克试着从学习进度、焦虑情绪、理解程度和学习态度四个方面进行回答。[①]

(一)学习进度

皮亚杰的盲目追随者可能会说,我们什么也不能教给孩子们,因为他们的认知能力的发展和他们的身体成长完全一样,都是自然进行的。而布鲁纳的盲目追随者可能会说,我们可以把随便什么知识都教给任何人。真理可能就在这两个极端之间的某个地方。而且,对于两个不同的孩子,这个真理也绝不会相同。这正是要看设法帮助孩子学数学的成人的本领的地方。孩子们在学习上,不仅要有不同的方法,还要有不同的进度。研究表明,7岁孩子的数学能力,变化范围大致是在5~9岁孩子的能力之间;而11岁的孩子的数学能力,变化范围可能是在7~15岁孩子的能力之间。如果要求一个能力偏低的11岁孩子像一般的

---

① [英]帕梅拉·利贝克.儿童怎样学习数学.方未之译.北京:人民教育出版社,1986

11岁的孩子一样地完成学习,而不是按照他实际所处的较低的水平去学习,他就搞糊涂了,就可能不求理解而拼命地死记"法则"。

(二)焦虑情绪

焦急近似于绝望。我们知道,斯肯普在他的儿童数学学习理论中很关注儿童的学习情绪问题;布鲁纳也很关注教师在教学中使用鼓励和促进方法的问题。但值得注意的是,促进与鼓励过度会给孩子带来焦虑,高度的焦虑则会妨碍儿童学习的质量,这一点耶克斯—多德森定律已经证明。这也是游戏为什么这样重要的原因。儿童并不是为了变得敏捷灵活才去奔跑、爬高,而是因为这样做使他们感到快乐。他们热衷于奔跑、爬高的结果却使他们变得敏捷灵活了。因此,在儿童学习数学时,如果把学习数学本身看作某种好玩的事情,则他们就会学得更好。

(三)理解程度

理解是一个连续的过程。人在一生中自始至终都在不断地扩大或限制自己的概念的应用范围,从而不断增进自己对世界的理解。按照皮亚杰的观点,人的理解能力取决于人的适应能力;按照迪恩尼斯的说法,人的理解能力取决于人的容纳多样化的能力。

同样,孩子对数学的理解也是逐步发展的。我们很难把每一个孩子已前进到哪一个点上都轻易、准确地搞清楚,除了对孩子的活动进行观察分析外,没有其他更便捷、更容易的方法。例如,一个孩子,懂得"28"的意思就是"二十再加八",他也许能够把这个知识扩大到"68",即"六十再加八",但也许不能完成这项任务。由此,在弄清楚这一点后,就需要让孩子多摆弄表示"十"和"个"的结构材料,使其从中得到体验,孩子的注意力才能被引向一个新的数学概念。

(四)学习态度

研究表明,孩子对数学课的态度好像在11岁就定型了。说"我的数学能力很差"的成年人,通常都是在11岁时就有了这种看法。如果你不喜欢某件东西,你就会倾向于避开它,甚至会害怕它,即你对这件事物形成了心理学上通常所说的"阻滞"现象。孩子对数学形成心理"阻滞"的现象很常见,这是为了抵抗进一步学习数学课的痛苦。无论孩子的学习能力如何,只要能把他们对数学课的积极的、好奇的态度保持到11岁,就可以防止这种心理"阻滞"现象的产生。

第四节 我国幼儿园数学教育的发展概况

作为一门学科来说,我国的幼儿园数学教育经历了一个曲折的发展过程。它从最初的形成到发展成为一门独立的学科,并形成比较成熟的结构体系,按照时间顺序,大致经历了以下几个时期。

一、新中国成立以前

在新中国成立前的一段时间里,我国的幼儿园数学教育不作为学前教育的一个专门的内容,而只是在语言、常识、音乐、体育等活动中附带学习一些计数、认写阿拉伯数字和绘画简单的几何图形等数学知识。当时的师范学校不具备开设此课程的能力和条件。

二、新中国成立初期至20世纪50年代末

新中国成立之后,高等师范学校首次设立了学前教育专业,把学前教育纳入了国民教育体系之中,使学前教育成为了国民教育体系的第一个环节。从此,我国的学前教育进入一个快速发展的时期。但是,由于当时我国有关学前教育的理论和实践经验尚处于积累和探索的阶段,因此各级师范院校仍不具备开设有关幼儿园数学教育课程的条件。

三、20世纪60年代至70年代末

在总结我国学前数学教育经验的基础上,一些高等师范学校和幼儿师范学校开设了"幼儿园计算教学法"课程,其内容体系主要是参照苏联的内容体系构建的,幼儿园数学教育的心理学基础非常薄,尚未建立起我们自己的幼儿园数学教育体系。十年"文革"又一度使学前教育发展停滞,有关幼儿园数学教育理论与实践问题的研究中断。

1978年改革开放后,幼儿园数学教育和其他学科一同进入了一个空前发展的时期。这一时期我国的心理学家和幼教工作者不断学习和借鉴发达国家的经验,对儿童的"数"概念及运算能力的发展,以及时间、空间等问题进行了较为系统的研究,为我国幼儿园数学教育的发展打下了坚实的基础;利用心理学理论和有关研究成果,解决现实教学中存在的问题,并对幼儿园数学教育中的实践经验从理论上加以概括和提炼,促使我国学前教育向科学化、系统化方向发展。

四、20世纪80年代至今

首先,国外有关儿童数学教育的学术著作陆续被介绍进来,这对我国幼儿园

数学教育的发展有重大推动作用。1982年,北京师范大学的曹筱宁等人翻译出版了苏联著名幼教专家列乌申娜的《学前儿童初步"数"概念的形成》一书,该书系统阐释了学前儿童初步"数"概念的形成的理论和特点,并分年龄组详细介绍了向3~7岁幼儿传授初步数学知识的教学方法。该书总结了苏联几十年的研究成果和优秀教员的经验,从而把幼儿园数学教育的水平推到了一个新的高度。1974年,苏联教育部批准将该书作为高等师范院校学前教育专业和心理学专业的教材。这本书也是我们学习和研究幼儿园数学教育的一本难得的参考书。另外,1985年,杭生翻译出版了美国学者埃德·拉宾诺威克兹著的关于皮亚杰对儿童认知(包括数学认知)研究的《皮亚杰学说入门:思维、学习与教学》一书;1985年,李其维等翻译出版了R·W·柯普兰著的关于皮亚杰对儿童数学认知研究的《儿童怎样学习数学》一书。这两本书系统地阐述了皮亚杰对学前儿童数学认知的研究,内容涉及对数学的理解与操作、逻辑分类、次序化和序列化、基数、加法与减法、分数和比例、机遇和概率、逻辑思维的发展等。对于从事儿童数学认知研究及教学实践的我国幼教工作者来说,这两种书都具有重要的参考价值。

其次,我国幼教工作者也相继撰写并出版了基于自己研究的幼儿园数学教育著作,这些著作进一步促进了幼儿园数学教育的发展。北京师范大学的林嘉绥教授编写的《幼儿园数学教学法》(北京师范大学出版社,1990年)和《幼儿园数学教育》(北京师范大学出版社,1994年),阐述了学前儿童初步数学概念发展的理论,说明了对学前儿童进行数学教育的可能性和对不同年龄阶段的学前儿童进行数学教育的特殊性,从而为确定我国幼儿园数学教育的内容和方法提供了心理学方面的依据。就像该书作者所言:"高等师范院校的幼儿园数学教育课程,在层次上应有别于中等幼儿师范学校的幼儿园数学教育课程。这一区别不应是教学法知识的简繁与多少,应该是在教学法理论的深度上加以区别。"目的是使高等师范院校学前教育专业的学生和具有中等程度又有实践经验的读者知道教什么、如何教及为什么这样教的问题。我国台湾学者周淑惠在借鉴美国有关幼儿园数学教育研究成果的基础上,结合本土幼儿园数学教育的现实,于1996年出版了《幼儿数学新论——教材教法》(心理出版社,1996年)一书。这也是一本很好的幼儿园数学教育的教材。

另外还有金浩主编的《幼儿园数学教育概论》(华东师范大学出版社,2000年)、张慧和张俊著的《幼儿园数学教育》(人民教育出版社,2004年)、黄瑾编著的《幼儿园数学教育》(华东师范大学出版社,2007年)、孙汀兰主编的《幼儿园数学教育理论与实践》(科学出版社,2011年)等书。这些著作梳理总结了我国已有的有关幼儿园数学教育的成果,并详细阐述了教什么和如何教的问题。这些研究成果把我国的幼儿园数学教育推向了一个新的更高的发展水平。

▶阅读推荐◀

1. 林嘉绥、李丹玲.学前儿童数学教育.北京:北京师范大学出版社,1994
2. 金浩.学前儿童数学教育概论.上海:华东师范大学出版社,2000
3. [英]帕梅拉·利贝克.儿童怎样学习数学.方未之译.北京:人民教育出版社,1986
4. 史大胜、楚琳.新西兰学前数学教育发展现状及特点研究.外国教育研究,2011(9)
5. 庄爱平.幼儿数学学习特点及指导建议.教育导刊,2011(9)
6. 张华、庞丽娟.儿童早期数学认知能力的结构及其特点.心理学报,2003(6)
7. 曾盼盼、俞国良.数学学习不良的研究及趋势.心理科学进展,2002(1)

▶思考与探索◀

1. 简述幼儿园数学教育的研究对象和研究内容。
2. 简述幼儿园数学教育的任务。
3. 简述列乌申娜的幼儿园数学教育理论。
4. 试述皮亚杰的"儿童数学论"及其对儿童数学教育的启示。
5. 简述凯米的早期儿童数学教育方案的主要特色,以及给当今数学教育实践的启示。
6. 试述学前儿童学习数学的心理特点。
7. 简述我国幼儿园数学教育的发展概况,谈谈你从中获得了哪些启示。

第二章
幼儿园数学教育的目标与内容

【内容提要】:本章首先在介绍制定幼儿园数学教育目标的意义与依据的基础上,详细分析了我国幼儿园数学教育目标的分类结构和层次结构。其次,在简要介绍苏联、美国、日本等国家幼儿园数学教育的内容的基础上,系统阐述了我国幼儿园数学教育的内容。

【学习目标】:通过本章学习,(1)熟悉幼儿园数学教育目标制定的意义及依据;(2)理解我国幼儿园数学教育目标的结构类型;(3)掌握我国幼儿园数学教育的内容。

第一节 幼儿园数学教育的目标

一、制定幼儿园数学教育目标的意义

教育是人类的一种自觉的、有目的的、有计划的社会实践活动。它的自觉性、目的性和计划性首先表现在教育实施之前对活动结果就有一种期待,这种期待就是教育目标。教育目标是对受教育者的总体要求,它指导和支配着整个教育过程,是一切教育工作的出发点和最终归宿。麦克多纳尔德(J. B. Macdonald)曾指出教育目标具有五项功能:教育目标可以明示教育进展的方向、可以用来选择理想的学习经验、可以用来界定教育计划的范围、能指明教育计划的要点、可以作为教育评价的重要基础。[①]

---

① 虞永平.学前教育学.南京:江苏教育出版社,1996

第二章 幼儿园数学教育的目标与内容

幼儿园数学教育目标规定了对幼儿进行数学教育的目的和要求,是对幼儿进行数学教育的依据和准则。只有具备了明确的教育目标,才能明确教育活动的方向,才能规范教师的教育观念和行为,才能对教育活动作出有效的评价。因此,制定科学的教育目标有着十分重要的意义。

(一)幼儿园数学教育目标调控着数学教育的过程

幼儿园数学教育过程是一个多因素参与,并相互作用的过程。一方面教育目标会对数学教育活动涉及的众多因素产生影响。例如,教育目标明示着教育活动过程进展的方向、界定着教育计划的范围、影响着教育内容的选择和教育活动的设计等。另一方面教育活动过程的顺利展开既需要各个因素之间的协调平衡,又需要排除与教育目标不一致的因素。例如,数学教育中涉及教师、幼儿和活动材料三个因素之间的关系,在教育活动中,既要很好地发挥教师的主导作用,又要突出幼儿在活动中的主体地位,让幼儿与活动材料相互作用,这些都需要以教育目标为依据进行调控与指导。

(二)幼儿园数学教育目标规范着教师的教育观念与行为

教师是教育活动的组织者、参与者和指导者。教师具有正确的目标意识,就会有助于规范教师的教育观念,引导教师选择适宜的、有价值的数学教育内容,有效运用各种教育方法和手段,创设有利于幼儿健康发展的数学教育环境。那么,教师该如何创设有利于幼儿健康发展的数学教育环境,让幼儿体验到数学的重要和有趣呢?这就需要教师树立教育游戏化、生活化的观念,引导幼儿从生活和游戏中感受和体验事物的数量关系,而不是机械地灌输、告知。这是因为在幼儿没有感受到事物的数量关系的情况下,教师的"讲解"、"告知"都只能是一种机械的知识灌输,不符合幼儿学习的心理特点。由此可见,教育目标对教师的教育观念和行为都具有规范的作用。

(三)幼儿园数学教育目标明示着数学教育评价的标准

幼儿园数学教育的目标规定了幼儿园数学教育的内容范围、幼儿发展的标准和要求,同时数学教育目标也是衡量幼儿发展水平的标准和教师教育行为效果的标准。依据幼儿园数学教育的目标,人们可以考察、评价幼儿的发展状况、教师的教育行为,也可以依据教育目标考察、评价教育计划、手段、方法及环境创设的优劣等。

二、制定幼儿园数学教育目标的依据

教育者要想制定出相对更为合理的教育目标,就必须全面系统地理解社会发展及幼儿发展的需要和规律,使教育目标的实施、检验、调整等活动成为一个开放的动态过程。① 据此,在制定幼儿园数学教育目标时,既需要考虑社会和幼儿教育总目标对幼儿园数学教育的要求,还必须研究幼儿身心发展的特点、水平、方式和规律等。只有综合研究这些因素,合理地处理好它们之间的关系,才有可能制定出更为适宜、科学的幼儿园数学教育目标。

(一)幼儿身心发展的特点

幼儿身心发展的水平、需要,发展的可能性和发展的规律性,是制定教育目标的重要依据。教育者研究幼儿,理解幼儿的发展需要和发展规律,能使教育者获得有关制定教育目标的有用信息。例如,幼儿"数"概念的发展、初步逻辑思维的发展有着从具体操作层面逐步向抽象层面过渡的特点。美国著名学前教育专家莉莲·凯茨(L. G. Katz)等人在《探索儿童的心灵世界:方案教学》一书中指出:"随着年龄的增长,才会慢慢有足够的能力从正式的学术化教学中受益。"他们认为"幼儿经验的内涵比较像一个个的事件或主题,而不是个别的学科"。由此,教育者在制定幼儿园数学教育目标时要考虑到:"帮助幼儿获得有关物体数量、形状、空间、时间等方面的感性经验,并由此逐步形成一些基本的数学概念。"

具体地讲,制定幼儿园数学教育目标,在如何看待幼儿发展的问题上,教育者应考虑到以下两个方面的问题:

1. 幼儿的发展是一个整体性的发展过程

幼儿的发展包括身体、社会、情感、认知、品德等方面的发展,每一个方面的发展都不是一个孤立的过程,而是彼此相互影响、相互促进的整合性发展过程。培养"完整幼儿"是现代幼儿教育的新观念。研究表明,幼儿认知的发展是与其兴趣、情感、态度、个性等方面密切联系的。如果幼儿对事物具有浓厚的兴趣,对自己的能力充满信心,那么,在学习过程中就会积极地进行探索,主动地发现问题,并寻找解决问题的办法。此时,幼儿的整个心理状态就是积极主动的。在这样的状态下,他的认知能力、情感、态度和意志力等都会得到较好的发展。因此,在进行某一方面的教育时,必须考虑幼儿的整体发展,所提出的教育目标应该是全面的、综合的,应该包括认知经验、情感态度、个性品质等方面的要求。

2. 幼儿的发展具有明显的年龄特点和个体差异

幼儿认知的发展不仅与成人相比有着质的差异,而且不同年龄段幼儿的认知结构也不完全一样,每一年龄段的幼儿都有其独特的认知结构,表现出与前后发展阶段不同的认知能力。同一年龄段的孩子由于遗传、生活环境、早期学习经

---

① 许卓娅. 学前儿童音乐教育. 北京:人民教育出版社,1996

验等方面的不同,他们在发展水平、发展速度、认知结构等方面也存在很大差异。因此,教育者在为每一年龄段的孩子制定教育目标时,必须考虑它的适宜性和针对性,以促进幼儿在原有发展水平上获得更好的发展。

幼儿身心发展的特点,决定了某一年龄段的数学教育目标和其他年龄段的数学教育目标有着较大的区别。学前数学教育目标能否实现、数学教育内容是否恰当,从根本上看,取决于教育目标的制定是否遵循幼儿身心发展的规律。

(二)社会发展的要求

人是社会的人,社会对其成员都有要求,这些要求必然会影响对年轻一代的教育,即塑造符合社会发展的人。也就是说,教育目标和教育内容必然要反映社会的要求和愿望。不同时代,对人才培养的要求不同,所提出的教育目标也不相同。因此,教育目标总是直接或间接地反映着不同社会的需要和要求,幼儿园数学教育的目标也不例外。例如,1932年10月,在民国政府公布的幼稚园课程标准中,数学教育没有单独列出,但在游戏部分强调应有计算游戏(如搬运豆囊、抛掷皮球等,这类游戏可兼习计数),同时在社会、常识、工作等部分中也有计数内容。这一时期数学教育虽然没有在课程标准中被单独列出,但在实际教育中,仍注意了对幼儿的数学教育。1952年3月,我国教育部颁布《幼儿园暂行教学纲要》(试行),计算教育首次成为独立的教育项目,其内容有认识数目、心算、度量等。20世纪80年代,教育部颁布了《幼儿园教育纲要(试行草案)》,该草案对计算教学提出了三项任务:教幼儿掌握10以内数的概念和加减运算,学习一些几何形体、时间和空间的粗浅知识;发展幼儿的智力;培养幼儿对计算的兴趣。以上文件明显反映出幼儿园数学教育偏重幼儿对数学知识的学习,偏重于智力的开发。社会发展至今,素质教育成为时代的主旋律,现代教育开始追求幼儿身心的全面和谐发展。为适应这一社会发展的需要,2001年7月,教育部颁布了《幼儿园教育指导纲要(试行)》(以下简称《纲要》),该《纲要》明确规定了幼儿园教育的基本任务,并指出每一方面的教育都必须以促进幼儿情感、态度、能力、知识、技能等方面的发展为出发点。由此可见,社会的发展和需要会影响教育目标的制定和内容的确立。

(三)学科特点

数学学科本身的知识体系、学科的结构、学科的教育价值和学科的学习规律等都是幼儿园制定数学教育目标的重要依据。当今世界,数学已经渗透进科学技术、经济生活等与人类生活、生存息息相关的各个领域。数学作为人类文化的自然组成部分,对人类生活有着重要的影响,良好的数学素养将为人的一生的可持续发展奠定坚实的基础。幼儿的数学活动与幼儿的语言活动、游戏活动、艺术活动等一样,共同构成了幼儿完整、和谐发展所不可或缺的基本成长生态"链条"。幼儿数学教育的价值就在于促进幼儿的发展,使幼儿更好地适应生活,理解周围世界,学会表达和交流,培养幼儿的主动性、责任感和自信心,以及科学态度和探索创新精神。

数学学科的结构和知识体系较为系统、严谨,逻辑性十分突出。幼儿正处在逻辑思维萌芽和初步发展的时期,学习数学知识对其初步逻辑思维能力的发展、良好思维品质的形成都有着重要的作用。因此,为提高幼儿园数学教学的有效性,数学教育目标的设计必须遵循数学学科本身的特点。

(四)幼儿学习心理的特点与规律

幼儿学习心理的特点与规律可以给教育目标制定者许多启示。如认知心理学派的皮亚杰认为:幼儿的思维起源于动作,抽象水平的逻辑来自于对动作水平的逻辑地概括和内化。对于处于前运算水平阶段的幼儿,学习数学将能帮助幼儿更好地向具体运算水平过渡。由此,他认为,让幼儿通过自身的感知、操作等活动获得一些初级的"数"概念,是幼儿园数学教育的目标之一。

另外,皮亚杰在阐述如何让幼儿学习数学的问题上指出:应组织和创设一个合适的环境,让幼儿在其中尽其所能、充分发展。他提出了"活动法"、"自我发现法"、"冲突法"、"同伴影响法"等幼儿园数学教育方法。他的这些学习理论与方法也直接或间接地影响着幼儿数学教育目标的制定。

三、幼儿园数学教育目标的结构类型

幼儿园的数学教育目标体系是按照一定的结构和层次组织起来的。从横向角度看,它具有一定的分类结构;从纵向角度看,它又具有一定的层次结构。幼儿园数学教育目标的层次结构在深度上体现了目标体系的有序性,而分类结构从广度上体现了目标体系的有序性。虽然人们对数学教育目标的分析角度是多种多样的,但作为一个最终由教育实践者实施的目标体系,在执行时必须要考虑它的可理解性、可把握性和可操作性。由此我们可从如下两个角度对幼儿园数学教育目标进行分析。

(一)幼儿园数学教育目标的分类结构

1. 按心理活动的不同领域分类

布鲁姆曾在《教育目标分类学》一书中以心理活动的不同领域作为分类的出发点,把教育目标分成三大领域:

第一,认知领域,包括知识的掌握和认知能力的发展。

第二,情感领域,包括兴趣、态度、习惯、价值观和社会适应能力的发展。

第三,动作技能领域,包括感知动作、运动协调、动作技能的发展。

每一个目标领域又按由简到繁、由易到难、由具体到抽象、由低级到高级分成若干个层次。从这一角度来组织和表达幼儿教育的目标,有利于使教育者明确,一切教育活动的设计、组织都必须要以促进幼儿身心的整体协调发展为基本出发点。

据此,我们可以把幼儿园数学教育的目标分成认知、情感和态度、操作技能三个方面:在认知领域方面,幼儿园数学教育的目标是帮助幼儿学习一些初级的数学知识和技能,帮助幼儿获得有关物体形状、数量,以及空间、时间等方面的感性经验,使幼儿逐步形成一些初步的数学概念,发展幼儿的思维能力。在情感和态度领域方面,幼儿园数学教育的目标主要是培养幼儿对数学活动的兴趣、良好的参与活动的态度、习惯及健康的人格等。在操作技能领域方面,幼儿园数学教育的目标主要是培养其正确操作和使用数学材料的能力。

2. 按幼儿全面发展的需要分类

幼儿的发展应是整体性的发展。"幼儿生态感官的功能就像是一个结构紧密的网络,在这里,部分和整体总是共同工作并互为前提……(然而)通常,这种生命网络的联系被那些不乏善良教学意图的人们无知地割断了,由此导致了悲剧性结果:那条联系情感、思维和身体的小路被封住了,经验丧失了它的深度。"[①]幼儿园数学教育同样需从幼儿整体发展的需要提出目标,使体、智、德、美在数学教育中联动工作并互为前提,防止联系情感、思维和身体的小路被封,使数学经验丧失它的深度。例如,数学教育从体育这一方面可提出发展幼儿动作的协调性、灵活的教育要求(如学习手口一致地点数物体,能按要求摆弄、操作物体等),并使游戏、活动成为数学学习的基本形式;从智育方面考虑,可提出引导幼儿初步感知集合与对应、分类与排序、10以内的初步"数"概念及加减运算、量、几何图形、时间和空间,并使幼儿有探索、寻求解决"数学"问题的积极性等方面的要求;从德育方面考虑,可提出培养幼儿能与同伴友好合作地玩数学游戏等方面的要求;从美育方面考虑,可提出引导幼儿感受数学美的教育要求。

(二) 幼儿园数学教育目标的层次结构

幼儿园数学教育目标的层次结构,反映了教育目标的纵向结构,体现了目标体系在深度上的有序性。幼儿园数学教育目标一般包括三个层次:数学教育总目标、年级阶段教育目标和教育活动目标。一般来说,目标层次越高,其抽象概括性也越高,但可操作性越低;而目标层次越低,其抽象概括性也越低,但可操作

---

① [挪威]让—罗尔·布约克沃尔德.本能的缪斯——激活潜在的艺术灵性.王毅等译.上海:上海人民出版社,1997

性越高。

1. 幼儿园数学教育总目标

数学教育的总目标是指对幼儿进行数学教育的总体要求和任务。2001年7月,教育部颁布的《幼儿园教育指导纲要(试行)》(以下简称《纲要》)指出,幼儿园数学教育总目标应包含以下内容:

(1)认知方面的目标。

① 能从生活和游戏中感受事物的数量关系,获得有关事物的数、形、量、时间和空间等方面的感性经验,体验到数学的重要和有趣;

② 学习用简单的数学方法,解决生活和游戏中某些简单的数学问题,发展幼儿初步的逻辑思维能力,以及能用适当的方式表达、交流、操作和探索问题的过程和结果的能力。

(2)情感与态度方面的目标。

① 培养幼儿对周围环境中事物的数量、形状、时间和空间等的兴趣,有好奇心和求知欲,喜欢参加数学活动和游戏;

② 初步培养幼儿在生活和游戏中的合作、交流意识。

(3)技能方面的目标。

① 培养幼儿正确使用数学技能和使用数学活动材料的技能;

② 让幼儿能按规则进行活动,养成良好的学习习惯。

2. 幼儿园数学教育的年级阶段目标

数学教育的年级阶段目标,一般是指以小、中、大班为界,一年内的阶段性发展目标。《纲要》对于每个年级阶段的幼儿应该获得哪些数学经验,幼儿认知能力、情感态度和行为习惯的发展等,都做了较为详细的界定。年级阶段的目标表现出这样两个基本特点:一是与总目标相比,年级阶段的目标表述显得更为具体,具有可操作性;二是年级阶段目标体现了幼儿发展的阶段性和连续性的统一。

(1)小班发展目标。

① 愿意参加数学活动,喜欢摆弄、操作数学活动材料,能在教师的帮助下按要求取放活动材料和进行活动;

② 对生活中常见的各种物品的大小、形状、数量有兴趣,能感知5以内的数量;

③ 能按物品某一外部特征进行分类;

④ 能以自身为中心区分上下、前后、里外的空间位置,能理解早、晚的时间概念,知道早晚有代表性的日常变化。

(2)中班发展目标。

① 能专心地进行数学操作活动,对自己的活动感兴趣;并能用适当的方法

第二章 幼儿园数学教育的目标与内容

表达、交流自己操作、探索的过程和结果；

② 能自己选择数学活动和按规则进行活动；

③ 能较熟练地按事物的特征和数量进行分类；

④ 能注意和发现周围环境中物体的数量、形状、物体量的差异，以及他们在空间上的位置等；

⑤ 能比较、判断 10 以内物体的数量多少，感受 10 以内相邻两数的大小关系；

⑥ 理解今天、昨天、明天的意思；

⑦ 认识一些常见的几何图形。

（3）大班发展目标。

① 能积极主动地进行数学活动，遵守活动规则，会有条理地摆放、整理数学活动材料；

② 能用适当方式表达数学操作活动的过程和结果；

③ 能倾听教师和同伴的讲话，能在教师帮助下，归纳、概括有关数学经验，能感受到生活和游戏中事物的数量关系；

④ 能运用对应、比较、类推、分类统计等简单的数学方法解决生活和游戏中的某些数学问题；

⑤ 能按照物体的两种特征和从事物的多个角度进行分类；

⑥ 认识一些常见的立体图形，对平面图形之间的关系能有所感受；

⑦ 能理解更微观和较宏观的时间概念。

3. 幼儿园数学教育活动目标

数学教育活动目标是指某一具体数学教育活动（独立活动或系列活动）所要达到的结果。教师在制定具体教育活动目标时应遵循这样几点要求：①在表述数学教育目标时，可以从教师的角度提出（如培养幼儿的数数能力），也可以从幼儿的角度提出（如学习 5 以内的数数），还可以从评价的需要角度提出（如能手口一致点数 5 以内的事物）。但是，为了发挥幼儿学习的主体性，使教师的注意力集中在关心幼儿的变化和发展上，教师在制定教育活动目标时，应尽可能从幼儿发展的角度提出。②数学教育活动目标的提出应该和具体教学活动内容紧密联系，这是因为活动内容能调动幼儿学习的积极性和主动性，能让幼儿在探索和发现中获得数学经验，并使幼儿的认知能力、情感和态度、动作与技能也获得相应的发展和提高。③数学教育活动目标应该与数学教育的总目标、阶段目标相一致，只有这样，三者之间才能相互衔接，保证幼儿发展方向的一致性。

与年级阶段目标相比，数学教育活动目标更加具体，可操作性更强，所期望的活动结果基本上是可以观察或测量的。因此，数学教育活动目标在表述上具有一些特殊的要求。美国著名教育家布鲁姆在《教育评估》一书中指出，一个恰当的教学目标的表述应该具有两个基本特征:一是必须详细说明目标内容;二是应当用特定的术语描述教学后学生应能做的而以前不能做的行为。他的这一教学目标的表述"模型"对我们思考低层次目标的表述具有借鉴意义。陈帼眉指出,在具体教育活动目标的表述上,应注意这样几点要求:①表述要明确,与上层次目标的关系要密切,要比较直接;②目标的涵盖面要广,应包括知识的学习、能力的培养、操作技能和情感态度方面的学习;③目标要有代表性,每一条均是单独的内容,不能交叉重叠;④不能将手段写成目标。①

第二节 幼儿园数学教育的内容

一、国外幼儿园数学教育内容简介

了解较具代表性的国外幼儿园数学教育的内容和体系,有助于我们更好地借鉴并吸收有益的理论及经验,从而建设我国幼儿园数学教育的内容体系。

(一)苏联时期的幼儿园数学教育内容

1984年,苏联教育部颁布了新的《幼儿园教育和教学示范大纲》(以下简称《大纲》)。该《大纲》反映了苏联近二十年来在幼儿教育等学科中的研究成果,体现了其在20世纪80年代提出的"使幼儿教育工作最优化"的思想。《大纲》中关于数学教育的目标和内容主要包括以下几个部分:

1. 数学教育的内容

《大纲》中将数学教育部分称为"发展初步的数学观念",由此对幼儿园数学教育的范围、总要求等给予了规定。从内容方面讲,苏联的幼儿园数学教育主要包括五个项目:数量和计数、大小、几何形体、空间定向、时间定向。

2. 数学教育的内容结构

数学教育的内容结构是指根据一定的标准在整个学制期内把数学教育的内容进行分配而形成的数学教育大纲。《大纲》是按照如下标准构建自己的内容结构的:第一,按小班(3~4岁)、中班(4~5岁)、大班(5~6岁)分别规定内容;第二,每一年龄段又按季度分,将各项内容分配到四个季度之中;第三,每一年龄段都规定了一个发展初步数学概念的重点。《大纲》中的数学教育内容结构具体如下:

(1)小班。

---

① 陈帼眉、刘焱.学前教育新论.北京:北京师范大学出版社,1996

第二章 幼儿园数学教育的目标与内容

发展初步数学概念的重点——根据物体组包括的数量形成各组物品数量相等和不相等的概念。

第一季度：

① 数量。教幼儿根据所提供的范例,把某些物品分成组,从一组中拿出一个物品;区分"许多"和"1";找出室内哪种物品有许多,哪种物品有1个。

② 大小。教幼儿运用"较长些"、"较短些"、"一样长","较宽些"、"较窄些"、"一样宽"等词汇比较物品的长和宽。在测定物品大小时,一边比较物品的某一指定特征,一边教幼儿使用重叠法和并置法比较。

③ 几何形体。教幼儿区别和说出圆形和正方形。教幼儿用触觉—运动觉和视觉观察几何形体的方法。

④ 空间定向。教幼儿区别和说出右手和左手,用右手自左至右地安放物品。

⑤ 时间定向。教幼儿区别"白天"、"黑夜"、"早晨"、"晚上"等时间概念。

第二季度：

① 数量。教会幼儿根据各组物品所包含的数量区分两组数量相等或不相等,依次把一个物品放在另一物品之上,或者把一件物品放到另一物品之下,从而教幼儿把一组物品与另一组物品相比较。

教幼儿理解并在运用以下词汇:"这么多"、"那么多"、"一样多"、"多些"、"少些";理解数量词"几个"的意义。

② 大小。教幼儿比较高度和厚度不同或相同的物品,用语言表述比较的结果,如高些、矮些、一样高,厚些、薄些、一样厚。

教会幼儿运用重叠法和并置法比较物体的长和宽。在确定物体尺寸大小时,能按指定的一个特征比较物品。

③ 几何形体。教会幼儿区别和说出下列的几何图形:圆形、正方形、三角形;教会他们用触觉—运动觉和视觉观察几何图形的方法。

④ 空间定向。教幼儿从自身出发来确定方向:向前（在前面）、向后（在后面）,向右（在右面）、向左（在左面）,向上（在上面）、向下（在下面）。

⑤ 时间定向。继续教幼儿区别"白天"、"黑夜","早晨"、"晚上"等时间概念。

第三季度：

① 数量。教会幼儿运用重叠法和并置法确定两组物品的数量相等与不相等。理解关于数量问题的意思,并作出正确回答。

② 大小。教会幼儿使用"大些"、"小些"、"一样大"等词汇比较物品的大小;教会幼儿运用重叠法和并置法比较物品的长短、宽窄、高低、厚薄。

③ 几何形体。练习区分熟悉的几何图形,并说出它们的名称:圆形、正方

形、三角形。

④ 空间定向。训练幼儿从自身出发进行空间定向,如向前、向后、向左、向右,向上、向下。

⑤ 时间定向。培养幼儿区分一昼夜的各段时间(早晨、晚上、白天、黑夜)和说出这些时间名称的能力。

第四季度:

在第四季度不进行数学作业。在日常生活中,巩固幼儿在作业中所获得的知识和技能(如在游戏中,或在散步时)。

(2)中班。

发展初步的数学观念的重点——形成关于5以内数的概念。

第一季度:

① 数量和计数。教幼儿运用正确的方法,计数数量在3以内的物品:第一,指着排成一列的物品,按顺序说出数词;第二,使数词的性、数、格与名词相一致,将最后一个数词代表整组物品的总数量(例如,"一共3只球"),使幼儿认识5以内的数字。

练习比较两组物品(例如:"1,2,一共2个蘑菇";"1,2,3,一共3只兔子";"3个多些,2个少些")。教幼儿给数量少的一组物品补上不足的物品(或者从多的一组物品中取出多余的物品),使两组物品之间的数量相同。

② 大小。继续用一个放在另一个上面的方法教幼儿比较物品的长、宽、高。

③ 几何形体。训练幼儿区别并说出圆形、正方形、三角形的物品。向幼儿介绍长方形,教他们区别并说出几何图形:长方形、正方形、三角形、圆形。

④ 空间定向。继续教幼儿确认方向。向前——向后;向上——向下;向左——向右。

⑤ 时间定向。明确关于一昼夜的几个时间段的概念:白天、黑夜、早晨、晚上。

第二季度:

① 数量和计数。教幼儿运用正确的方法,数5以内的物品。指着排成一列的物品,按顺序说出数词;数字的性、数、格与名词相一致,将最后一个数词代表整组物品的总数量(例如:"共4只球"),认识5以内的数字。

教5以内的序数。区别基数词和序数词,正确地回答问题如"一共有多少个? 第几个? 按次序是哪一个?"

练习比较两组物品("1,2,3,一共3个蘑菇";"1,2,3,4,一共4只兔子";"4个多些,3个少些")。教幼儿给数量少的一组物品补上不足的物品(或者从多的一组物品中取出多余的物品),使含有不同物品的两组之间的数量相同。

教幼儿按样本或指定的数目计数物品(例如:"数出和我的盘子一样多的匙

子";"这张图纸上有多少个杯子,你就数出多少个蘑菇,再把它们拿来";"数出3只鸭子,5只鸭子")。

② 大小。教幼儿借助第三个物品(假定的尺子)比较两个物品。

③ 几何形体。教幼儿区别立体图形,并说出其名称,如立方体、球体、圆柱体。训练幼儿用触觉和视觉观察物品的形状。

④ 空间定向。教幼儿用词标出这个或那个物品和自身相对的空间位置(例如:前面是桌子,后面是衣柜;右边是门,左边是窗;上面是天花板,下面是地板;远处是墙壁,近处是椅子)。

⑤ 时间定向。教幼儿区分"昨天"、"今天"、"明天"的概念,并正确使用这些词汇。

第三季度:

① 数量和计数。教会幼儿数5以内的物品,教会他们确定几组处于不同距离或不同大小、不同位置物品是相等的还是不相等的。

② 大小。教幼儿借助第三个物品(假定的尺子)比较两个物品。教他们把物品按长、宽、高逐渐增加或逐渐减少的次序排列(例如:最宽的、窄些、更窄些、最窄)。

③ 几何形体。形成几何形体可以有大小的概念(例如:大圆、小圆、小圆柱体、大圆柱体等)。

④ 空间定向。教幼儿向指定的方向走(例如:向前、向后、向左、向右、向上、向下)。

⑤ 时间定向。教会幼儿使用"昨天"、"今天"、"明天"等词汇。以具体例子解释"快"、"慢"的概念。

第四季度:

在第四季度不进行数学作业。在日常生活中,巩固幼儿在作业中所获得的知识和技能。

(3) 大班。

发展初步的数学观念的重点——形成10以内数的概念和10以内序数之间关系的概念。

第一季度:

① 数量和计数。在多种操作和借助假定的尺子测量的基础上,形成关于7以内的数的概念,在7以内计数;区别和说出0~7的数目字。数7以内的序数,区别基数和序数,培养正确回答"几个"、"第几个"等问题的能力。

② 大小。教幼儿借助假定尺子确定物品的大小和长短(长、宽、高),以及液体和颗粒体的体积的大小。

③ 几何形体。教幼儿区别和说出椭圆和圆。练习区别和说出几何图形(如

正方形、圆形、三角形、长方形)和形体的名称(如球体、立方体、圆柱体)。

④ 空间定向。巩固和深化空间概念,如在左面、在右面、在上面、在下面、在前面、在后面、远、近。

⑤ 时间定向。巩固和深化时间概念,如白天、黑夜、早上、晚上、昨天、今天、明天。

第二季度:

① 数量和计数。形成10以内数的概念。继续教幼儿计数10以内的数。区别10以内的数字,比较10以内的序数词。教幼儿如何使不相等变成相等(例如:8比7多,如果7加上1,那就是8,就一样多了;7比8少,这里少一个1,从8里减去1,那么两个数都是7,就一样了)。练习区分10以内基数和序数。

② 大小。教幼儿找出相当于假定标准(尺寸)的物体的那部分,确定被测量的物体等于假定标准的几倍。

③ 几何形体。教幼儿关于四边形及其特征的概念,如四个角、四条边(以各种类型的四边形为例)。

④ 空间定向。教幼儿判断所指定的方向,按给予的条件去找自己所处的地点(例如:要这样站,使你的左边有个娃娃,前面有辆汽车)。

⑤ 时间定向。教幼儿依次说出一周7日的名称。

第三季度:

① 数量和计数。练习计数10以内的数。教幼儿区别和说出10以内的数字。形成"数"不依赖物品大小、物品之间的距离、物品的空间位置和计数物体的方向(从左向右或从右向左)而变化的概念。

② 大小。教会幼儿借助约定标准测量和比较延伸的形体的大小、颗粒体和液体的体积;教会他们用按物品的长、宽、高、厚和程度逐渐增加和减少的方法排列物品(如最宽、窄些、再窄些……最窄)。

③ 几何形体。教幼儿从物品中看出几何形体的方法(例如:球、西瓜——球体;盘子、碟子——圆形;桌子、墙、地板——长方形;手帕——正方形;三角头巾——三角形;茶杯——圆柱体等)。

④ 空间定向。教会幼儿用言语判断某一物品相对另一物品的位置(例如:在娃娃的右面是兔子,娃娃的左面是马)。

形成空间定向,如行走、跑步时改变运动方向的技能。

⑤ 时间定向。教会幼儿确定昨天是星期几,今天是星期几,明天将是星期几的能力。

第四季度:

在第四季度不进行数学作业。在日常生活中巩固幼儿在作业中所获得的知识和技能。

3. 数学教育的特点

(1) 注重学习"数"概念之前的准备教育。

新大纲所规定的数学教育内容十分强调"数前时期"的教育,即尚未学习计数、认数之前的准备教育。这正如苏联一位著名幼教专家在《幼儿初步数概念的形成》一书中指出的那样,不应急于教幼儿计数、认数,而是要为学习正确的计数做好准备。在学习"数"之前,让幼儿感知集合及其元素,学会用对应的方法对集合元素进行比较,否则,如果缺少这类知识经验,幼儿将不能正确地理解数的含义。这一观点,主要反映在新大纲的小班数学教育内容中。

(2) 体现了为小学学习做准备的目的。

新大纲所规定的数学教育内容,均是幼儿顺利进入小学学习所需要的最初步的数学知识技能,不取代或重复小学的数学教育内容。这一点最突出地体现在认识数量这项内容上,整个幼儿期只让幼儿掌握10以内的基数和序数,未涉及加减运算,而且对阿拉伯数字只要求认读,不要求书写。

(3) 注重发展性,体现了尊重幼儿的年龄差异性。

新大纲中,对各年龄段内容的规定,体现了量的增加,同时也体现了幼儿认识水平方面的差异。例如,在大纲中,每一年龄段都有一个促进幼儿"初步的数学观念"的重点,小班是"根据物体组包括的数量形成各组物品数量相等和不相等的概念";中班是"形成关于5以内的数的概念";大班是"形成10以内数的概念和10以内序数之间的关系的概念"。这些重点的制定充分体现了该年龄段幼儿的认知水平和思维发展的特点。再如,在空间定向一项中,小班要求"从自身出发来确定方向";中班要求幼儿能用词说出"物体和自身相对的位置";要求大班幼儿能判断"某一物品相对另一物品的位置",这种在质的要求上的逐步提高,符合幼儿空间概念是从以自身为中心向以客体为中心发展的特点。①

(二) 美国幼儿园数学教育内容

在美国的学前教育阶段,数学教育历来主张通过日常生活和游戏进行,正规的数学教学形式一般要在进入小学幼儿班(5~6岁)或小学之后实行。美国是主张教育自由的国家,联邦政府对各级各类学校的课程,没有统一规定的教学大纲和教材。学校和幼儿园享有较大的自主权,均可按照自己的教育理念选择办学方式和教材、教法。但就其体系而言,在一定时期内仍是大同小异。其幼儿早期数学教育的内容大致包括以下几方面:学习"数"之前的教育和发展"数"概念的教育。②

---

① ② 林嘉绥、李丹玲.学前儿童数学教育.北京:北京师范大学出版社,1994

1. 学习"数"之前的教育

学习"数"之前的教育的内容如"图2-1"所示：

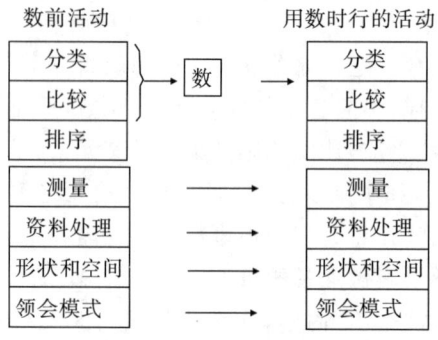

图 2-1 板

表中左侧的分类、比较、排序活动是在未学习"数"之前进行的。右侧的三项活动内容则是在学"数"以后进行的。而测量、资料处理、形状和空间、领会模式等活动可以安排在学"数"前进行，也可以在学"数"后进行。但不管什么时候进行，在开始学习这些内容时均先不用"数"，然后再逐渐过渡到用"数"进行。

(1) 分类。

可以按照物体的颜色、形状、大小分类，也可以按物体之间的联系（如女孩子穿的衣服和男孩子穿的衣服）分类，还可以按类概念的名称分类。

(2) 比较。

包括连续量的比较和不连续量的比较。学"数"前的比较活动主要用连续量进行（如长短、大小、高矮等），再用对应的方法比较两组物体的"多"、"少"和"一样多"（不要求幼儿说出数）。然后再进行"数"的比较。

(3) 排序。

先进行连续量的排序，认"数"以后再用"数"排序。在幼儿进行数排序时，教师引导幼儿发现自然数列中各数之间的"多1"和"少1"的数量关系。

(4) 测量。

包括对大小、长度、容量、重量、时间和温度等的测量。

(5) 资料处理。

是指以图表的形式直观地表示数量。如让每个幼儿选择一种自己喜爱的颜色，然后用表格统计，孩子依据表格就可知道喜欢这种颜色的人数是多少。在这一过程中掌握相应的词汇，如"多些"、"少些"、"一样多"、"长些"、"短些"、"一样长"、"比较长"、"最长"、"一个也没有"、"许多"等。

(6) 形状和空间。

儿童在早期进行分类、比较和排序时就接触了几何图形。5岁左右可先认识圆形、正方形、三角形,然后再认识长方形、菱形和椭圆形。认识空间位置,如"上面""下面""里面""外面"等;认识空间方向,如"向上""向下""向前""向后"等;认识空间距离,如"远""近"等。除此以外,还有有关认识时间的内容,包括认识早晨、下午、傍晚、晚上,以及认识时钟、日历、一星期7天的名称、一年12个月的名称及季节名称等。

(7)领会模式。

识别和运用模式的能力可为幼儿学习数学提供一种有效的具有深远意义的手段。让幼儿通过看、摆放、描述、画或模仿等活动识别模式。如观察并讨论装饰画的图案、编织的图案、各种树叶形状的模式;把木珠穿成2个红、1个绿……将苹果、茄子、橙子、洋葱等横向切成两半,观察并讨论不同蔬菜和水果内部的结构模式等。

2.有关"数"概念的教育

美国发展幼儿"数"概念的教育,主要包括认数和计数两方面。

(1)认数。

一般从小学幼儿班开始正式教幼儿认数,认数范围在10或12以内。认数方法,对4或5以内的数,通常用目测数数,而对超过数量为5的物体群,则用计数的方法。

(2)计数。

计数是幼儿认数的一种主要手段,包括点数、顺接数、倒接数、跳数(按群计数)。此外,"数"概念的教育在有的教材中还包括数守恒、序数、认识数字和书写数字等内容。

3.美国幼儿园数学教育发展的特点

近年来,美国的幼儿园数学教育发生了较大的变化,最明显的特点就是加强了对早期数学教育的重视,主要标志是在2000年正式出版的《学校数学的原则和标准》中第一次加入了2~5岁幼儿数学教育的标准,这个新标准是在1991和1995年的《数学教学的职业标准》和《学校数学的评估标准》的基础上修订而成的。在新标准中,仍然坚持了1991年提出的数学课程的五个能力目标:让学生学会认识数学的价值;对自己的数学能力具有信心;具有用数学解决问题的能力;学会数学的交流;学会数学的推理。① 新标准对整个从学前到十二年级应掌握的数学内容和能力给予了明确的细化,提出的细化标准涉及十个方面。其中五个是关于数学教育的内容:第一,"数和运算"(能理解数及数的表征方式、数之间的关系和数的系统;能理解运算的含义和相互之间的联系,并能进行熟练的计

---

① 郑毓信.美国数学课程标准(2000)简介.中学数学教学参考,1999(7)

算和合理的估算)。第二,"模式、函数和代数"(能根据不同特征进行分类、排序,能辨认、描述、扩展一些简单的形状和数的模式,并进行标准的转换;能用代数符号来表征和分析数的情境与结构;能用数的模型来表征和理解数量关系,并能对各种情境中的变化进行分析)。第三,"几何与空间感"(能分析二维和三维的几何形状,并能提出几何关系的证明;能利用坐标几何和其他表征系统来明确位置和描述空间关系;能运用转换和对称来分析数的情境,并能运用视觉想象、空间推理和几何形状演示解决问题)。第四,"度量"(能理解物体的可度量的特征和度量的单位、系统和过程;能运用适当的技术、工具和公式确定物体的大小)。第五,"数据分析、统计与概率"(能提出可用数据来回答的问题,并能收集、组织和出示相关的数据来回答问题;能选择和运用合适的统计方法分析数据;能根据数据进行推断和预测,并能对这些推断和预测进行评价;能理解和应用基本的概率概念)。另五个是关于数学活动过程的能力:第一,"问题解决"(能运用多种方法解决多种数学问题,在解决问题的过程中形成新的数学知识,并能检查解决数学问题的过程和对此过程进行反思)。第二,"推理和证明"(能认识到推理与证明的一般意义;能进行数的推测、论证、评定和数的证明,并能运用多种类型的推理和证明方法)。第三,"交流"(能与同伴、教师和他人进行清楚的数学方面的交流;能分析和评价别人的数学思考,并能用数学的语言精确地表达"数"的概念)。第四,"联系"(能认识并运用"数"概念之间的联系,并能在数学以外的情境中认识和应用数学)。第五,"表述"(能用多种表征手段表达数学的概念;能运用数的表征方式解决问题和演示、解释物质的、社会的及数学的现象)。[①] 这五个内容标准和过程标准是相辅相成的,过程标准是在内容标准实施的进程中得到发展和提高的,同时,也是幼儿掌握内容标准所不可缺少的前提和保证。

　　此外,新标准围绕如何促进学生达到数学上的高水准和掌握相应的数学内容与能力,也提出了六条数学教育的指导性原则:第一,平等性原则,是指数学教学设计应当促进所有学生的数学学习;第二,关于课程的原则,是指数学教学设计应当突出重要的和有意义的数学知识,并设计出协调的和综合的数学课程;第三,关于教学的原则,是指数学教学设计的实施依赖有能力的教师;第五,关于评估的原则,是指数学教学设计应当包括评估部分,以指导、强化和评价学生的数学学习,并为教师提供必要的信息;第六,技术性原则,是指数学教学设计应当利用现代化技术帮助学生理解数学,为他们进入技术性不断增强的社会做好准备。[②]

　　随着新标准的出台,全美幼儿教育协会(NAEYC)和全美数学教师委员会

---

① 周欣.儿童数概念的早期发展.上海:华东师范大学出版社,2004
② 郑毓信.美国数学课程标准(2000)简介.中学数学教学参考,1999(7)

(NCTM)在2002年4月发表了一份联合声明,该声明提出"为3～6岁幼儿所提供高质量的,具有挑战性的以及可行的'数'教育是幼儿将来数学学习的一个重要的基础",[①]为此,该声明给教师和托幼机构的相关人员提出了十多项建议,这十多项建议充分强调了对幼儿数学学习兴趣培养的重要性。在该声明的推动下,美国的政府、幼教机构、课程专家及设计者、教师,以及教师培训机构等,都由此引发了对早期幼儿数学教育理论建构与相关问题的充分关注和积极讨论,并且推动了幼儿园数学教育的实践改革。

(三)日本幼儿园数学教育内容

1964年,日本文部省颁布《幼儿园教育大纲》,该大纲一直沿用到20世纪80年代。大纲把学前教育的内容划分成六大领域:健康、社会、自然、语言、音乐、绘画。

之后,为适应社会发展的需要,日本文部省又颁布实施了新的《幼儿园教育纲要》,把学前的内容划分成五大领域:健康、语言、人际关系、环境、表现。

在这些教育内容中,他们把语言和数学作为幼儿教育内容的基础。他们认为,"最能代表人类特征的是语言,组成客观环境最重要的是数"。如果幼儿不会表达,没有"数"概念,那么对其进行其他方面的教育是不可想象的。其中,数学教育包括以下内容:

第一,通过具体事物比较量的大小;

第二,组合或分解某些物品,并能进行整理等;

第三,在日常生活中能用简单的数数具体物体,或说出顺序等;

第四,让幼儿对长短、宽窄、快慢等产生兴趣;

第五,让幼儿对物体的形状产生兴趣,并注意圆和正方形等的特征;

第六,让幼儿对前后、左右、远近等位置关系产生兴趣;

第七,通过日常生活,对时间产生兴趣。

(四)澳大利亚幼儿园数学教育内容

澳大利亚幼儿园数学教育非常重视调动幼儿的主动性、积极性和自觉性。其特点有:情境性、区域性、生活性、游戏性、探究性。其教育内容如下:

第一,帮助幼儿掌握10以内的"数"概念;

第二,教给幼儿关于时间、空间、运动、速度、几何形体等方面的粗浅知识;

第三,培养幼儿对数学的浓厚兴趣、旺盛的热情、坚定的信心;

---

① 周欣.儿童数概念的早期发展.上海:华东师范大学出版社,2004

第四，发展幼儿思考、判断、推理的能力，增强幼儿思维的独立性、准确性、敏捷性、灵活性，促进幼儿数学能力的发展。

二、我国幼儿园数学教育的内容

（一）幼儿园数学教育的内容与范围

幼儿园数学教育主要涉及感知集合、数、形、量、空间和时间等几个方面，其主要内容是：

1. 感知集合

(1) 感知集合及其元素，进行物体的分类；

(2) 认识"1"和"许多"及其关系；

(3) 运用对应的方法比较两组物体数量的相等与不相等；

(4) 按照物体的特征或规律进行排序；

(5) 初步感知集合间的交、差关系和包含关系。

2. 数、计数与数的运算

(1) 学习 10 以内的基数（包括数的实际意义、认数、数的守恒、相邻数和 10 以内自然数列的等差关系等）；

(2) 学习 10 以内的序数；

(3) 学习 10 以内数的组成；

(4) 计数，学会手口一致地点数实物，并能说出总数；

(5) 学习 10 以内数的加减运算（认识加号、减号、等号，理解加减的意义，能进行 10 以内的加减口算，能应用加减法解决日常生活中的简单问题）；

(6) 认读和书写 10 以内的阿拉伯数字。

3. 几何形体

(1) 认识和说出常见的平面图形及其特征（圆形、正方形、三角形、长方形、半圆形、椭圆形、梯形）；

(2) 认识和说出常见的立体图形及其特征（球体、圆柱体、正方体、长方体）；

(3) 理解图形之间的关系。

4. 量与计量

(1) 能区别和说出物理量的差异（大小、长短、高矮、粗细、宽窄、厚薄、轻重等）；

(2) 能进行量的正、逆排序；

(3) 知道量的守恒；

(4) 知道量的相对性和传递性；

(5) 知道自然测量。

第二章 幼儿园数学教育的目标与内容

5.空间概念

(1)能区分和说出空间方位(上、下、前、后、左、右、里、外、远、近等);

(2)能按指定方向进行空间运动(向上、向下、向前、向后、向左、向右等)。

6.时间概念

(1)能区分时间概念,并能说出时间名称(早晨、晚上,白天、黑夜,昨天、今天、明天,星期、年月的名称),理解其顺序性;

(2)认识时钟、手表等计时工具(长针、短针及其功用,认识整点、半点)。

(二)幼儿园各年龄班数学教育的内容

教学内容应按照幼儿初步学习数学概念的年龄水平和认知特点安排。

1.小班

(1)感知集合。

① 根据范例和口头指示,从一堆物体中分出一组物体;

② 按照物体的某一特征(颜色、大小、形状等)进行分类;

③ 区分"1"和"许多",并理解它们之间的关系;

④ 学会按某种规则对物体进行排序(序列数量在3以内);

⑤ 学会用一一对应的方法比较两组物体的多、少、一样多(物体数量在5以内)。

(2)数、计数与数的运算。

① 学会手口一致地点数5以内的物体,理解数的实际意义;

② 能按数取物(5以内的物体)。

(3)几何形体。

① 认识区分圆形、三角形和正方形,能说出图形的名称;

② 能用圆形、三角形和正方形进行简单的组合拼搭。

(4)量与计量。

① 能比较大小、长短、高矮不同的两个物体;

② 能从5个以内的物体中找出并说出最大的和最小的物体;

③ 学会按物体的外部特征(颜色、形状)和按量的差异进行3个物体的排序。

(5)空间概念。

① 能以自身为中心区分上下方位;

② 能认识并说出近处物体的上下位置。

(6)时间概念。

知道"早晨"、"晚上"、"白天"、"黑夜"的时间概念。

2. 中班

(1)感知集合。

① 能从一堆物体中把不属于这一集合的元素找出来；

② 能按物体量的某一特征进行分类；

③ 能按物体的数量进行分类；

④ 学会按某种规则对物体进行排序(序列数量在 6 以内)；

⑤ 能用一一对应的方法比较不同类物体的多、少和一样多(物体数量在 10 以内)。

(2)数、计数与数的运算。

① 正确点数 10 以内的物体，理解数的实际意义；

② 能按数取物或按物取数(10 以内)；

③ 理解 10 以内相邻数之间的"多 1"和"少 1"的关系；

④ 初步认识 10 以内数的守恒；

⑤ 认识 10 以内的序数；

⑥ 学习 10 以内的数，并能顺着数和倒着数；

⑦ 认识 10 以内的阿拉伯数字。

(3)几何形体。

① 认识长方形、椭圆形和梯形；

② 能按平面图形的角和边的数量正确区分、辨认不同的图形(形状的守恒)；

③ 初步理解平面图形之间的关系；

④ 能用学过的图形进行组合拼搭活动。

(4)量与计量。

① 能比较粗细、厚薄、轻重等不同的两个物体；

② 能从几个物体中找出等量的物体；

③ 能按照物体量的差异特征和数量进行 6 以内物体的正、逆排序。

(5)空间概念。

① 能以自身为中心区分前后、里外的空间方位，逐步学习以客体为中心区分前后方位。

② 会按照指定的方向(向上、向下、向前、向后)运动。

(6)时间概念。

① 知道"昨天"、"今天"、"明天"的时间概念。

3. 大班

(1)感知集合。

① 理解集合的包含关系，能根据指示找出集合中的子级类，理解部分与整

体的关系;

② 初步感知集合的交集、并集和补集;

③ 能按照物体的两个特征(或以上)进行分类;

④ 能按某规则或某标记自由进行分类、排序;

⑤ 比较两个集合的对应关系,能说出其对应法则。

(2) 数、计数与数的运算。

① 认识零;

② 学习单、双数和相邻数,理解 10 以内相邻数之间的等差关系;

③ 学习目测数群和按群计数的方法;

④ 学习 10 以内的数的组成,理解总数和部分数之间的等量、互补、互换关系;

⑤ 正确书写 10 以内的阿拉伯数字;

⑥ 学习简单的口述应用题的计算方法;

⑦ 学习用数的组成进行 10 以内数的加减运算,即列式。

(3) 几何形体。

① 能区分球体、正方体和长方体、圆柱体;

② 能寻找、区分、理解平面图形和立体图形之间的关系;

③ 学习几何形体的二等分、四等分方法,知道整体和部分的分合关系。

(4) 量与计量。

① 能比较远近、宽窄不同的两个物体;

② 初步学习量的守恒;

③ 能按照物体量的差异特征和数量进行 10 以内的正、逆排序;

④ 能按照一定规则自由排序,并初步理解序列的传递性和双重性关系;

⑤ 知道自然测量。

(5) 空间概念。

① 能以自身为中心区分左右方位,逐步学会以客体为中心区分左右方位;

② 会按照指定的方向(向前、向后、向上、向下、向左、向右)运动。

(6) 时间概念。

① 认识时钟,学会看整点和半点;

② 学会看日历,知道年、月、星期的名称及顺序。[①]

(三) 数学教育活动内容选择的原则

《幼儿园教育指导纲要》对教育活动内容的选择提出了原则性要求,这也是

---

① 黄瑾.学前儿童数学教育(修订版).上海:华东师范大学出版社,2007

选择幼儿园数学教育活动内容应遵循的原则。

第一,既适合幼儿的现有水平,又有一定的挑战性;

第二,既符合幼儿的现实需要,又有利于其长远发展;

第三,既贴近幼儿的生活,又有助于丰富和拓展幼儿的经验和视野。

▶阅读推荐◀

1.[美]玛丽·霍曼、伯纳德·班纳特、戴维·P·韦卡特.活动中的幼儿——幼儿认知发展课程·郝和平、周欣译.北京:人民教育出版社,1995

2.黄瑾.学前儿童数学教育(修订版).上海:华东师范大学出版社,2007

▶思考与探索◀

1.简述幼儿园数学教育目标的重要性及制定的依据。

2.我国幼儿园数学教育目标的分类结构是什么?

3.我国幼儿园数学教育目标的层次结构是什么?

4.苏联的幼儿园数学教育主要包括哪些内容?

5.简述数学教育活动内容选择的原则。

6.结合实际,谈谈国外幼儿园数学教育经验对我国的启示。

第三章
幼儿园数学教育的途径与方法

【内容提要】：幼儿园数学教育的目标和任务是通过多种途径、采用多种方法来实现和完成的。幼儿园数学教育的途径主要有数学教学活动、数学游戏活动、各类教育活动中的数学渗透活动、日常生活中的数学教育，以及数学区（角）活动等。本章根据这些活动途径的性质和功能把它们分成两大类：专门性数学教育活动和渗透性数学教育活动。此外，本章结合幼儿身心发展的特点和需要、数学教育学科的性质，还有针对性地介绍了幼儿园数学教育的基本方法及使用要求，具有很强的指导性和实用性。

【学习目标】：通过本章学习，(1)理解专门性的正式数学教育活动与非正式数学教育活动的功能；(2)了解幼儿园渗透性数学教育活动的表现形式；(3)掌握幼儿园数学教育各种方法的内涵及使用要求。

第一节 幼儿园数学教育的途径

幼儿园数学教育的途径，是指幼儿园实施数学教育所采取的活动形式。幼儿的心理是在活动中形成和发展的，幼儿教育的目标也需要通过活动来实现。因此，《幼儿园教育指导纲要（试行）》指出，"幼儿园的教育活动，是有目的、有计划引导幼儿生动、活泼、主动活动的，多种形式的教育过程"。幼儿园数学教育的活动形式同样是丰富多样的，幼儿在生活中的各种活动都是对他们进行数学教育十分有效的途径与手段。

一般来说，幼儿园数学教育的活动途径主要有数学教学活动、数学游戏活动、各类教育活动中的数学渗透活动、日常生活中的数学教育，以及数学区（角）

活动等。根据这些活动途径的性质和功能,通常把它们分成两大类:专门性数学教育活动和渗透性数学教育活动。

一、专门性数学教育活动

专门性数学教育活动,是指教师按照计划专门安排时间,提供数学活动材料与环境,并组织幼儿参加的数学教育活动。在这类活动中,幼儿接触的是以数学为主要内容的材料和环境。专门性数学教育活动又可分为正式(教师预设)的数学活动和非正式(幼儿自主选择)的数学活动两种形式。

(一)正式的数学教育活动——数学教学活动

1. 数学教学活动的内涵

这类数学教育活动的特点是事先经过周密的规划,教师能够预设教育目标、教育过程;活动内容是专门指向数学知识和数学技能,而不是综合性的;教育活动是面向全体幼儿的。在这类活动中,虽然教师是活动的指导者、组织者,教师直接的指导较多,但幼儿仍是活动的主体,幼儿在教师的启发引导下积极参与操作活动,所以这种活动形式有浓厚的集体学习氛围,有利于幼儿之间彼此启发、相互交流,共同体验学习的乐趣。

2. 数学教学活动的形式

(1)集体型的活动形式。

它是以全体幼儿进行同一种活动为特征的活动形式。在活动中,不论是幼儿自己操作探索,还是教师启发操作或讲解演示,幼儿均是在教师的指导下,对相同的内容和任务,通过共同的操作步骤,以相同的方式进行的。这一活动形式能较好地实现教学目标,并能让幼儿体验到集体活动的快乐,促进其规则意识和自制力的发展。

当然,集体型的活动形式也存在明显的不足,如易忽视幼儿发展的个体差异,在教学过程中,教师难以有效地帮助和指导个别幼儿等。

(2)小组型的活动形式。

它是在教师的指导下进行的一种幼儿能自主选择的活动。教师根据幼儿发展的不同水平,为他们创设良好的学习环境,提供充足的学习材料,让幼儿自主选择活动内容,主动地操作、摆弄活动材料。在小组活动中,每组学习的内容和使用的数学材料都是相同的,成员之间可以合作开展活动,也可以独自进行。

教师在对小组活动进行指导时要注意两点:首先,幼儿在小组活动中,虽然进行的是同一内容的活动,但教师不能用一个标准去要求、评价幼儿,应肯定每个孩子的进步。其次,在小组活动中,教师的主要任务是观察、了解个别幼儿的活动情况,以进行有针对性的指导和帮助。

(3) 集体与小组结合型的活动形式。

这类数学教学活动是指在同一活动时间内兼用集体和小组活动两种形式的活动。这种形式可较好地发挥两种活动形式的长处,较好地解决一般的教学要求与个体发展上存在差异的矛盾,使每个孩子在自己原有的基础上都得到不同程度的发展。这也是差异教学模式的一种表现形式。如南京鼓楼幼儿园陈学群老师总结提出:"我们采取集体活动和数学循环游戏相结合的形式……比如,在学习 10~15 的顺倒数中,首先是数学集体游戏《打电话》,目的是复习 1~10 的顺倒数;接着幼儿操作——游戏小猴子上下楼梯,学习 10~15 的顺倒数,通过幼儿操作,找到其中规律,知道顺数就像上楼梯,要一个一个地增加,倒数是一个比一个少。最后是数学循环游戏,教师提供内容不同的 5~7 个小组数学操作活动材料,有新开展的操作活动,也有过去曾经开展过的,活动内容根据当时的数学活动的进度确定。在分组的数学循环游戏中,幼儿不断地巩固复习原有的知识,有利于教师进行个别辅导……幼儿还可根据自己的需要选择不同的小组参加活动,教师重点辅导新开展的小组活动。要求每个幼儿都必须轮流到新开展的小组活动中去,并鼓励幼儿参与每个小组的活动。这样,孩子的学习机会增多,既学到了新的知识,又复习了原有的知识,效果很好。"①

具体地讲,集体与小组结合型的活动形式有两种操作模式:一种形式是先进行集体活动,然后再分组活动;另一种是先进行小组活动,然后再进行集体活动。这种活动形式一般是先让幼儿进行尝试、探索,获得经验,在此基础上,教师再启发幼儿相互交流各自的活动过程和结果。教师根据幼儿小组活动的情况,可组织他们讨论、梳理已获得的经验,或者由教师提出一个新问题,让幼儿思考、让幼儿运用已获得的知识技能去解决新问题。

(二) 非正式的数学教育活动——数学活动室和数学角

1. 非正式的数学教育活动及其表现形式

非正式的数学教育活动是指教师为幼儿创设一个较为宽松和谐的环境,提供各种数学活动材料和丰富多样的学具、玩具,引发幼儿自发、自主、自由地进行数学学习的活动。在幼儿园,它可以是专门为幼儿设置的数学活动室,让幼儿自由、自愿地选择活动材料进行摆弄操作、感知体验;也可以是在活动室内设置一个数学角,投放一些供幼儿选择的学具、玩具,让幼儿进行摆弄探索。数学活动室或数学角为幼儿经常从事数学学习活动提供了物质上的保障,也是对幼儿进行差异教育指导的良好场所。

---

① 转引自林嘉绥、李丹玲.学前儿童数学教育.北京:北京师范大学出版社,1994

教师在创设数学活动室或数学角时应注意:活动区的材料要充足、丰富,具有较强的探索性;活动材料可由教师和幼儿共同制作完成,鼓励幼儿搜集生活中的废旧材料,或充分利用家长的资源;教师要向所有幼儿介绍活动区的材料、活动规则和要求;教师要根据幼儿的年龄和经验经常更换活动区材料;在活动时,教师不要过多控制幼儿的活动,而应仔细观察,并进行指导和鼓励,鼓励他们自主探索、创造,交流和合作,使数学活动室和数学角真正成为幼儿园数学教育的重要途径和场所。

2.非正式的数学教育活动的作用

非正式数学教育活动形式比正式的数学教育活动形式更自由和灵活,它具有正式数学教育活动所不具备的独特作用。这种独特作用具体表现在:①这类活动给予幼儿的自由度较大、随意性较强,能充分适应不同发展水平幼儿的发展需要,体现了对幼儿发展差异性的尊重。通过让他们参与不同的活动,为他们提供了获得同一数学概念的多种丰富的感性经验,增强了幼儿活动的自信心和成功感。②这类活动因自身的丰富多样性,能更好地培养幼儿对数学活动的兴趣。③在这类活动中,幼儿参与什么活动、选用什么材料、运用什么方法等,都是由幼儿自己决定的,这能充分发挥幼儿的独立性、自主性、创造性,最大限度地发展幼儿的思维和动手操作能力,促进幼儿良好学习品质的养成。④这类活动还有利于幼儿之间的交往、合作和相互学习,促进幼儿社会性的发展。

总之,不论是预设性活动,还是自主性活动,幼儿园的数学教育都必须摆脱单一枯燥的以教师"教"为主的数学课模式,而代之以幼儿的"动"为主的操作活动模式,体现以幼儿主动地探索和操作为主的活动特点。同时,这两种活动形式各有特点,如果忽视了一种活动,那么,将对幼儿数学经验的获得、数学概念的建构及数学兴趣的培养和发展带来不利影响。因此,将两者结合起来运用是十分必要的。

表 3-1:正式与非正式数学教育活动的比较①

正式的数学教育活动	非正式数学教育活动
有特定的活动要求和全体幼儿都要达到的活动目标。	不一定有特定的活动要求和幼儿一定要达到的活动目标,它服从于幼儿园数学教育的总目标。
有具体、细致的数学活动计划和设计。	不需要特别具体和详细的活动计划。

---

① 金浩、黄瑾.学前儿童数学教育.上海:华东师范大学出版社,1999

第三章 幼儿园数学教育的途径与方法

续表 3-1

正式的数学教育活动	非正式数学教育活动
由教师规定活动内容和提供统一的材料。	幼儿可以自己选择活动内容和材料。
教师为所有幼儿提供同样的材料。	教师提供丰富多样的材料。
全班或几组幼儿在同一时间内进行同一种数学操作活动。	在同一时间里,或在不同时间内,每个幼儿可以进行不同的数学活动。
教师需为所有幼儿的活动提供较大的空间。	教师为幼儿提供的环境和空间,是根据幼儿园的实际情况确定的,可大可小。
教师的直接指导较多,幼儿基本上是在教师指导下有步骤地开展活动。	教师以间接指导为主,观察多、干预少,幼儿在活动中自由度相对比较大。
组织形式以集体为主。	没有固定的组织形式,以个别活动为主,或二三个幼儿自由组织在一起活动。
幼儿参与活动的时间基本上是由教师掌握。	幼儿参与活动的时间由幼儿自己决定,教师只作适当的提示。

二、渗透性数学教育活动

渗透性数学教育活动是指除专门性数学教育活动以外的,渗透于其他教育活动和幼儿日常生活、游戏等中的数学教育活动。渗透性数学教育活动,无论是内容还是组织形式都十分丰富、灵活,很难以统一的标准来进行分类。为便于概述,我们暂且把它归为如下几类:日常生活中的渗透性数学教育活动、游戏中的渗透性数学教育活动和其他各科教育中的渗透性数学教育活动。

(一)日常生活中的渗透性数学教育活动

从一个特殊的视角来看,物质世界的万物,都是由一定的"数"按一定的"形"和"序"构成的。从每个孩子来到这个世界的那一刻起,就开始和物质的、直观的实体世界发生了接触,同时也意味着开始了与隐藏在实体世界背后的数学世界发生了这样或那样的联系。幼儿凭借"数"和"形"的中介,认识周围世界的基本结构与秩序。因此,日常生活中的各种活动,是向幼儿进行数学教育的十分重要的途径。印度著名数学家高塔姆·慕克吉在国际数学家大会上指出,数学与日常生活是两条互相交织的线。在日常生活中,利用充满数、量、形知识的生活内容进行数学教育,可以使幼儿在既轻松又自然的情况下获得简单的数学知识,引发对数学的兴趣。日常生活中的渗透性数学教育活动主要表现为如下几种形式:

1. 幼儿园一日生活环节中的渗透性数学教育

幼儿园的一日生活环节主要包括:入园、晨检、早餐、午餐、午睡、上活动课、离园等。这样数学教育就可以将时间认知渗透进一日生活的各个环节中,如几点入园、离园,几点吃饭、午睡、起床;每天早晨教师和幼儿一起数一数今天班上来了多少小朋友,还有几个没有来,今天是星期几、哪几个小朋友做值日等。有的中、大班幼儿还学习记气象日记,记录每天的日期和天气等情况。

在进餐过程中,教师可以让幼儿通过观察"一个小朋友一个碗一把勺子"而获得一一对应的观念;洗漱和喝水时让幼儿认识许多条毛巾和一条毛巾、一只杯子和许多杯子之间的关系等。在整理玩具、图书、衣物时,教师可引导幼儿学习对物品进行归类的方法和技能。

在外出散步时,教师可引导幼儿观察各种物体的形状,如有的房顶像三角形,房子的门和窗像长方形,树干粗、树枝细,马路宽、小巷窄等。秋天,幼儿可将拾来的树叶进行分类、排序,还可用树叶拼搭物体和图形等。

在日常生活中,还有一些偶发性事件也可以成为引导幼儿学习数学的契机。例如,某小朋友过生日,他带来一盒蛋糕,这时教师就可启发幼儿讨论:怎样分,才能使每人获得一样大的一份蛋糕……

2. 家庭生活中的渗透性数学教育

教师与家长合作是激发幼儿学习数学的兴趣,实现数学教育目标,发展幼儿数学能力的有效途径。首先,要引导家长转变教育观念,这是实现在家庭生活中渗透数学教育的重要途径。幼儿园可以对家长进行培训,开办"幼儿园数学教育专题"宣传栏,定期举办家长讲座等,让家长树立科学的幼儿园数学教育观念。其次,通过让家长参与幼儿园数学教育活动及家长开放日等活动,让家长了解目前幼儿园数学教育的生活化、游戏化趋势。再次,教师可结合教学进度,帮助家长制定家庭生活中渗透数学教育的方案,使家长更加明确家庭生活中渗透着数、量、形、时间、空间、加减运算等方面的数学教育内容。

3. 社会生活中的渗透性数学教育

社会生活中也存在着对幼儿进行数学教育的契机。例如,植物园春游、秋游,可让幼儿感受自然界的色彩和形状,感受量的差异,认识时间等。家长带孩子外出购物、走亲访友,可以让孩子帮助算钱、付费、记住公交车次和站牌、观察商场建筑的造型等。

（二）游戏活动中的渗透性数学教育

苏联著名教育家克鲁普斯卡娅说过："游戏对于幼儿是学习，是劳动，是重要的教育形式。"一方面，幼儿的生活离不开游戏，它是幼儿最喜爱的活动，是最适合幼儿身心发展特点的活动之一，因而，游戏也是对幼儿进行数学教育的有效手段和途径之一。另一方面，结合游戏进行数学教育可使幼儿摆脱抽象的数量概念，在欢愉、轻松有趣的气氛中参与、体验、感受和学习初步的数学知识。

1. 建筑游戏

建筑游戏是数学教育的有效方式之一。积木是对现实生活中各类形体的复制，是建筑游戏中常用的材料。幼儿运用积木进行的建筑游戏涉及的数学教育内容包括：空间、几何形体、测量等，而这些内容又与分类、排序、数量的比较等相联系（如图 3-1 所示）。幼儿在选择积木、辨认形体、拼搭建筑物的过程中，激活并运用了已有的相关知识，从而起到获得和巩固数学知识技能的作用。

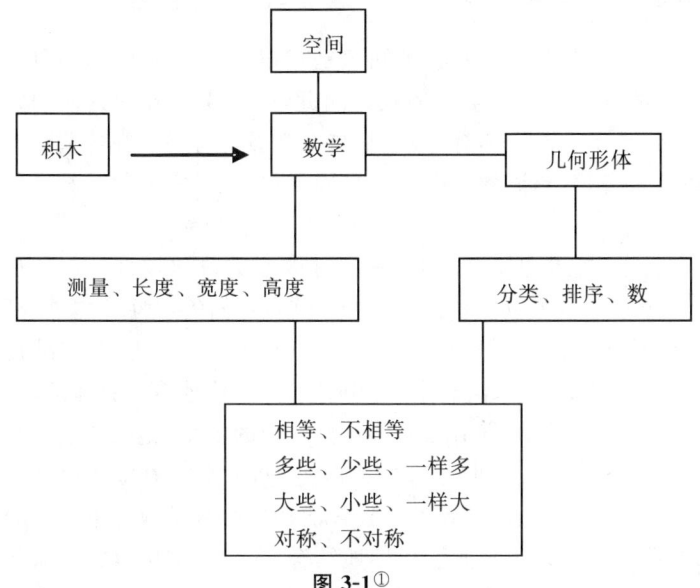

图 3-1①

2. 材料操作游戏

套玩具（套塔、套桶、套碗等）、圆点卡片、棋子、序列卡片、彩棒、沙、水，以及可供分类或配对、排序的各类材料，都是数学游戏中的良好材料。例如，套玩具主要用于辨别大小、分类和排序；圆点接龙牌可用于认数、数的组成和加减等；玩沙、玩水的游戏，能让幼儿感知沙、水的性质。总之，在这类活动中，幼儿能从中

---

① 林嘉绥、李丹玲.学前儿童数学教育.北京：北京师范大学出版社，1994

获得数、量、形等方面的知识经验。

3. 角色游戏

角色游戏是幼儿创造性地反映现实生活的游戏。幼儿在各类主题的角色游戏中都不同程度地运用了数学知识和技能,从而提高幼儿对数学知识和技能的应用能力。例如,"商店"游戏中的买卖游戏能帮助幼儿学习并巩固"数"的加减运算知识;"娃娃家"游戏中布置的家具,能帮助幼儿学习并巩固分类的知识;在邮局的游戏中,幼儿通过自制和"出售"画有各种图形或花样的邮票和信封,将信分类,按门牌号分送信件等,能帮助幼儿学习和巩固数量和形状的知识。

总之,教师要根据教学内容和幼儿发展的需要灵活设计各类游戏。需要注意的是,教师在寓数学教育于游戏中时,不要过多限制幼儿,剥夺幼儿自由游戏和探索的机会。在游戏指导过程中,教师是引导者,只需适时启发幼儿,不需过多干预。

(三)其他各科教育活动中的渗透性数学教育

在幼儿生活的周围环境中,各种知识是互相联系和渗透的,而且都不同程度地表现为一定的数量关系和空间形式。因此,除数学之外的其他幼儿教育活动(如社会、自然、美术、音乐、体育等)也都与数学教育有关。在这些活动的过程中适当加入数学教育,既是该教育内容本身的要求,也是完成数学教育任务的重要途径之一。

例如,在科学、美术和体育等活动中,可以渗透数学教育。在参观动物园活动中,除了引导幼儿观察动物的外部特征、说明它们的习性等之外,还可让幼儿数一数它们的数量,讨论它们所处的空间位置,进行量的比较、加减运算等。再如在绘画、泥工、剪贴等美术活动中,应引导幼儿准确地辨认物体的形状、大小比例及位置关系等。同样,体育活动和体育游戏中的走步、跑跳均是认识和复习上下、前后、左右和向前、向后、向左、向右、向上、向下空间方位和运动方向的十分有效的手段。另外,借助语言、音乐等教育活动进行数学教育也是十分有效的途径。例如,把数、量、形知识与儿歌巧妙地结合在一起,就可以将抽象而单调的数学知识以有韵律、有节奏的艺术形式对幼儿进行教育,使幼儿在欢快、形象、活泼、有趣的气氛中学习和巩固数学知识。

《找老虎》数数儿歌:

1、2、3、4、5,上山找老虎;

老虎没找着,碰到小松鼠。

松鼠有几只?让我数一数;

数来又数去,1、2、3、4、5。

《7个阿姨来摘果》(认识10以内的数序):

第三章 幼儿园数学教育的途径与方法

1、2、3、4、5、6、7;7、6、5、4、3、2、1;

7个阿姨来摘果,7个花篮手中提。

7个果子摆7样:苹果、桃儿、石榴、柿子、李子、栗子、梨。

在语言活动中,"数学故事"是数学教育内容在语言中渗透的典型形式。所谓"数学故事",就是以故事这一幼儿喜爱的活动方式来潜移默化地渗透"数"概念的数学教育方法。例如:

数学故事:《一、二、三、四、五……》

放学了,皮塔亚从幼儿园里出来,兴冲冲地往家里跑去。他一口气跑到自己家楼下,小妹妹芬尔娅在楼梯口等着他。

"我学会数数啦!"皮塔亚兴奋地对妹妹说,"今天在幼儿园,老师教我们数数了,看我数数楼梯有多少台阶吧!"

皮塔亚蹦蹦跳跳地上了楼梯,大声地数着:"一、二、三、四、五……"

"你怎么停下来了?"芬尔娅问哥哥。

"等一下,我忘了走到哪一级台阶了,我一会儿就会想起来的。"

"好的,你快点想吧。"芬尔娅说。

皮塔亚抓着头皮想了老半天,叹了口气,"唉,我记不起来了。我还是下去重新走一遍吧。"

于是他们又来到楼梯最底下,开始重新往上走。

"一,"皮塔亚数着,"二、三、四、五……"

他又停下来。

"你又忘了吗?"芬尔娅问。

"嗯,下面是哪一级呢?我明明记得的,可是突然一下子又忘了,咱们再下去重新走一回吧。"

于是他们又走下去,然后皮塔亚再一次开始往上走,一边数着:"一、二、三、四、五……"

"接下来会不会是25?"芬尔娅提醒哥哥。

"不,不可能?你吵得我没法子思考了。我忘记了,都是你的错!我只好又重新开始数了!"

"哼,我才不高兴重新走呢!"芬尔娅嚷着,"老是上啊上,下啊下,我的脚都走疼了!"

"你不想走,拉倒。"皮塔亚说,"不过我一定要走到记起来为止。"

芬尔娅跑进屋里,对妈妈说:"妈妈,皮塔亚在楼梯上数台阶,他数了一、二、三、四、五,可他不记得接下来是啥了。"

"是六。"妈妈说。

芬尔娅急忙炮回楼梯口,皮塔亚还在那儿数着:"一、二、三、四、五……"

"六!"芬尔娅低声说,"是六!六!"

"六!"皮塔亚兴奋地喊道,"七、八、九、十。"

幸好楼梯到这里就没了,要不然,皮塔亚永远也甭想回家去了——因为那天在幼儿园里,老师只教了他们从一数到十。①

第二节 幼儿园数学教育的方法

教育方法是在教育过程中教师和学生为完成教育任务、实现教育目标所采取的行为方式的总和。教育方法运用得恰当与否,将直接关系到教育任务的完成与否及教学的效果如何。幼儿园数学教育活动是在教师指导下开展的有目的、有计划的幼儿主动学习的活动,因此,在数学教育活动中,采用科学、合理、有效的教育方法,将有助于教育效果的最优化,有助于达到预设的教育目标。

而且,教学方法具有很大的灵活性和创造性。它受具体教育内容和教育对象身心发展的年龄特征制约。同样一种方法,对不同的数学教学内容和不同年龄班的幼儿,在使用上也应有所区别,因此,教育工作者要重视和熟练掌握幼儿园数学教育的方法,并在实践中不断总结经验,灵活而有创造性地对幼儿进行数学教育。本节主要介绍幼儿园数学教育中常用的几种基本方法。

一、操作法

(一)操作法的含义及其表现形式

1. 操作法的含义

操作法是指为幼儿创设适宜的活动环境,提供合适的活动材料、玩具,让他们自己在摆弄、操作过程中进行探索,从而获得数学感性经验和逻辑知识的一种方法。

心理学的研究已经揭示了幼儿数学学习的特点。例如,皮亚杰研究指出,幼儿的智慧起源于动作,活动是连接主客体的桥梁,幼儿最初学习的抽象概念是从动作开始的。幼儿只有在移动、拆拼物体的活动中,使动作"内化",才能达到"在心理上进行的、内化了的、可逆转的动作"水平。由此,他曾说:"数学的抽象乃是操作性质的,它的发生、发展要经过连续不断的一系列阶段,而其最初的来源是一些十分具体的行动。"苏联心理学家维果斯基等人也提出了智力活动的"内化说"理论,认为智力活动的内化,实质上是外部物质活动向反映方面——知觉、表

① 选自《幼儿教育》,2003(12)

第三章 幼儿园数学教育的途径与方法

象和概念转化的结果。因而,操作的方法已引起了广泛的重视,成为幼儿学习数学的基本方法。

在数学学习活动中,幼儿通过摸、画、剪、拼、排、贴、推、拉、投等动作,能促进大脑积极思维,有利于提高幼儿学习数学的积极性和发挥每个幼儿的数学思维水平。例如,通过操作各种材料进行计数,理解数的分合;通过对各种形状的塑片、积木等的感知比较,认识几何形体;通过拨动玩具钟表的长、短针,学习和理解"整点"、"半点"的概念等。

总之,正如苏联教育家苏霍姆林斯基所言:"智慧之花开在手指尖上。"操作法的价值就在于,它是幼儿在头脑中建构初步数学概念的起点,是幼儿获得抽象数学概念的必经之路。我们应将操作法运用到幼儿园数学教育的一切活动中去。

2. 操作法的表现形式

(1)按照操作活动的性质可分为:示范性操作,即教师先进行演示,幼儿再进行模仿练习。验证性操作,是指教师先做讲解演示或先进行启发引导,然后幼儿再通过操作予以体验,以巩固和加深所学知识和技能。探索性操作,即幼儿带着一定的意向或根据一定的任务,通过操作,独立自主地探索知识。在这种学习方式中,教师只是给幼儿下达一个任务,幼儿则根据自己的知识、经验,独立自主地进行操作,在操作中尝试、思考、探索。发散性操作,是指有多种可能的探索性操作,这类操作有利于发展幼儿的创造潜能,培养幼儿多角度思考问题的能力。

(2)按照数学活动的组织形式可分为集体性操作和个体性操作(略)。

(二)操作法的运用要求

1. 明确操作的目的

操作法之所以是幼儿学习的主要方法,这是由他们的身心发展特点决定的。操作活动中有想象、尝试、演练、扮演、假装等成分存在,因而它一方面促成孩子愈来愈容易不受"实物"的限制,愈来愈容易不以"自己个人的观点"为唯一的"编演角度"辨认事物;另一方面也更容易将原来毫不相关的经验、事物、情境联合在一起组成有意义的"产品",促进经验的修整,使经验系统得到进一步的内化、协调与整合。所以,蒙台梭利说:"活动、活动、活动,我请你把这个思想当作关键和指南。作为关键,它给你揭示了幼儿发展的秘密;作为指南,它给你指出了应该遵循的道路。"[①]但目前的现实是,教学过程仍以教师的讲解演示为主,幼儿

---

① 转引自杨汉麟、周采. 外国幼儿教育史. 桂林:广西师范大学出版社,2000

的操作时间不够,而且操作基本上是以复习、巩固教师所教的内容为主,幼儿自主探索操作活动的价值没有受到重视。因此,依据操作活动的目的,教师应根据教学内容及幼儿的水平,尽量让幼儿通过操作进行思考,学习知识,获得经验。数学活动应尽量从幼儿的操作开始,活动的整个过程应以幼儿的操作为主。在教师的启发引导下,幼儿通过操作,自己开动脑筋解决问题;教师在幼儿操作的基础上,再引导讨论操作的结果,达到帮助幼儿整理经验,进而明确概念的目的。

2. 创设操作的条件

为了实现活动的目的,教师必须为幼儿创设适宜的操作活动条件,其中包括:①为幼儿提供充足的活动材料,如小棍、石子、塑片、瓶盖、积木块、各类其他小玩具等,以便保证每个幼儿都有足够的活动材料。②为幼儿提供适宜的活动空间和思考、探索的时间,只有这样才能充分发挥操作及其材料在学习数学及发展幼儿初步数学概念中的作用,才能避免走过场,流于形式。③允许幼儿在操作活动中有与同伴相互交流和讨论的机会,这样有助于幼儿通过思考而不是通过接受来理解知识,并且有利于幼儿养成自学、互学的好习惯。

3. 交代操作的规则

在操作活动之前,教师应向幼儿说明操作的目的、要求及具体的操作方法。特别是对缺乏操作经验的幼儿和幼儿在操作新的活动材料时,教师应通过适当的讲解,交代具体的要求和方法,然后再让幼儿通过操作来体验,这有巩固和加深体验的作用,能保证幼儿的操作具有一定的方向性,减少盲目性、随意性。另外,需要说明的是,除了说明操作的要求、步骤和方法外,操作规则还应反映出有关数学概念的属性或规律,如按照某种属性区分集合,具体操作规则就是"把形状(或颜色、大小等)相同的图片放在一起"。

4. 评价操作的结果

操作是手段不是目的,教学中的操作不应是为操作而操作。在幼儿操作活动结束后,教师应围绕操作活动的目的组织幼儿进行讨论,帮助幼儿将他们在操作中获得的感性经验予以整理总结,从而形成初步的数学概念。

5. 体现操作的年龄差异

根据不同的教学内容及不同年龄幼儿发展的特点,操作法应有区别。例如,对小班幼儿不仅应提供人手一份的操作活动材料,而且要求他们多动手、摆弄;而对大班幼儿则可提供书面类的操作材料,粘贴、涂色、记录一类的操作可多些,且可以安排小组共同用一份操作材料,以培养幼儿的协作能力。

二、游戏法

(一)游戏法的含义及其类型

1. 游戏法的含义

游戏法是根据幼儿好动的天性、具体形象的思维特点,将抽象的数学知识融入幼儿感兴趣的游戏中,让幼儿在自由自在、无拘无束的各种游戏活动中学习数学的一种方法。它是幼儿学习初步数学知识的一种十分重要的途径和方法。

教师可以将要求幼儿掌握的初步数学知识和技能,渗透到游戏规则和动作中去,使幼儿在执行游戏规则和动作的过程中观察比较、分析综合、抽象概括。

2. 游戏法的类型

(1)操作性数学游戏。这类游戏是指幼儿通过操作玩具或实物材料,并按照游戏规则进行的一种游戏。如小班幼儿学习分类时做的"图形宝宝找家"游戏,可安排三个动物玩具,分别贴上"○"、"□"、"△"的标记,让幼儿把"图形宝宝"送到相对应的玩具动物"家"里。又如大班幼儿学习数组成时的"球盒"操作游戏等,都是通过具体的实物操作,通过一定的游戏规则来学习初步的数学知识的。

(2)情节性数学游戏。以生动、有趣的游戏吸引幼儿的兴趣,促使幼儿学习数学知识和技能。如小班幼儿区分"1"和"许多"进行的"小兔子拔萝卜"、"游戏宫"等游戏;中班幼儿认识10以内序数进行的"小动物分房子"、"动物爬山"等游戏;大班幼儿学习加减运算的"玩超市"游戏、复习数组成和加减运算的"摆扣子"游戏。这类游戏一般都有一个主题贯穿整个游戏,但教师在设计游戏时,应使情节的安排有助于幼儿熟练地掌握数学知识技能,从而促进幼儿观察力、想象力和思维能力的发展。游戏的过程不宜太新奇,规则不宜太复杂,以免分散幼儿的注意力。

(3)竞赛性数学游戏。这类游戏适合中、大班的幼儿,它不仅适应了幼儿的好胜心理,而且有助于发展幼儿思维的敏捷性。如大班的个人竞赛游戏——"猜猜看",教师给幼儿5个数字"2、5、1、3、4",请幼儿用30秒的时间记住,然后教师把数字翻过去,请幼儿说出和2加起来是6的数,幼儿比赛,答对发奖。

(4)运动性数学游戏。是指寓数学概念或知识于体育活动中的游戏。它满足了幼儿好动的天性,又渗透了数学的初步概念。例如大班幼儿学习数的组成,通过掷飞镖、投沙包等运动性游戏来记录某一总数中不同的投掷结果(如5个飞镖,投中3个,未投中2个),再根据投掷的结果来学习数的组成。

(5)运用各种感官的数学游戏。这类游戏主要强调通过不同的感官进行数学学习,强调幼儿对数、形的充分感知。如在学习过程中,可让幼儿通过看看、摸摸、听听等活动多方面理解数学概念的实际意义。如在"奇妙的口袋"游戏中,幼儿是通过触摸而感知几何形体的特征的;在"听鼓声说数"游戏中,幼儿是用听觉感知数量的。

(6)数学智力游戏。数学智力游戏能极大地调动幼儿学习的积极性,培养其思维的灵活性、敏捷性,以及综合运用数学知识解决问题的能力。如让幼儿作七巧板游戏,先沿实线剪出七块几何图形卡片,然后发挥想象力拼出各种可爱的图案。

(二)游戏法的运用要求

第一,游戏的内容要突出数、量、形知识,发展幼儿的思维能力。游戏的规则不要过于复杂,而且情节是幼儿所能理解的。

第二,游戏种类的选择及游戏所占的比重,应根据幼儿的实际水平而定。一般来说,情节性、操作性和运用各种感官的游戏适合于各年龄班,竞赛性游戏适合于中、大班。小、中班的数学课应以游戏为主的方式进行;大班可适当减少,这样有助于培养他们良好的学习习惯。

三、讨论法

(一)讨论法的含义和类型

1. 讨论法的含义

语言是思维的工具。在数学教育中,讨论是引导幼儿有目的、探讨性地主动学习数学的一种重要的方法。它是一种多边的活动,可以是教师与幼儿之间的讨论,也可以是幼儿与幼儿之间的讨论,它能够起到互相交流、互相启发、共同探究的作用。

2. 讨论法的类型

(1)依据讨论的时机,可以分成随机性讨论和计划性讨论。随机性讨论是指根据教学的进展情况和幼儿的反馈而随时开展的讨论。这类讨论针对性强,有助于及时解决幼儿学习过程中遇到的障碍;计划性讨论是指教师针对某一问题有目的、有计划地组织幼儿开展的讨论,一般是在操作活动结束以后进行,可以引导幼儿整理各种体验,帮助幼儿对某一问题进行分析与归纳。

(2)依据讨论的功能,可以分为以下几种:辨别性讨论,讨论的重点不是追求答案,而是通过讨论学会比较和积极思考;修正性讨论,其目的在于通过讨论认识操作中的错误,发现问题,提出修正办法;交流性讨论,其目的在于通过讨论获得多种答案,注重求异,丰富知识经验;归纳性讨论,其目的在于帮助幼儿归纳操作中的体验,使之条理化、概念化。

（二）讨论法的运用要求

1. 以操作或游戏体验为讨论的基础

对幼儿来说，没有积累一定的知识经验，讨论是无法开展的。因此，讨论往往是伴随着操作或游戏活动而展开的，活动体验是讨论的基础。幼儿有了一定的感性认识，才能对讨论的内容做出积极的反应，才能接受讨论的最终结果。当教师在讨论中出示 8 个贴绒圆球（其中 3 个是红色的，5 个是绿色的），提问"是圆球多还是绿球多？为什么？"时，多数孩子都认为绿色的圆球多。他们得出这个错误结论的原因是他们还不具备认识类包含关系的心理基础，他们对整体与部分的关系还不理解。因此，教师应有意识地安排幼儿进行类似的操作活动。当再次进行讨论时，就有越来越多的孩子能得出"是圆球多，因为红球、绿球都是圆球"的结论。

2. 注重讨论的过程

幼儿园数学教育的重点不在于传授知识，而在于促进幼儿思维的发展，因此讨论的过程比结论更重要。在讨论过程中，教师要注意观察分析他们在讨论中的反应，了解他们的思维方式和思维活动的过程，在此基础上再进行有的放矢的教育，效果就会比直接告诉他们结论要好得多。

3. 体现因人而异、因材施教

每一个幼儿的身心发展水平是不相同的，教师应为每一个孩子创造参与讨论的条件。例如，有些能力较弱、性格内向的幼儿在活动中常常表现得消极被动，易产生紧张感。对这类孩子，教师在讨论中要多肯定、多鼓励，帮助幼儿克服自卑感，树立自信心。另外，教师要多接触这类孩子，多引导他们参加新颖且有趣的数学游戏，多组织随机讨论，这样，他们就会逐渐对数学活动和讨论活动产生兴趣。

四、比较法

（一）比较法的含义及其类型

1. 比较法的含义

比较法，是指通过对两个（组）或两个（组）以上的物体的比较，让幼儿找出它们在数、量、形等方面的相同和不同的一种教学方法。乌申斯基曾说："比较是一切理解和思维的基础。"所以，比较法是幼儿园数学教育中教和学的重要方法之一。

2. 比较法的类型

（1）依据比较的性质分。

① 简单的比较。是指对两个(组)物体的大小、长短、高矮、粗细、宽窄、厚薄等的比较。例如,比较两根线的粗细。

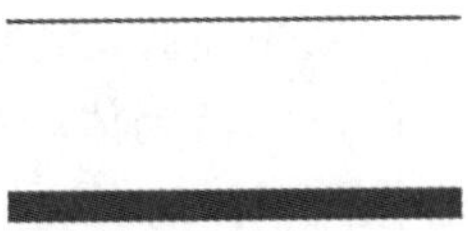

图 3-2

② 复杂的比较。是指对两个(组)以上物体的大小、长短、高矮、粗细、宽窄、厚薄等的比较。例如,比较下图中圆形的多少。

第一组:
第二组:
第三组:
第四组:

图 3-3

(2)依据排列的形式分,可分为对应比较和非对应比较。

① 对应比较。又可分为重叠比较、并放比较和连线比较。

重叠比较。是指把一个(组)物体重叠在另一个(组)物体上,形成两个(组)物体元素之间一一对应的关系,而进行的量或数的比较。例如,将圆柱一一叠放在圆上。

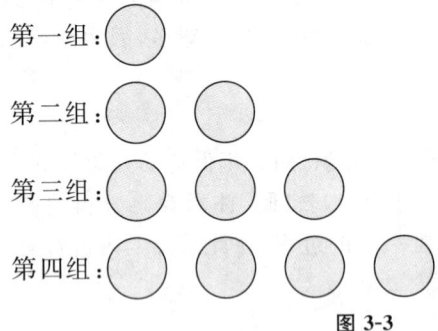

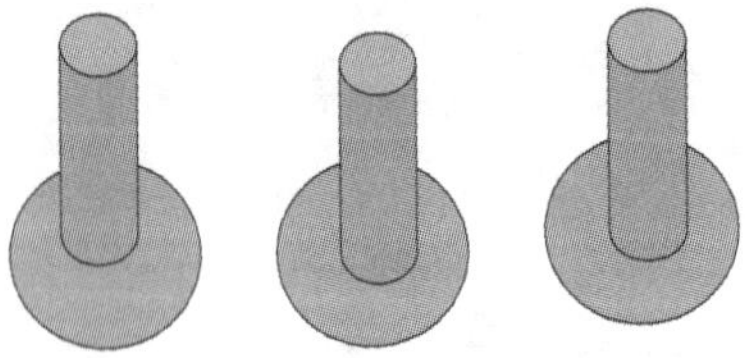

图 3-4

并放比较。是把一个(组)物体并放在另一个(组)物体的下面,形成两个(组)物体元素之间一一对应的关系,而进行的量或数的比较。例如,将"四个心"一一并放在"四个笑脸"下面而进行的比较。

图 3-5

连线比较。是指用连线的方式将两个集合的元素一一对应,而进行的量或数的比较。例如,比较下图两组数量的多少。

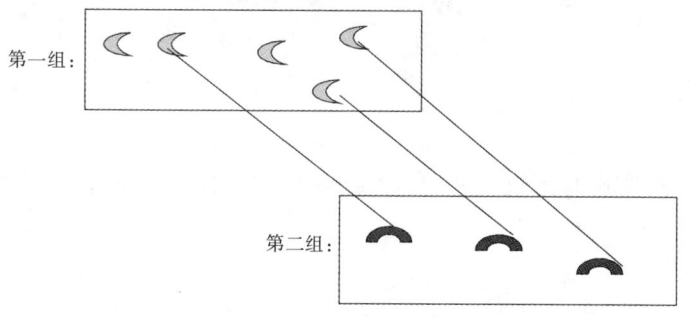

图 3-6

② 非对应比较。又可分为单排比较、双排比较和不同排列形式的比较。

单排比较。是指将物体摆成一排或一行进行的比较。如:

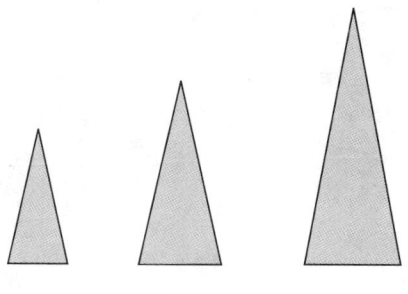

图 3-7

双排比较。是指将物体摆成双排进行的比较。有异数等长、异数异长、同数异长等方式。

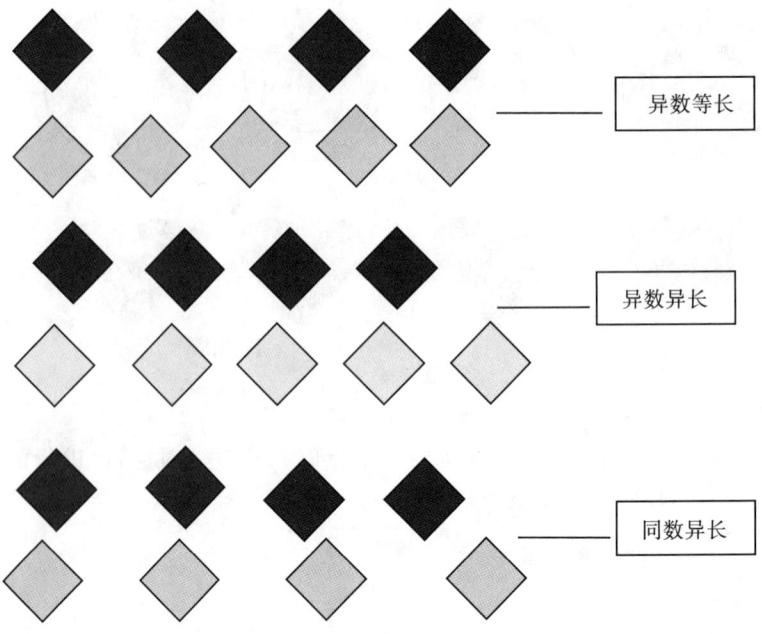

图 3-8

不同排列形式的比较。是指将一组物体作不同形式的排列而进行的数量比较。

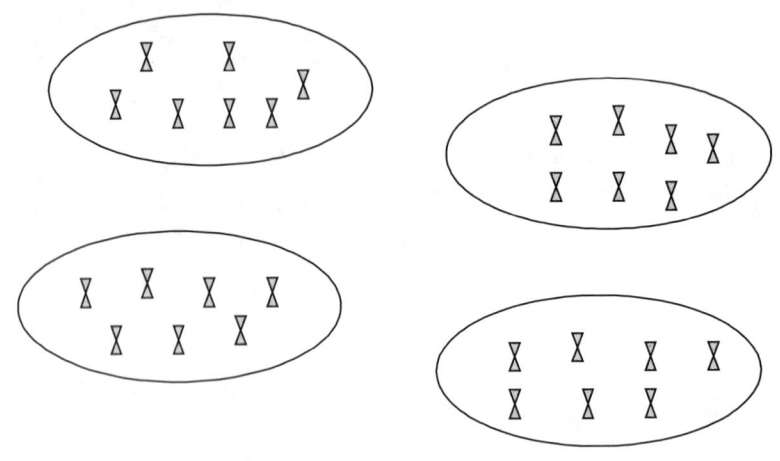

图 3-9

(二)比较法的运用要求

第一,首先要组织幼儿进行观察,使幼儿细致地观察到物体的数量或形状特征,在充分观察的基础上,再进行数或形方面的比较。

第二,运用比较法不只限于让幼儿用视觉进行观察比较,还要尽量让幼儿亲自动手比较。

第三,在比较的过程中,教师要以启发性的问题,指导幼儿进行比较,引导他们积极地思考。

第四,在运用重叠、并放、连线等比较形式时应有意识地指导幼儿理解"对应"的含义,并掌握进行正确对应的技能。

第五,应根据教学内容、不同年龄班幼儿的具体水平选择比较的方式。

五、发现法

(一)发现法的含义及其类型

1. 发现法的含义

发现法是指在教学过程中,让幼儿从周围生活环境中寻找数、量、形及其关系,或在直接感知的基础上按照数、量、形的要求寻找相应事物的一种方法。这种方法不但能激发幼儿的学习兴趣,调动幼儿的学习积极性和主动性,而且对培养幼儿的自主探索意识和独立解决问题的能力有重要促进作用。

2. 发现法的类型

(1)在生活环境中发现。对幼儿来说,初步的数学经验的源泉是其生活的周围现实环境(包括自然环境和社会环境)。例如,在认识"1"和"许多"的关系时,教师可以引导幼儿在自然环境中寻找"1"和"许多"。

(2)在准备好的专门性教育环境中发现。创设专门性的教育环境是教育活动的重要内容之一,其创设的质量会影响幼儿学习的质量。例如,在学习4和5的数量关系时,教师不应把它们之间的关系直接告诉孩子,而是在他们操作已准备好的苹果和盘子的过程中,启发他们发现和探索4和5之间的数量关系。

(3)运用记忆表象来发现。即启发幼儿在直接感知的基础上运用记忆表象,发现相应的事物。例如,在学习几何形体时,可以引导幼儿回忆自己吃的、玩的、用的东西各是什么形状的。

(二)发现法的运用要求

适宜的环境。即让幼儿在一定的物质材料中操作、发现、讨论、验证,从而掌握概念与技能;让幼儿在宽松、自由、充分享有空间、时间的环境中,自信地、主动地尝试和发现问题,进而解决问题。

引导和启发。即教师要充分地相信幼儿,学会等待、观察,不要急于暗示答案,而应在幼儿遇到障碍时给予适时、恰当的引导和启发。此外,对通过探索、发现找到问题答案的幼儿,应多多给予肯定和鼓励。

结合游戏法,利用游戏的口吻、游戏的情节及游戏的场景来启发幼儿发现和探索问题。

六、讲解演示法

(一)讲解演示法的含义

讲解演示法是讲解与演示相结合的方法。例如,小班幼儿学习计数时,教师先举起右手,用食指一边逐一点数桌子上排列的小兔子,一边说"现在老师用右手指,从左边开始,点一只小兔子,说一个数,1、2、3,一共3只小兔子",在说出3只小兔子时,用手指在小兔子周围划一圆圈,以表示3的总数意义。在这一过程中,教师既讲解和演示了如何正确地进行计数的方法、技巧,又直观地表达了"3"的实际含义,从而帮助幼儿掌握计数的技能、理解数的意义。

但是,这种方法是以教师为中心的,我们应审慎地使用讲解演示法。长期以来,幼儿园数学教育活动过多地、不适宜地运用讲解演示法的现象普遍存在,几乎不管教育内容和教育对象的特点,均以讲解演示为主,灌输知识,这显然有违《纲要》的"让幼儿得到生动、活泼、和谐发展和发展幼儿数学思维能力"的主张。因此,我们应有选择地、有针对性地运用讲解演示法。

(二)运用的讲解演示法要求

第一,必须突出讲解的重点。讲解演示法应围绕要求幼儿掌握的知识和技能进行,不要使其他细节分散幼儿的注意力。

第二,讲解时语言要简练、准确、形象、通俗易懂。

第三,演示的直观教具要真实、美观、稍大些,并为幼儿所熟悉,以免因使用新奇的教具而分散幼儿的注意力。

第四,讲解演示法可与操作法、发现法等结合使用。

七、归纳演绎法

(一)归纳演绎法的含义

归纳和演绎是人们进行推理的两种最基本的方法。幼儿心理学认为,通过教育,到学前中后期,拥有一定知识经验的幼儿,他们逐渐能够运用初步的归纳和演绎的方法进行推理。因此,在幼儿中、后期的数学教学中,教师应引导幼儿运用归纳和演绎法学习数学。

归纳法是指在幼儿已有知识的基础上,概括出一些简单的本质特征或规律,以获得新的数学知识的方法。这是一个从特殊到一般的思维过程。例如,中班幼儿在认识了各种各样的 5 个物体之后,就能从不同颜色、不同大小及不同排列方式的若干张卡片中归纳出"它们数量都一样,都是 5"的结论。

演绎法是指幼儿运用一些带有规律性的知识进行推理以获得新的数学知识的方法。这是一个从一般到特殊的思维过程。例如,大班幼儿学过 4、5 组成,掌握了部分数之间的互补和互换关系之后,他们就能运用这一规律推理出 6~10 各数的组成形式。

(二)运用的归纳演绎法要求

第一,教师要在幼儿具备一定的知识和思考能力的基础上运用归纳法和演绎法。
第二,教师要启发引导幼儿运用归纳法和演绎法学习数学,不要越俎代庖。
第三,归纳法和演绎法一般宜在中、大班运用。
总之,以上七种方法是幼儿学习数学过程中经常运用的基本方法。这些方法之间密切联系,不可分割,在教学中应灵活使用。

▶阅读推荐◀

1. Rosalind Carlesworth & Karen K. Lind. 幼儿数学与科学教育. 李雅静等译. 北京:北京师范大学出版社,2011
2. 张华、庞丽娟、许晓晖、陶沙、董奇. 家庭生态环境与幼儿早期数学认知能力. 北京师范大学学报(社会科学版),2005(3)

▶思考与探索◀

1. 幼儿园数学教育的途径有哪些?
2. 什么是数学教育活动?它有哪些形式?
3. 简述正式与非正式数学教育活动的区别。
4. 什么是渗透性数学教育活动?它包括哪些方面?
5. 什么是操作法?运用操作法应注意哪些要求?
6. 简述讨论法的含义及运用要求。
7. 什么是比较法?它的类型有哪些?
8. 什么是归纳演绎法?运用归纳演绎法应注意哪些要求?

第四章
幼儿园数学教学活动设计

【内容提要】本章在简要介绍教学设计观与设计程序的基础上,详细分析了幼儿园数学教学活动设计的依据和原则,进而从结构设计和程序设计两个方面系统说明了如何设计幼儿园数学教学活动的问题,具有很强的实用性和指导性。

【学习目标】通过本章学习,(1)理解教学设计的基本程序;(2)把握幼儿园数学教学活动设计的依据与原则;(3)掌握幼儿园数学教学活动的结构设计和程序设计的基本要求,学会设计教学方案。

第一节 教学设计概述

一、教学设计的涵义

现代教学设计理论对"教学设计"的理解可谓是众说纷纭。加涅(R. M. Gagne)在他的《教学设计原理》一书中将教学设计界定为"一个系统化规范教学系统的过程"。帕顿(Patten. J. V)在《什么是教学设计》一文中指出,教学设计是"对学习业绩问题的解决措施进行策划的过程"。梅里尔(Merrill)等人在《教学设计新宣言》一文中的观点引起了人们的注意。他们指出,教育是一门科学,而教学设计是建立在这一科学基础上的技术,因而教学设计也可以说是一种科学性的技术。而且,他们进一步解释说,教学设计既是一种用以开发学习经验和学习环境的技术,这些学习经验和环境有利于学生获得特定的知识技能,也是一种将不同学习策略整合进教学经验的一门技术,利用这些经验可以使得知识和技能的获得更有效率、更有效果和更吸引人。

第四章 幼儿园数学教学活动设计

结合现代教学设计理论对教学设计的理解,我们认为,教学设计是指依据教学对象和教学目标,教育者在教学活动开始之前确定合适的教学起点与终点,将教学诸要素有序地、优化地安排,形成教学方案的过程。该定义表明:①教学设计必须有确定的教学对象和教学目标;②教学设计应将教学诸要素有目的、有计划、有组织地安排,以达到组合的最优化;③教学设计是对教学活动的预先分析和决策,是一个制订教学计划的过程,而非教学实施,但它是教学实施必不可少的依据。

二、教学设计观

教学设计观是指在一定的教学理论指导下,支配教学设计的思想和观点。教学设计观直接制约着教学设计过程,不同的教学设计观,必然会产生不同风格、不同特点的教学设计。目前,已形成一些颇有影响的教学设计观。现将主要观点介绍如下。

(一)"课程决策"教学设计观

课程决策论认为,幼儿园教学设计是一个结合本地区、本园和本班幼儿的具体特点,把最高层次的课程决策,即国家的课程政策具体化的过程。当然,这一过程也是一个以价值判断和选择为基础的动态的、连续的课程决策的过程。

从操作过程来看,实际上,教学设计就是将课程的基本要素(包括目标、内容、教材、学习活动方式、媒介、时间、空间和环境、教学策略、评价等)按照一定的方式方法进行编制和处理。由于每个教师的专业知识、工作经验和工作能力等不同,不同的人对教育活动有不同的判断和选择,因此,面对同样的教育内容,每个人对课程基本要素的编制、处理方式方法是不同的,设计的教学活动也就各有特点,甚至相差甚远。从这个意义上讲,教学设计就是对课程的各要素进行处理从而形成特定的相互关系的过程。

在进行教学设计,对各要素进行特定处理时,有一些技术性问题需要考虑,这就是课程设计的策略。教学设计可以分成以下几步骤,每个步骤都需要做出判断和决定,都有一个策略问题。这些步骤按顺序排列分别是:目标的筛选与确定、确定活动主题、选择与分析教材、确定学习活动的性质与类型、制定完成课程教学的进度表、空间和环境的安排、制定教学策略、确定评价的目的与方法。①

(二)"结构—定向"教学设计观

"结构—定向"教学设计观是北京师范大学冯忠良教授经过长期教学实践而

---

① 曹中平.幼儿教育心理学.大连:辽宁师范大学出版社,2001

提出来的。"结构—定向"教学设计观中的"结构"是指"教学应以构建一定的心理结构为中心"①;"定向"是指"依据心理结构形成、发展的规律,实现定向培养"。②即"结构—定向"的教学设计观首先是根据学习的内容确立、形成某种能力的心理结构,然后运用学习规律,如学习动机、知识掌握、迁移等规律进行定向培养,加速心理结构的形成。根据"结构—定向"教学设计观,冯忠良教授及其学生进行了一系列的实验研究,总结了一套以建构心理结构为指导思想的教学设计原则和方法。

(三)"目标定向"教学设计观

"目标定向"教学设计观主要是指依据布卢姆的"掌握学习理论"和巴班斯基的"教学过程最优化理论",围绕如何有效地达成教学目标构建的四种达标基本课型和达标课堂教学程序。四种基本课型为:①前置补偿课。其目的在于解决学生学习新知识时在知识、技能、策略、情感等方面存在的缺陷。②新授课。其主要任务,一是让学生掌握新知识,二是形成相应的技能技巧。③综合课。其目的在于复习、巩固新知识,实现知识的系统化、结构化,落实高层次教学目标。④矫正课。其目的是在形成性测试的基础上,依据反馈信息,有针对性地进行矫正教学,为大多数没有达标的学生提供第二次学习的机会,同时对部分优秀学生实施延伸性教学。③一个完整的单元达标教学过程一般都是由这四种基本课型构成的。

三、教学设计的基本程序

教学设计的基本程序是什么呢?以研究学习目标而著名的美国心理学家加涅认为,教学设计依次由三个基本问题构成:①"我要去哪里?"即对教学目标的制定;②"我如何去那里?"包括对学习者的起始状态和教学内容的分析与组织、教学方法与教学媒介的选择;③"我怎样判断我已达到了那里?"即对教学的评价。具体地讲,教学设计是由目标设计、达成目标的诸要素的分析与设计、教学效果的评价所构成的一个三环节六要素的有机整体(见图4-1)。图4-1表明,教学设计的三环节六要素并非是一个单向的流程,而是一个循环系统。其中,教学目标是教学的起点和归宿。因此,确立合适、良好的教学目标是教学设计最重要的任务。需要说明的是,教学目标的制定虽是教学设计的首要环节,但它却依赖于对教学对象、教学内容的分析和教学效果的反馈。如何才能达到预期的教学目标,则要依靠对教学对象的分析和教学内容的组织,以及选择适合的达成教学

---

① ②冯忠良.结构—定向教学的理论与实践(上).北京:北京师范大学出版社,1992
③ 张志勇.义务教育教学新体系的探索.教育研究,1992(2)

目标的教学方法和媒体。由于教学对象、教学目标是确定的,而教学内容是灵活的,因此教师只有根据教学总目标,在分析教学内容、教学对象的基础上,才能制定出适宜的教学子目标,否则教学目标就会过高或过低。

根据加涅的教学设计基本程序观,我们认为幼儿园数学教学活动设计的基本程序是对活动目标的设定——对学习对象、学习需要的分析——对学习情境的发展——对活动资源的开发和利用——对学习过程的安排和调整——对幼儿学习行为的预测和评估等。

第二节 幼儿园数学教学活动设计的依据与原则

一、幼儿园数学教学活动设计的依据

（一）幼儿园数学教育的目标

教育目标规定着把受教育者培养成什么样人的问题,它是教学活动设计的出发点和主要依据。幼儿园数学教育目标规定了幼儿园数学教育活动的目的和要求。从前述幼儿园数学教育目标的层次分类结构可以看出,每一层次的目标都包括认知、情感与态度和操作技能三个方面的要求。因此,纵横交错的数学教育目标体系可以为数学教学活动设计提供依据,具体讲,它指明了数学教学活动设计的方向,影响着数学教学活动的范围和数学教学活动设计的难易程度。

（二）幼儿身心发展的特点

教学设计不仅涉及对教育目标、教育理念的把握和理解,同时还涉及对教育对象发展水平的认识。由此,幼儿身心发展的特点也是幼儿数学教学活动设计的又一重要依据。当然,这里的发展,既包括幼儿的数学基础和发展水平,也包括幼儿身体、认知、情感、个性、社会性等方面的整体发展水平和特点。只有充分了解幼儿身心发展的特点,才能在教学活动设计中做到有的放矢,制定出适宜的教育目标,选择合适的活动内容和范围,采用恰当的活动方式,使活动设计更加合理有效。

（三）幼儿园教学活动的性质

幼儿园教学活动是教师和幼儿的共同活动,是促进幼儿身心健康发展的师幼共同活动。

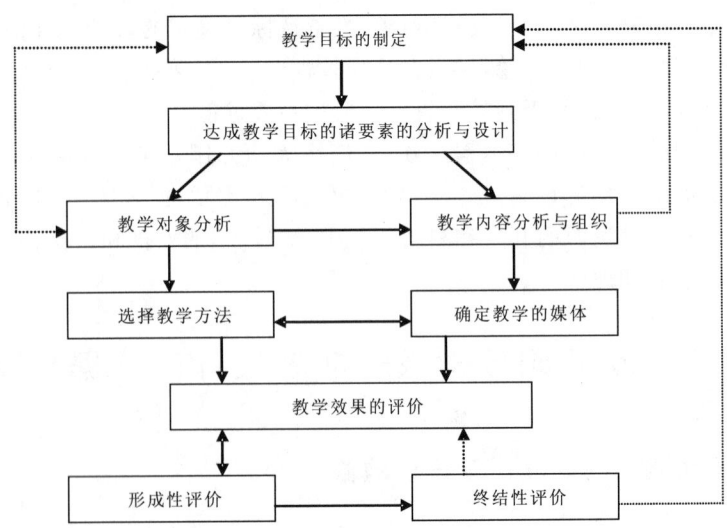

图 4-1　教学设计流程图

维果斯基在其论文《学前教学与发展》中提出了"大纲"和"教学的大纲"两个概念,并依据二者在教学中的不同关系把教学分成自发型教学、反应型教学、自发—反应型教学三种类型。他指出,学前教育阶段的教学属自发—反应型教学类型,而且应当更接近于自发型教学。

维果斯基认为,3 岁前幼儿的学习特点是,幼儿"按照自己的大纲进行学习",[①]母亲的教学大纲与幼儿自己的大纲相比,其作用是微不足道的。维果斯基将这类教学称为"自发型教学"。维果斯基指出,自发型教学是教学活动的一个极端现象,而教学的另一个极端现象是"反应型教学"。所谓反应型教学,就是幼儿自己的"大纲"与"教学的大纲"相比是微不足道的,例如,比较复杂的数学教学就是一种反应型教学,这类教学一般用于高年级大年龄幼儿的学校教育。

而适合于 3~6 岁幼儿的教学方式则处于这两种类型的教学之间,所以维果斯基将这种教学称为"自发—反应型教学"。不过,维果斯基解释说,自发型和反应型教学在学前教育中不是固定地绑在一起的,两者的比重应当随着幼儿年龄的变化而发生变化,而且,从总体上讲,学前教育应当更侧重于自发型教学。尽管 3 岁以后的幼儿已有可能采用某种教学或教育的大纲,但是,"它在某种程度上仍然应当是幼儿自己的大纲";学前教育是否成功,取决于"教师的大纲变成幼儿自己的大纲的程度"。维果斯基在《学前教学与发展》一文中反复强调了这一观念,他认为:"这个'教学的'大纲也应该是幼儿自己的大纲,就是说,大纲实施

---

① ［苏联］维果斯基.维果斯基教育论著选.余震球译.北京:人民教育出版社,1994

的次序应符合幼儿情感丰富的特点,符合他的与一般概念相联系的思维特点。"著名心理学家克莱巴柔德在为皮亚杰的《幼儿的语言与思维》一书所写的序言中指出:"幼儿的心理是在两架不同的织布机上编织出来的,而这两架织布机好像是上下层安放着的。幼儿头几年最重要的工作是在下面一层完成的。这种工作是幼儿自己做的……这就是主观性、欲望、游戏和幻想层。相反,上面一层是一点一滴地在社会环境中构成的,幼儿的年龄越大,这种社会环境的影响就越大。这就是客观性、言语、逻辑观念层,总之,是现实层。"⑤从这里可以看出,皮亚杰的研究揭示出了幼儿心理世界是由两部分构成的,最原始最基础的部分实际上就是通常所谓的无意识心理,而在此之上还有一个意识层。幼儿头几年的活动主要是在下面一层完成的。幼儿园教学应充分尊重并利用这一无意识层面,幼儿园教学应是自发—反应型的,且是以自发型为主的教学活动。

二、幼儿园数学教育活动设计的原则

幼儿园数学教育活动设计的原则是指设计数学教育活动应遵循的基本准则。

(一)发展性原则

原则要求教师在设计幼儿数学教育活动时应着眼于促进幼儿得到全面的发展方面。它包括两个方面的含义:一是数学教育活动的设计应适应幼儿的发展水平,考虑幼儿原有的基础,教育内容和教育要求应以幼儿的身心发展的成熟程度与可接受水平为基础。维果斯基说,教师在教学时,应确定幼儿的两种发展水平:"现有发展水平"和"最近发展区",以保证教学建立在"最近发展区"的基础之上,使教学走在幼儿发展的前面,从而更好地促进幼儿健康地发展。二是,数学教育活动设计应以促进幼儿的发展为落脚点,即促进幼儿在认知、情感与态度、操作技能等方面健康、全面地发展。

(二)系列性原则

系列性原则是指在设计数学教育活动时应遵循数学知识自身的逻辑性、系统性,体现出教学内容的循序渐进性。前苏联著名教育家克鲁普斯卡娅曾说过:"数学知识好比链条,掉了一小环,下面的内容就不懂了……"。因此,在设计活动时,必须考虑数学概念的等级顺序,遵循学科逻辑。

同时,幼儿的数学概念的形成过程经历了一个从动作表征到形象表征再到

---

⑤ [瑞士]皮亚杰.儿童的语言与思维.傅统先译.北京:文化教育出版社,1980

符号表征的过程,因此,数学活动设计还应遵循幼儿身心发展的规律,从而确保学科结构和幼儿的内在认知结构的一致性。

(三)科学性原则

所谓科学性原则是指数学活动设计的内容和所采用的方法必须是科学的、合理有效的。

1. 内容的科学

①数学语言要措词严谨、规范。例如"皮球是圆形的"、"比比哪条线大?"就是不严谨的表述,"3朵花、3支花和3束花"的含义是不同的,也不能混淆。②数学活动内容要符合实际。一方面,现代孩子接触的事物和信息非常多和丰富,因此,在进行数学教育活动设计时,绝不能仅用小猫、小狗、苹果、梨子等作为数学认知的对象。另一方面,在数学问题的表述上也要符合实际。如一道口述应用题:"计算机厂昨天生产1台计算机,今天生产2台计算机,问两天共生产几台计算机?"一个厂家两天仅生产3台计算机显然不符合实际。

2. 方法的科学

①根据内容的性质选择相应的方法。例如,对于学习新知识和复习旧知识在方法使用上应是不同的,如复习旧知识时,操作法、归纳法、讨论法、游戏法等比较适合,而讲解演示法就不行。②根据幼儿的年龄特点选择相应的方法。动手操作、亲自体验是幼儿获取经验的主要途径,如美国学者纽勒说:"数学对幼儿而言是一个动词,是小朋友在做东西,在从事一项活动。"可见,操作法是对幼儿进行数学教育的最好的方法。但对于不同年龄班的孩子,在使用上要有区别,如对小班的孩子,操作中,教师可干预多一些;对大班的孩子,则应多鼓励其自己探索、归纳和总结,教师干预相对较少。

(四)互动性原则

互动性原则是指在数学活动设计时应注意教师、环境与幼儿之间相互作用的机会与条件。它包括教师与幼儿的互动关系,也包括环境和幼儿的互动关系。

在数学教育活动中,根据教师的主导性和幼儿的主体性的发挥程度,可以分成三种互动方式。第一种是指导性互动,即教师参与成分比较多,指导作用有比较明显的互动关系。第二种是引导性互动,即教师参与活动的成分相对较少,给幼儿较多的自由操作探索的机会。第三种是通过中介因素(环境与材料)参与的互动,即教师和幼儿在活动中不直接发生交互作用,而是通过一个中介来传递教育信息,指导和影响幼儿的活动。

在幼儿园数学教学中,应尽可能应用引导性互动,因为教师干预过多,会影响幼儿的主体性的发挥。还应根据幼儿的需要,积极创设活动环境,构建幼儿与环境之间的互动关系。

第三节　幼儿园数学教学活动的结构设计

依据数学教育活动的构成要素的特点,幼儿园数学教育活动设计主要包括两种类型的设计:数学操作活动设计和数学教学活动设计。

一、幼儿园数学操作活动的设计

数学操作活动(如数学区、数学角活动)是幼儿园数学教育活动的基本内容。数学操作活动设计"就是要将数学概念的属性或运算技能的要素转化成幼儿可以独立操作学习的活动过程"。[①] 有了这种让幼儿独立操作的活动,就可让他们在反复摆弄、操作材料的过程中,感知体验数学概念的属性和运算的技能,使一些初级的数学概念得以逐步建构。幼儿园设计每一个数学操作活动都由7个基本要素组成:名称、目标、材料、规则、形式、指导和评价。

1. 活动名称

为了引起幼儿兴趣,活动名称应简洁明了,生动形象,突出重点。如"水果娃娃"、"小猫捉鱼"(复习10以内数的加减运算)等。因此,活动多是按活动内容或者选用的材料或游戏,用生活化的语言定名。

2. 活动目标

指具体数学操作活动所能达到的教育效果。如前所述,活动目标的表达要具体、细致,以便于教师把握、观察和对幼儿的评价。

例如,数学操作活动——"我给娃娃戴帽子"。其教学目标是幼儿能将娃娃与帽子配对,能将四个娃娃按大小顺序排列,能把四个娃娃按性别区分开来。

3. 活动材料

指幼儿操作活动中所需要使用的物品如纸盒、瓶盖、小手帕、茶叶筒、时钟等。

活动材料的提供应注意以下几点:①提供的材料应充足,以满足幼儿反复操作的需要。幼儿在学习新的内容与技能时,需要反复操作材料,因此材料充足才能满足孩子的这一需要。②提供的同一类活动的材料应该有实物、图片、符号三个层次。这样既可以满足和适应不同发展水平的幼儿的学习需要,又可以引导幼儿的思维从直观行动思维向具体形象思维、再向抽象逻辑思维发展。③在学习同一概念或同一关系时,所提供的材料应多样化。这样幼儿在多样化的操作

---

① 张慧和、张俊.幼儿园数学教育.北京:人民教育出版社,2004

中,就能积累起丰富的感性经验,建构起初步的数学概念。

例如,数学操作活动——"学习5的分合"。

首先,让幼儿运用实物练习分合,例如把5朵鲜花送给两位老师、把5个苹果分给爷爷奶奶、把5页方格纸剪成两份等等。

其次,分给每个幼儿5个纸手环和8个纸盘子,让他们看图进行分合操作(如图4-2)。

5	
1	4
2	3
3	2
4	1

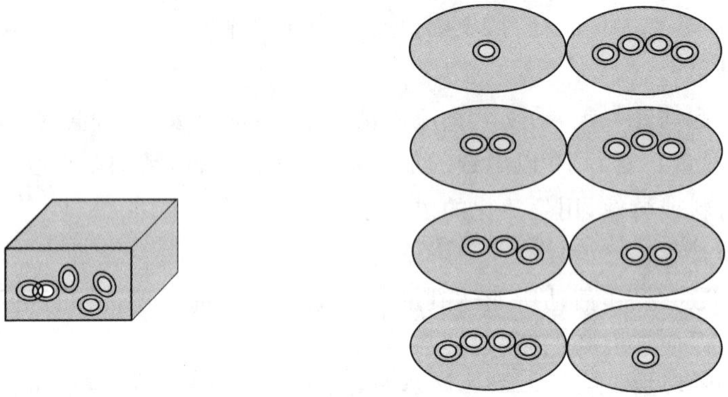

图 4-2

4. 活动规则

教师制定的活动规则,要体现数学概念的属性和关系,以及运算的性质和规律。

同样的活动材料可通过活动规则的变化用于多种活动,达到一物多用。另外,由于活动规则的改变,也会使活动的难度降低或提高。

例如,数学操作活动——"图形卡片分类活动"。

活动一:规则是把同样颜色(或形状)的图形放在一起(即按图形的一个特征分类)。

活动二:规则是把形状、颜色相同的图形放在一起(即按图形的两个特征分类)。

这里说的是用一组材料进行两种活动,而第二个活动比第一个活动要难,因

第四章 幼儿园数学教学活动设计

为幼儿要根据两个特征将图形分类。在分类时,幼儿既要注意所选图形的颜色是否一样,同时还要注意它们的形状是否相同。

5.活动形式

指幼儿操作材料的活动方式。一般有两种方式:个别操作和多人合作操作。操作方式取决于活动的内容及班级人数、教师力量的配备。

例如,数学操作活动——"数草莓游戏"。

老师在每个小朋友的盘子里都放了一些草莓,然后要求幼儿开始数草莓,谁最先数完,谁就可以吃6颗草莓,第二个数完的幼儿可以吃5颗草莓……剩下的人都只能吃一颗草莓。对于这种活动,应该采用个别操作方式。如果老师需要几个小组比赛数草莓,则适合用多人合作操作方式。

6.活动指导

是指教师在幼儿的数学操作活动中所给予的支持、启发和回应。活动指导既可以是讲解、说明玩法和活动规则等的直接性指导,也可以是以观察、提示、交流方式进行的间接指导。

7.活动评价

是指教师对幼儿操作、摆弄材料的活动效果的评价,包括对目标达成情况、材料操作情况、互动交流情况、参与态度情况等效果的评价。

二、幼儿数学教学活动的设计

数学教学活动设计的内容一般包括:活动名称、活动目标、活动准备、活动过程,有时还包括活动建议和活动延伸等。

1.活动名称

指数学活动的名称。例如"给数找朋友"(理解和掌握相邻数的关系)、"送片片回家"(将相同颜色的图片放在一起)。活动名称一般有两种取法:一种是按数学活动的要求,用数学术语定名称,如"学习7以内的加减"、"认识序数"等;另一种是按活动内容或选用的材料,用生活的语言定名称,如"给数字口袋送礼物"。

用第一种方法定名称,能使幼儿从名称上即可了解活动的内容或要求,但这种名称不够幼儿化,缺乏生活气息。中、大班活动内容有时无法用生活的语言来表达,只能选用这种方法来定活动名称。用第二种方法定名称,不仅使幼儿感到贴近他们的生活,富有生活气息,而且更有趣味。因而它更符合幼儿教育的特点。

2.活动目标

指数学活动所要达到的具体教育效果。活动目标应包括学习内容的要求及幼儿行为的养成要求。

(1)活动目标中有关学习内容包括以下几个方面:知识概念的学习、认知能力的学习、操作技能的学习,以及兴趣、态度和行为习惯的学习。

例如"复习5的组成"活动。

活动目标:复习5的组成,使幼儿知道5分成两份有4种不同的分法。

启发幼儿初步感知数分合的有序性(如将5分成1、4,2、3,3、2,4、1)。引导幼儿积极地参与评议活动,大胆发表自己的意见。

在一次教学活动中,活动内容可能对幼儿的发展有多方面的影响,但所提出的目标往往只选择其主要的方面,不可能、也不必要将所有的方面都一一列出,教师在实际教学过程中应重视幼儿的整体发展,应充分发挥数学活动对幼儿发展的影响。

(2)数学活动目标的表述。在数学活动中,常见的目标表述方式有两种:教师作为行为主体,用教师所做的事来表述;幼儿作为行为主体,用幼儿的行为变化来表述。

前面所举的例1、例2两个活动中运用"使幼儿……"、"启发幼儿……"词语都是以教师作为行为主体的,是用教师所做的事来表述目标的。使用"分……"、"体验……"等词语,可看出其行为主体是幼儿,是用幼儿的行为变化来表述目标的。

在实际教育工作中,有时教师表述活动目标,往往有行为主体不统一现象,即有的条目用教师所做的事来表述,而有的条目又用幼儿的行为变化来表述。在同一活动中,表述的方式应该统一。一般地说,活动目标的表述,以幼儿作为行为主体,表述其行为变化较为合适。这种表述可使教师从幼儿行为变化中观察到他们的发展状况,但这只适宜于对易显露的知识或概念的学习。

3.活动准备

数学教学活动的准备一般包括以下三个方面:

(1)学习经验的选择。即为了实现提出的活动目标,教师应为幼儿选择哪些学习经验。教师在选择学习经验时应考虑:所选的经验是否是数学学科的知识内容;所选的经验是否是幼儿能理解,并能得到满足的;所选的经验是否能对幼儿产生多种作用。同时,教师在为幼儿选择学习经验时,应考虑到幼儿发展的个体差异。

(2)幼儿的经验准备。即幼儿在学习新知识或技能之前,必须具备哪些知识,具备哪些能力。教师可采用任务分析的方法,来了解分析幼儿的经验准备情况。

所谓任务分析,是要分析这样两方面的情况:

首先,要分析进行这一学习活动,幼儿思考、解决问题的步骤和环节有哪些,有多少。思考、解决问题的步骤、环节越多,则难度越大,对幼儿学习的要求也就越高。

其次,要分析幼儿在进行这一学习活动时,已具有哪些知识、哪些能力,他们还缺少什么、教师应为幼儿创设什么条件等。

(3)数学教学活动所需教具、学具和环境创设等方面的准备。教具是教师在数学教学过程中,向幼儿演示讲解所用的各种直观材料;学具是幼儿在数学活动过程中摆弄、操作和练习用的各种直观材料,如实物图片、几何图形、各类卡片等。

在幼儿园数学教育中,选择、运用好教具和学具有着重要的作用。直观的教具、学具在幼儿数学学习中,起着桥梁和中介作用,它能使抽象的数学知识具体、形象地呈现在幼儿面前,能使幼儿具体、直观地感知和体验其中的数学关系和空间形式。学具可以让幼儿实际动手操作,幼儿可以反复地尝试、探索,从而获得一定的数学感性经验。

幼儿数学教学中运用的教具、学具有以下几种。实物教具和学具、玩具和一些日常生活用品、搜集到的各种自然物品、废旧物品、专门用于数学活动的教学用具,以及画有各种物体的图片、实物卡片、几何图形卡片等。

教师制作和运用教具、学具时,应注意以下几个问题:① 教具、学具的选择、运用要有助于幼儿对数学概念的学习和掌握,有利于幼儿思维能力的发展。② 要注意不同年龄班幼儿的认知特点。

环境一般包括空间场地和位置等,如在"大象过生日"的教学活动中,要先把气球挂起来装饰房间,气球要挂得又整齐又好看,从而营造一个过生日的气氛。

4.活动过程

数学活动的过程是指活动进程的顺序和步骤,它是活动设计的中心环节。

活动过程一般有以下三个部分:

(1)活动开始:介绍活动内容和要求。教师可通过引导幼儿观察材料、配合提问来介绍活动内容和要求。

(2)活动展开:幼儿可分组进行不同的操作活动,也可集体进行统一的操作活动。

(3)活动结束:教师可请部分幼儿讲述自己的活动过程和结果,并引导幼儿讨论,对他们的进步给予表扬和鼓励。

教师在组织教学活动过程中应注意以下几个问题:

(1)教师应通过创设问题情境,运用各种方式、方法引起幼儿学习的兴趣,使幼儿主动、积极地学习。例如,教师将需要幼儿学习的内容,以游戏的形式引导幼儿学习。教师还可以直接提出问题,激发幼儿的好奇心和探索愿望。

(2)在幼儿操作的过程中,教师要给他们足够的时间和空间,以让其充分地尝试和探索,寻求解决问题的办法,并感受和发现其中的数学关系。

(3)对于幼儿在活动中获得的经验,教师应帮助他们归纳、整理,并可通过提问、组织幼儿讨论的方式,使幼儿获得的零散、点滴的经验得到及时整理而系统化。

5. 活动建议和活动延伸

(1)活动建议:一般是针对数学教学活动过程中需注意的问题,提出几点建议。例如,小班幼儿对物体的量词不易掌握,在开始教幼儿学习量词时,教师应尽可能用常用的量词,如"个"、"只";如果有几种实物,其量词最好能统一,以后再逐渐增加新的量词,如"条"、"头"、"辆"等。又如,让幼儿比较两根木棍的长短、粗细,两根木棍应放在(站在)同一水平线上,这样才好比较。

(2)活动延伸:在数学教育中,各种活动之间的联系是十分紧密的,教师注意到这一问题,就会使幼儿已获得的数学经验在后面的活动中得到巩固,得到强化;同时使前一活动所获得的经验,成为后一活动的基础和准备。此外,数学教育与其他教育活动的关系也很密切。例如,一些数学内容的学习,有可能成为幼儿学习其他学科知识的方法和工具,如分类、测量、统计等。又如,幼儿学习了10以内的计数后,教师就可以在日常生活中,引导幼儿去数一数今天班上有几个小朋友没有来、找一找4条腿的动物有哪些、比一比谁拍球的次数多等。这样可使幼儿获得的数学经验能在其他教育活动中得到运用。

第四节 幼儿园数学教学活动的程序设计
——三阶梯教学程序设计

一、"三阶梯教学程序"的含义

三阶梯教学程序是指在幼儿数学教学过程中,依据幼儿认知发展的三个阶段和思维发展的三级水平,教师有目的、有计划地引导幼儿认知能力递进式地由低级向高级发展,由外部感知智力逐渐内化为形象表征智力,以至达到词语概念智力的过程。

第一阶梯:感知操作认知阶段,即动作水平;
第二阶梯:形象表征认知阶段,即表象水平;
第三阶梯:语言符号认知阶段,即概念水平。

二、"三阶梯教学程序"设计的理论依据

(一)皮亚杰的幼儿认知发展阶段理论

瑞士著名幼儿心理学家皮亚杰认为,人从出生到成人的认知发展不是一个

数量不断增加的简单累积过程,他认为逻辑思维是智慧的最高表现,因而从逻辑学中引进了"运算"的概念作为划分智慧发展阶段的依据。这里的运算并不是形式逻辑中的逻辑演算,而是指心理运算,即能在心理上进行的、内化的动作。据此,他把幼儿认知发展分成4个阶段:感知运动阶段、前运算阶段、具体运算阶段和形式运算阶段。幼儿主要是处在前三个阶段。

1. 感知运动阶段——直观行动思维

这一阶段幼儿的认知发展主要是感觉和动作的分化。初生婴儿只有一系列笼统的反射。随后的发展便是组织自己的感觉与动作,以应付环境的刺激,到这一阶段的后期,感觉和动作才逐渐分化,思维开始萌芽。

2. 前运算阶段——具体形象思维

这一阶段的幼儿的各种感知运动图式开始内化为表象或形象模式,特别是语言能力和发展,使幼儿能日益频繁地用表象符号来代替客观事物,但他们的语言符号还不能代表抽象的概念,思维仍受直觉思维的束缚。具体讲,他们的思维有如下特征:泛灵论,认为一切事物都是有生命的;自我中心,认为所有人都有与自己相同的感受;单维思维,还没有形成守恒观念;思维具有不可逆性,如问一名4岁幼儿:"你有兄弟吗?"他回答:"有。""兄弟的名字叫什么?"他回答:"吉姆。"但反过来问:"吉姆有兄弟吗?"他回答:"没有。"

3. 具体运算阶段——初步的逻辑思维

这一阶段的幼儿的认知结构中已经具有了抽象概念,思维可以逆转,因而能够进行逻辑推理。这个阶段幼儿认知发展的主要标志是幼儿获得了长度、体积、重量和面积的守恒。所谓守恒,是指幼儿认识到客体在外形上发生了变化,但其特有的属性不变。这个阶段的幼儿能凭借具体事物或从具体事物中获得的表象进行逻辑思维或群集运算。但这一阶段的幼儿的思维仍需要具体事物或形象的支持,如问一个五六岁的孩子:假定 A>B,B>C,问 A 与 C 哪个大? 他们可能回答不出来。但是换成:"张老师比李老师高,李老师又比王老师高,问张老师和王老师哪个高?"他们则可以回答。

皮亚杰的认知发展阶段理论为幼儿园数学教育的三阶段教学程序设计奠定了理论基础。

(二)幼儿思维发展的趋势与特点

幼儿园数学教育三阶段程序设计要以幼儿思维发展的趋势和特点为前提,体现可行性和可接受性,能促进幼儿思维能力、数理逻辑思维的发展。

幼儿思维发展的趋势和特点主要表现为思维方式的变化和思维工具的变化两个方面。

1. 幼儿思维方式的发展

幼儿的思维最初是以直观行动思维为主,然后是以具体形象思维为主,最后才出现抽象逻辑思维的萌芽。

直观行动思维主要是在感知中进行的,思维离不开直观的物体;思维又是在实际行动中进行的,思维离不开摆弄物体的动作。直观行动思维的工具主要是感知和动作。因此,数学教学程序设计的第一阶梯应是感知操作维度,幼儿通过摆弄操作材料来认识数、量、形及其关系。

具体形象思维主要是依靠形象或表象,即依靠对事物在头脑中具体形象的联想进行。具体形象思维所用的工具主要是形象或表象。因此,数学教学程序设计的第二阶梯就应该是形象或表象认知维度,通过激活形象或表象来认识数、量、形的特征和空间关系。

抽象逻辑思维主要反映的是事物的本质属性和规律性联系。抽象逻辑思维所用的工具是词语或符号。因此,数学教学活动设计的第三阶梯应该是抽象概念认知维度。

2. 幼儿思维工具的发展

直观行动思维所用的工具主要是感知和动作;具体形象思维所用的工具是形象或表象;抽象逻辑思维所用的工具是词语或符号。思维水平体现了一个动作——表象——概念的发展过程。

三、幼儿数学教学三阶梯程序设计

(一)幼儿数学教学三阶梯程序设计的方法

1. 第一阶梯:感知动作认知维度的设计方法

这一阶段主要是引导幼儿通过操作而理解数、量、形的特征及其关系。常用的教学方法有以下几种:

实物操作法。如幼儿选择棋子、纽扣、杏仁、石子等,放在手里,然后说:"小手摇摇,分开瞧瞧。""5"可以分成几和几,几和几合起来是"5"。

游戏操作法。挑图形,跳一跳,说一说,进行图形宝宝找妈妈游戏等。

尝试探索法。等分图形、蛋糕、小人等;盖印章,找邻居,寻找"大邻居"和"小邻居",学习相邻数等。

情境体验法。创设"超市"、"菜市场"、"电影院"等情境,学习加减运算或奇偶数等。

2. 第二阶梯:形象表象认知维度的设计方法

这一阶梯的主要任务是引导幼儿在表象水平上理解和认识数、量、形的特征及其关系。常用的教学方法有以下几种。

激活表象法。描述应用题:"6个苹果,吃掉了2个,还剩几个?"

图式表征法。数的组成可以用图式表征,如动作表征、形象表征和符号表征。

观察发现法。看图表述应用题,观察发现图片上的数量关系。

情景设疑法。如认识钟表、整点和半点,教师设疑:"谁能告诉小懒猪几点了?"

3. 第三阶梯:概念符号认知维度的设计方法

这一阶梯的主要任务是引导幼儿由具体形象思维向数理逻辑思维方向发展。在概念符号的水平上建立数学认知结构,使幼儿形成一些初级的数学概念。从另一角度分析,数学经验提升和整理的过程,也就是将幼儿建立的新图式获得的信息经由同化和顺应迁移到新认知结构中去的过程,使其系统化,不仅易于储存,也便于今后使用时的检索和提取。常用的教学方法有:

归纳演绎法。如幼儿认识相邻数的"多1"和"少1"关系后,可归纳为"n±1";

规律发现法。学习10的分合过程,发现部分数之间的互补、互换规律;

符号标记法。如用分合号"∧"表示分解和组成;

迁移推理法。由认识10以内的相邻数迁移到认识100以内的相邻数。

(二)幼儿数学教学三阶梯程序设计范例

教学活动案例 1

活动名称:学习计数(小班)

活动目标

1. 教会小班幼儿掌握手口一致、逐一点数的技能,能不受物体排列形式的影响而正确地说出总数。

2. 培养幼儿计数能力,知道点数到的最后一个数是代表总数的计数规律。

3. 学会用数字表示总数。

活动准备

5个乒乓球、神秘箱、每个幼儿一张画着5个圆圈的图画纸。

活动程序与方法

用报数接龙法导入活动。

第一步:感知操作维度。

多感官协同计数法:教幼儿运用听觉、视觉、触觉等感官感知物体的多少。如数一数神秘箱里的乒乓球有多少、听声音取乒乓球、用听觉与运动觉配合数数等。

第二步:形象表征维度。

形象记忆法:"1"像什么?小棍。"2"像什么?鸭子。"3"像什么?耳朵。"4"像什么?小旗。"5"像什么?秤钩。

第三步:概念符号维度。

学习认读数字歌:1像铅笔,2像鸭,3像小燕飞呀飞,4像小旗高高举,5像秤钩弯向下。

结束:游戏"数字找朋友"。

鼓励幼儿从画有数字歌物体的图片上寻找1,2,3,4,5的好朋友。

教学活动案例2

活动名称:学习计数(小班)

活动目标

1.幼儿通过动手分类操作,理解类包含概念,为中班学习运算打基础。

2.通过分类操作找到一类事物的共同点,为概念的形成奠定基础。

3.培养幼儿学习几何图形的兴趣,发展幼儿的想象力和创造力。

活动准备

1.由正方形、三角形等图形构成的娃娃图一幅。

2.幼儿每人一盒大小、颜色、形状不同的几何图形。

活动程序与方法

导入活动:小朋友,熊猫妈妈给我们班小朋友每人一盒礼物,你们想不想知道是什么?好,请小朋友轻轻地把盒子打开看一看。

第一步:感知操作维度。

1.观察发现法:盒子里装的是什么?都有什么形状?什么颜色?大小一样吗?

2.操作发现法:请幼儿找一找这些图形,并分一分,把一样的放在一起,让幼儿分别说出自己是怎样分的。

第二步:形象表征维度。

观察发现法:出示图形娃娃,让幼儿观察后,说出娃娃是由哪些图形构成的,每种图形有几个。

第三步:概念符号维度。

图形组合法:熊猫能用几何图形拼出娃娃,小朋友能不能用盒子里的图形拼出自己喜欢的东西?

结束:我们把拼好的图形送给熊猫妈妈看一看,好吗?

▶阅读推荐◀

1. 张大均. 教育心理学. 北京:人民教育出版社,1999
2. 张慧和、张俊. 幼儿园数学教育. 北京:人民教育出版社,2004

▶思考与探索◀

1. 幼儿园数学教育活动设计应遵循哪些原则?
2. 如何理解数学教育活动设计的科学性原则?
3. 什么是数学教育"三阶梯教学"设计?其理论依据是什么?
4. 试结合幼儿园的数学教学活动,从活动目标、材料准备和过程等方面撰写一篇案例分析。
5. 利用"三阶梯教学法"设计一个数学教学活动方案。

第五章
幼儿感知集合的发展与教育

【内容提要】：本章首先在简要介绍有关集合的基本知识的基础上，探讨了幼儿感知集合的意义与发展特点。并以此为依据，详细介绍了对幼儿进行物体分类、区分"1"和"许多"、比较两组物体相等与不等的教学方法及教学案例。

【学习目标】：通过本章学习，(1)理解感知集合教育对学前儿童正确形成初步"数"概念的重要意义；(2)了解学前儿童感知集合的发展阶段及各阶段的特点；(3)掌握学前儿童感知集合教育的具体内容、目标及教学方法，并能据此设计出合理有效的感知集合教育的活动方案。

第一节 集合的基本知识

一、集合的概念

(一)集合的含义

集合是指由具有某种共同属性的一类确定的对象所组成的整体。日常生活中，我们经常把具有共同属性的同类事物归纳在一起，如把汽车、火车、飞机、轮船等归在一起，就组成一个集合，叫"交通工具"。集合的归并是以对象所具有的共同属性为依据的，集合的这种"共同属性"可以是物体的名称，也可以是物体的某一特征，如颜色、形状、大小、功能等，它既是一个集合的标志，又是组成集合的依据。可见，把一组具有共同属性的对象看成整体就形成了集合。

（二）集合的元素

组成集合的每一个对象叫做这个集合的元素。例如，青菜、萝卜等都是蔬菜集合中的元素；每个班级的小朋友都是这个班集合中的元素。集合中的一部分元素还可以组成另一个集合，这个由集合中的一部分元素组成的集合就是原集合的"子集"，如小汽车是汽车的子集，玫瑰花是花儿的子集。如果某个集合中一个元素都没有了，这个集合就叫"空集"，如吃光了的饼干集合、拿空了的皮球集合等。空集可以用"0"表示。

（三）集合的特征

集合有三个特性：一是唯一性，即集合中的任何一个元素只出现一次。如，一个集合可以表示为{2,4}，但不能表示成{2,2,4}。二是确定性，即任何一个元素都能被确认它是否属于某一集合。如，红苹果、青苹果都是苹果集合中的元素，香蕉就不是苹果集合里的元素。再如，有集合A{1,2,3,5}，那么4就不属于这个集合。三是无序性，即集合的元素与顺序无关，只要元素之间有共同属性，就属于同一集合。如，集合{2,4,6,8}与集合{6,8,4,2}是两个完全相同的集合。

二、集合的类型

根据集合中的元素的个数情况，可把集合分成有限集合、无限集合和空集合。

（一）有限集合

有限集合是指由有限个元素所组成的集合。如一个班的小朋友的集合、玩具柜里玩具的集合、10以内偶数的集合等。

（二）无限集合

无限集合是指由无限个元素所组成的集合。如自然数的集合。

（三）空集合

集合里一个元素都没有，叫作"空集"。如教室里一个小朋友都没有的集合。

三、集合的关系与运算

(一)集合的关系

一般来说,包含关系和相等关系是集合之间存在的最基本的两种关系。

1. 包含关系

对于两个集合来说,a 集合中的所有元素都属于 b 集合,这种关系就是 b 包含 a;或者说,集合 a 中的任何一个元素都是集合 b 中的元素,则集合 b 包含集合 a。例如,有集合 a{1,2,3}、b{1,2,3,4},则 b 包含 a,它们之间体现了整体和部分的关系。感知集合的包含关系有助于幼儿理解类包含的概念。

2. 相等关系

两个集合之间的元素是完全相等的。如,a={10 以内的偶数}、b={2、4、6、8、10},则 a=b。

(二)集合的运算

就像数与数之间可以进行加、减、乘、除运算一样,集合之间也存在着相应的运算,即通常所说的交集、并集、补集和差集。

1. 交集

由同时属于两个集合的元素组成的集合,称为两个集合的交集,如图 5-1。

2. 并集

由所有属于两个集合的元素组成的集合,称为两个集合的并集,如图 5-2。

3. 补集

由集合中所有不属于该子集的元素组成的集合,称为补集,如图 5-3。

4. 差集

由属于一个集合而不属于另一个集合的元素组成的集合,称为差集,如图 5-4。

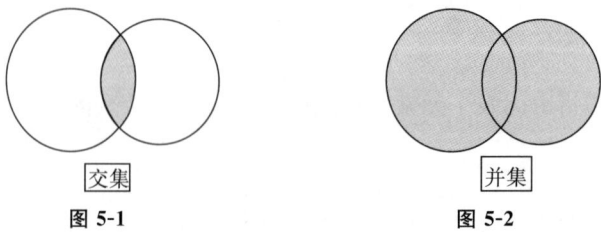

图 5-1　　　　　　　　图 5-2

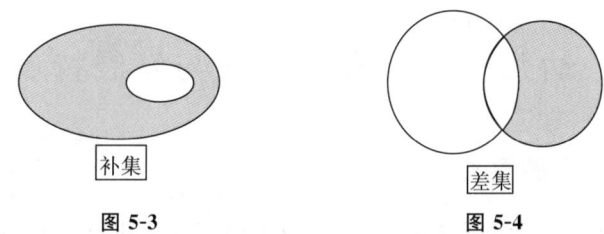

图 5-3　　　　　　　　图 5-4

由此可见，从集合的角度看，幼儿数学中的加法就是求已知两个没有公共元素的有限集合的并集的基数；减法就是求有限集合与它的子集的差集的基数。集合概念是幼儿掌握"数"概念，进行数运算的基础。

四、集合的表示法

集合的表示方法一般有列举法、描述法和集合文氏图（韦恩图）法。

（一）列举法

是把集合中的所有元素一一列举出来，写在"{ }"里，用来表示这个集合的方法。如 b＝{2、4、6、8、10}。

（二）描述法

是把集合中元素的公共属性用语言或数字表达式描述出来，写在一个大括号内，以表示一个集合的方法。如 a＝{10 以内的偶数}。

（三）文氏图〔韦恩图〕表示法

是把集合中的元素用一条封闭曲线圈起来，象征性地表示集合的方法。如图 5-5、图 5-6 所示。

图 5-5　　　　　　　　图 5-6

其实，文氏图法是幼儿园数学教育中最常用的方法，幼儿通过它能比较直观地看出元素和集合之间的关系。如，教幼儿计数并说出总数时，可让幼儿在手口一致点数的基础上，在点数物的外面用手划一个集合圆圈，并说出总数。

第二节 幼儿感知集合的意义与发展特点

一、幼儿感知集合的意义

让幼儿感知集合有着十分重要的意义,其重要性不仅是因为集合在数学中有着重要的地位和作用,更主要的是因为它符合幼儿掌握初步"数"概念的发展规律和特点,它是幼儿学数前的准备教育,是幼儿理解相关数学概念、正确学习和建立初步"数"概念、进行加减运算的基础。

(一)对集合的笼统感知是幼儿拥有"数"概念的起点

长期以来,人们普遍认为,儿童对"数"概念的获得是从计数开始的,认为反复地教儿童数数,他们自然就认识数了。但是,国内外大量的研究证明,儿童"数"概念的形成并不是通常所认为的开始于计数(虽然计数活动在儿童数概念的形成中有着重要的作用),而是开始于对集合的笼统感知。例如,19世纪德国的教育心理学家 B. A. 拉伊认为,人天生就有不用计数而能整体感受一群物体的能力。美国的费利门(1912)、卡普(1942)和克莱赫(1976)等人都认为:对数的整体知觉是数的认知基础。前苏联幼教专家列乌申娜也曾明确指出:"儿童最初形成的是关于集合元素的含糊的数量观念,而后是关于作为同一整体的集合的概念,在这个基础上发展对集合比较的兴趣和更准确地确定集合中元素数量的兴趣,以后儿童才能掌握计数的技巧和数的概念。"由此可见,儿童"数"概念的最初产生是对集合的笼统感知。这种笼统的感知表现为一种泛化的、模糊的知觉,尚不能明确知觉集合中元素的数量,但却能辨别出是多还是少。在这种笼统知觉的基础上,才逐渐产生作为同一整体的集合的概念,并由此能准确地确定、比较集合中元素的数量,最后才形成计数的技巧、理解总数的含义并形成"数"的概念。

这些观点也被国内的一些研究者所证实,如我国心理学家刘范等在《国内九个地区3~7岁儿童"数"概念和运算能力发展的初步研究》课题试验中发现,2岁半儿童虽然还不会数数,但是已能对不同数量的糖果作出不同的选择反应,儿童会倾向于拿多的糖果,儿童在认数和计数之前已经有了对数量的笼统、模糊的感知。杭州大学的吕静、王伟红(1984)对儿童"数"概念的发生问题进行的实验研究也进一步肯定了这一观点。他们对2~5岁儿童的辨数(能辨别出两堆不同数目物体的多少)、认数(瞬间内不凭借数数,只凭借直觉说出物体的数目)和点数(能逐一按物点数,并说出物体的总数)能力进行了测试,测试成绩如表5-1所示:

表 5-1：5 以内数的辨数、认数、点数的比较

项目 年龄	辨数	认数	点数
2 岁（通过人数%）	15	0	0
2.5 岁（通过人数%）	49	6	3
3 岁（通过人数%）	81	31	10
3.5 岁（通过人数%）	99	48	53
4 岁（通过人数%）	99	70	81
5 岁（通过人数%）	100	98	100

由表 5-1 可见，各年龄组通过辨数测试的比例都比较高，有近 50% 的两岁半儿童能通过辨数测试，但认数能力和点数能力只有极个别儿童才能具有。这说明儿童掌握"数"概念是从辨数开始的，也就是从对集合的笼统的整体感知开始的。因此，在学前儿童学习计数之前对其进行集合概念的教育，是符合儿童认数的规律的。

（二）感知集合是幼儿数概念形成和发展的感性基础

我们已经知道，幼儿由最初对集合的模糊、笼统的感知到学会计数、掌握初步"数"概念，中间还有一个过渡环节，这就是对集合中元素的确切感知和学会用一一对应的方法来比较集合中元素的数量。在这个过渡环节中，幼儿发展起来的是对集合中元素的确切感知的能力，它为幼儿形成"数"概念打下了感性基础。

许多有关幼儿"数"概念的心理试验研究都经常遇到和提到幼儿在学会计数之前，要经过一个手口不一致的阶段。这个手口不一致的阶段的实质是没有建立说出数词与手的点数物体之间的一一对应关系，所以，不是手快了，就是说出数词快了。这种现象充分说明，儿童由于缺乏对集合及其元素的感知和缺少对两个集合中元素进行对应比较这一中间过渡环节的训练，致使学习计数和掌握最初的"数"概念产生了困难。列乌申娜在分析一个五岁零一个月的男孩数数时还出现手口不一致的现象时说："儿童们借助于数词过早地转到计数活动。他们还没有形成对集合的所有元素的确切知觉。他们还没有学会在实践中把集合的元素用一个与一个相对应的方法进行比较，缺少这些知识使他们不能精确地掌握计数活动和更进一步地深入理解作为集合等量标志的数的意义。"[①] 因此，她

---

① 吕静、王伟红.婴幼儿数概念的发生的研究.心理科学通讯，1984(3)

认为,较早地对幼儿进行集合教育,能使幼儿更快地掌握计数活动和深入理解数的概念。所以,对小龄幼儿,应该教其感知集合和按元素比较集合的方法,而不是教他们计数。

(三) 感知集合的包含关系有助于幼儿理解数的组成与数的加减运算

幼儿要真正理解数的实际意义,就必须先形成类"包含"的概念,即整体与部分之间的包含关系,它是幼儿进行数的组成和加减运算的逻辑基础。如果在数的序列中,幼儿不知道每一个数都包含在它的后继数里边,即不知道1包含在2里,2包含在3里……不知道最后数到的数包含了全部所数的数,他就没有形成类包含的逻辑观念,因此,幼儿要想学习数的组成和进行数的加减运算就会变得十分困难。因为数的组成是总数与部分数及部分数之间互补和互换的关系,加减法也是部分与整体相联系的运算。

(四) 感知集合的对应关系是幼儿理解数的等量关系和进行数比较的基础

在两个集合中,若一个集合的每一个元素分别与另一个集合的每一个元素形成某种对应关系,那么,这种对应就叫做"一一对应"。一一对应方法在幼儿数学教育中被广泛地应用。通过一一对应,幼儿在不会计数之前就可以比较出两组物体的多少,也有助于促进幼儿计数能力的发展。

二、幼儿感知集合发展的特点

根据列乌申娜的观点,学前儿童感知集合的发展有一个从泛化笼统到精确的过程。一般可以把这一过程分成四个阶段。

(一) 泛化笼统的感知阶段(3岁前)

3岁前儿童感知集合是没有明显的集合界线的。他们不是一个元素接一个元素地去感知,而是相当笼统地感知。他们尚不能精确地意识到集合中元素的数量,只有"多"、"少"的相对笼统的知觉。在对集合的感知中,往往还没有"范围"和"界限"的意识。例如,儿童在玩积木时,若有人在他不注意的时候拿走几块,他是不会觉察到的,这时他感知的只是一堆不确定的模糊不清的东西。我国的寇崇玲等人曾做过一项学前儿童对5个物体集合的两边元素消失的实验。①

---

① 金浩.学前儿童数学教育概论.上海:华东师范大学出版社,2000

结果表明,2~3岁儿童能注意到两边元素消失的仅占23.9%,3~3.5岁儿童占63%。这说明3岁前的儿童,不是将物体群作为结构完整的统一体的集合来感知,还没有精确意识到它的数量。

(二)感知有限集合阶段(3岁左右)

3岁儿童已经能在集合的界限以内感知集合了,但他们还缺乏对集合的所有元素的明确知觉,不会注意集合中的每一个元素。例如,让儿童给5只兔子吃萝卜,儿童往往只喂第一个和最后一个,而不注意那些排在中间的兔子;让他们在画有4只瓶子的画片上叠放小瓶盖时,他们只用瓶盖盖住画片上第一个和第四个瓶子。这都说明他们把注意力只集中在集合的界限上。

这时的儿童在分放物体时,往往右边用右手,左边用左手。在感知作为结构完整的统一体的集合时,在手和眼的运动中出现了两个起算点,从集合的两边向它的中心移动。这也说明儿童在感知有限集合时,注意力是集中在集合的界限上的。如集合的右边界限是起点,幼儿就用右手从右向左进行;如起点是集合的左边的界限,则幼儿用左手从左往右依次行动。

(三)感知集合元素阶段(4岁左右)

本阶段儿童能把一个集合的元素一个对一个地摆放到与另一个集合相对应的元素上,并能不超出集合的界限,逐步达到准确地一一对应。这说明,此阶段的儿童已能注意到集合中元素的个数。有人做过让儿童(3.5~4岁)完成一个杯子配一个杯盖的任务的实验。结果显示,有50%的3.5岁儿童能完成任务,4岁儿童完成任务的达到84%。可见3.5~4岁是对应能力迅速发展的阶段。此阶段的儿童还可以不用数数,而用一一对应的比较方法,确定两个物体组之间的等量或不等量关系,这实际上是对集合中元素的知觉的精确化表现。

(四)感知集与子集包含关系的阶段(5岁后)

5岁前儿童对集与子集包含关系的理解较为困难。例如,有4块大积木,2块小积木,问儿童是大积木多还是积木多,3~4岁儿童的回答是:"大积木多"。因为他们所看到的是大积木,而积木包含了大小积木,这点对儿童来讲就显得抽象了,因而回答的是大积木多。可见,儿童只有具备了一定的抽象概括能力,才能理解集与子集的包含关系。有人对3~7岁儿童理解类包含关系的能力做过实验研究。他们将3只背着救生圈的小猪图片并排放着,其中有2只穿着红裤衩,问儿童:"是背救生圈的小猪多还是穿红裤衩的小猪多?"各年龄幼儿回答情况如表5-2所示:

表 5-2

年龄	正确人数
4	5%
5	45%
6	65%

由表 5-2 可知，4 岁儿童还不能理解集与子集的包含关系，5 岁儿童能初步理解，但准确率不高；6 岁儿童对集与子集包含关系的理解在逐渐提高。不过，这一阶段的幼儿头脑中基本还没有形成类包含的逻辑概念。他们在解决需要逻辑判断的类包含问题时，多数是将整体作为单独的一部分来看待，而不是将其看作一个包含其他部分的整体。他们对整体与部分（即集与子集）的比较，只习惯于从数量的多少上来判断，还不能从逻辑的关系上来判断。

第三节　幼儿感知集合的教育

将集合的有关概念渗透、应用到幼儿园数学教育中，具体涉及三个方面的内容：感知集合及其元素，进行物体的分类；区分"1"和"许多"；进行两个集合元素的一一对应比较。

一、物体分类的教学

（一）物体分类教学的概述

1. 分类的含义及其作用

所谓分类，是指根据事物的某种特征将其集合成类的过程，也就是把具有共同属性的物体归并在一起的活动。例如，把玩具放一起、把图书放一起；又如在许多卡片（猪、鲤鱼、麻雀、比目鱼、乌鸦、牛、羊等）中，把哺乳动物类的放一起、鱼类的放一起、鸟类的放一起……这些都是分类。分类活动在学前儿童"数"概念的发展中有着特殊的意义。

第一，分类活动可以帮助学前儿童感知集合及其元素的同与不同，并逐步形成物体的集合概念。也就是说，当儿童把具有共同特征的物体归放在一起时，他们也就有了对这些物体的集合元素的感知。

第二，分类活动是学前儿童学习计数的前提，是形成"数"概念的基础。儿童要知道某类物体的数量，首先需要将这类物体与其他物体区分开来，才能进行计数比较。例如，要回答活动室里有多少女孩的问题，就要先将女孩从整体中分出来，再数一数有多少。另外，学前儿童在分类活动中要把物体一个个地加以区

第五章 幼儿感知集合的发展与教育

分,再一个个地归并在一起,这能促进儿童对集合中元素个数的感知,同时能为儿童手口一致地点数活动打下基础。

第三,分类活动有利于学前儿童掌握数的组成和数的加减运算方法。数的组成和加减运算反映的是集与子集的关系,也就是整体与部分的关系。学前儿童对集合的分类促进了其对整体与部分之间关系的认识。

第四,分类活动有利于促进学前儿童思维品质的发展。分类活动涉及分析、比较、观察、判断等,这些活动能够锻炼和提高学前儿童的逻辑思维能力,有助于培养幼儿良好的思维品质。

因此,分类活动是幼儿园数学教育中的一项重要内容。

2. 分类的形式

(1)按物体的名称分类。即把具有相同名称的物体放在一起。例如从一堆玩具中把皮球拿出来放进篮子里。

(2)按物体的外部特征分类。即按物体的颜色、形状等分类。例如,在很多气球中,按颜色把红气球放在一边,蓝气球放在一边;或按形状把圆气球、三角气球分开放等。

(3)按物体量的差异分类。即按物体大小、长短、粗细、厚薄、宽窄、轻重等分类。例如,把大小皮球分别放在两个筐里,把长短木棍分别用绳子扎起来。

(4)按物体的用途分类。例如,把都是学习用品的铅笔盒、手工剪刀、塑料垫板归成一类,把都是生活用品的小碗、杯子归成一类。

(5)按物体材料的性质分类。例如,将塑料做的花片、小碗、玩具电话,木头做的积木、玩具小橱,布做的娃娃、小衣裤等分别归类。

(6)按数量分类。例如,把数量是一个的归一起,两个的归一起,三个的归一起。

(7)按事物间的关系分类。如将具有对应关系的小兔与萝卜放在一起,娃娃与香蕉放在一起等。

(8)其他。可按表情,如按哭、笑分类;可按动作姿态,如按唱、跳、睡分类;还可以在水果图片中按有叶子与无叶子分类等。

还可以按照维度的个数进行分类,如按一个维度分类、两个维度分类、三个维度分类等。例如,按大小分、颜色分、数量分等都是按一个维度分类的;如果要求儿童把大的三角形归并在一起,把三个红色的物品归并在一起,把小灰兔和萝卜归并在一起,这都是按两个维度分类;如把大的红三角形归并在一起,就是按三个维度分类了。

(二)物体分类教学的目标

1. 小班(3~4岁)

(1)探究物体的特征,辨认物体的异同;

(2)根据范例和口头指示,能从一堆物体集合中分出一组物体;

(3)能按照物体的某一外部特征或物体量(每类物体的数量不超过4个)的差异进行分类,即"一元分类";

(4)理解并掌握有关词汇,如"相同"、"不同"、"都是"等。

2. 中班(4~5岁)

(1)能按照物体的外部特征(如颜色、形状)或物体量的差异(每类物体的数量不超过5个)进行分类;

(2)能按照物体的数量差异进行分类;

(3)能概括物体的两个特征,并按特征进行分类,即"二元分类";

(4)能理解并掌握相关词汇,如"合起来"、"分开"、"分成"等。

3. 大班(5~6岁)

(1)能按照物体的多个特征进行分类,即"多元分类";

(2)让幼儿自己确定分类的标准,自由分类,并用语言表达出"为什么要把它们放在一起";

(3)引导幼儿对集合做层级分类,体验集与子集的包含关系。如,苹果有红苹果和青苹果,它们合起来都叫苹果,苹果要比青苹果多。

(三)物体分类教学的方法

根据教学内容和学前儿童身心发展的特点选择适宜的教学方法,如讲解演示法、操作法和游戏法等(前面已具体介绍)。在具体分类教学过程中,教师要注意以下几点:

1. 分类前的启发

教师在分类教学时,首先要充分利用自然条件和日常生活情境,启发学前儿童仔细观察,让他们感知和辨认材料的名称、特征及其差异,从而为儿童从各个角度进行分类奠定基础。

2. 独立思考能力的培养

教师要说明分类要求,并启发他们思考分类的方法,培养儿童独立思考的能力。应让儿童在观察的基础上认真想想老师的要求是什么,再动手进行分类。

3. 活动后的交流和讨论

在儿童进行分类后,再组织他们进行交流,讨论分类的过程和结果。这有助于儿童之间相互学习分类的方法,理解类的包含关系、巩固类的概念,发展言语表达能力,还有利于培养儿童虚心好学、积极交流的品质。例如,在小班儿童进行分类活动后,教师分别请几个儿童展示他们的分类结果,与其他儿童共同讨论他们做得对不对,原因是什么。中大班孩子分类后,教师应安排他们和同伴一起讨论他们是怎样做的,以及为什么这样做。在儿童讨论的过程中,教师引导儿童理解类和子类的关系。

4. 与其他教学内容的结合

例如,将分类活动与数数有机结合起来,分类后,让孩子们数数每一类各有几个。这不仅有利于儿童掌握知识,也有利于提高其学习的主动性与积极性。

5. 分类难度的逐步提高

例如,小班儿童分类时,一般来说,所给的分类条件要单一,如按大小分类时,应选用同颜色、同形状、不同大小的物体;中班儿童分类时,可提供不同颜色、长短的小棍,让他们能排除小棍颜色的干扰,按长短进行正确分类;大班儿童进行宽窄分类时,可提供不同颜色、长度、宽窄的纸板,让他们能排除颜色、长度的干扰,按宽窄进行正确分类。

(四)物体分类的教学范例

教学活动案例 1

活动名称:大小标记找朋友(小班)

活动目标

1. 能认识大小标记。
2. 能为大小不同的物体匹配相应的标记。

活动准备

1. 在日常生活中有意识地引导幼儿寻找身边大小不同的物体,对"大"、"小"有初步的认识。

2. 大小标记卡片每人3~4张;活动室内布置大小不同的物品若干,大小不同的玩具筐各一。玩具柜中有大小不同的玩具、大小不同的椅子若干(与幼儿人数相等)。

活动过程

(一)认识大小标记。

教师出示大小标记,引导幼儿用动作模仿大小标记的形态,理解标记所代表的含义。"老师送给小朋友每人一张卡片,卡片上画的是一个娃娃。请你们看一看你的卡片上的娃娃是什么样子,并学一学它的样子。"

(二)巩固认识标记的含义,学习为标记匹配相应的物体。

1. 为标记找椅子。

教师：教室里有许多椅子，他们是一样的吗？（有大有小）想一想拿大标记的小朋友应该坐什么椅子？拿小标记的小朋友坐什么椅子？幼儿根据标记找到相应的椅子坐下，并检查"你拿的是什么标记？坐的是什么椅子？"

2. 为物品匹配标记。

教师：在我们的教室里有许多大小不同的物品都想和标记做朋友，请你选一张标记，给它找一个好朋友。幼儿自由选择标记并将标记贴在相应的物体上。游戏反复进行3～4次。

3. 将大小物品归类并送标记。

教师出示大小不同的两个筐子，请幼儿思考"这两个筐子是一样的吗？哪些物品应该住进大的'家'（筐子）里？哪些应该住进小的'家'里？"请幼儿将物品按大小进行归类。

教师：请小朋友想一想，怎样让我们知道哪里是大玩具的家，哪里是小玩具的家？幼儿为物品送标记。

活动延伸

1. 这样的游戏在日常生活中也可以进行。教师或家长可创设环境，提供材料，让幼儿在给大小物体送标记的过程中，获得对物体的体验，认识物体之间的差异。

2. 在数学角中，教师用各种小游戏让幼儿感知物体的大小。例如，做果子游戏，让幼儿用油泥制作大小不同的果子，再将果子按照标记挂在"树上"。让幼儿触摸、观察、比较果子的大小。

3. 在认识大小的基础上，还可以进行"大"和"小"的排序活动、大小对应活动等。例如，给大小不同的瓶子找盖子、给大小不同的动物喂食等，从而让幼儿获得大小顺序和对应的经验。①

教学活动案例2

活动名称：图形分类（中班）

活动目标

1. 识别图形，并能按图形颜色、形状、大小的不同进行二、三维分类。
2. 通过观察、比较图形，提高儿童思维的敏捷性。

活动准备

1. 大的红色、蓝色的图形卡片若干。

---

① 张慧和、张俊. 幼儿园数学教育. 北京：人民教育出版社，2004

2.幼儿操作的小的各色图形卡片若干。

活动过程

(一)认识图形,按颜色、形状不同进行初步的分类。

教师:小朋友,看,黑板上有什么?他们都一样吗?哪里不一样?(颜色和形状不一样)

看我的图纸上有什么?(红、蓝)表示什么意思?谁来分一分?

我这里还有一张图纸,表示什么意思?我把图形再摆在一起,请小朋友来分一分。

小结:我们是按图形的不同颜色和形状将卡片进行了分类。

(二)进行二维的分类。

教师:老师这里还有很多的图形卡片,它们就躲在你的凳子下面,请你拿出来,我们一起来玩《图形找朋友》的游戏。

说一说,你手上拿的是怎样的图形?

大家都认识自己的卡片了,下面游戏开始了,听我的口令:红色的圆形,谁的手上拿的是这个卡片的,我们就是好朋友了,大家一起碰一下吧。

蓝色的椭圆形……

有3条边的红色图形……

小结:我们刚才是按图形的不同特征进行分类的。图形卡片都找到了自己的好朋友。

(三)幼儿操作。

教师:我想把好玩的游戏放在我们的区角里,需要小朋友帮助整理图形卡片,请小朋友按照我手上的盒子里的要求去整理。

看,盒子里的图片,表示什么意思?

好,现在请小朋友2人一组,一起去把盒子里的图形按盒子上卡片的要求分清楚。

(四)教师和幼儿一起检验。

我们一起来检验一下大家分得对不对。老师检验2~3个,其他的盒子,请大家一起来检验。

(安徽省芜湖市安徽师范大学附属幼儿园张艳老师设计)

教学活动案例 3

活动名称：学习二次分类（大班）

活动目标

1. 能按物体的两种不同特征进行二次分类，体验类的包含关系。
2. 培养幼儿分析、归纳的能力，提高幼儿的操作兴趣。

活动准备

教具：颜色、大小不同的三角形、正方形图片若干，水果、蔬菜图片若干。

活动过程

（一）开始部分。

组织幼儿听音乐、坐好，引起幼儿兴趣。

（二）基本部分。

1. 观察和演示。出示图形卡片，让幼儿观察其特征，想一想如何将这些图形分成两组，有几种不同的分法。幼儿进行讨论。

2. 幼儿讨论回答后，教师选择一种分法进行演示。例如，将图形分成形状不同的两部分。在此基础上启发幼儿想一想如何将每一部分再分成两部分。教师演示分法。

3. 教师小结。可先将图形按形状分，再按大小分；也可先按大小分，再按形状分；还可先按颜色分，再按形状分。

4. 幼儿操作。让幼儿观察图形的外形特征，然后按其特征进行二次分类。

5. 复习巩固。教师指导幼儿完成幼儿用书中的练习题，以进一步提高幼儿的分析、归纳能力。

（三）结束部分。

教师小结。带领幼儿进行户外活动。

（安徽省芜湖市安徽师范大学附属幼儿园张艳老师设计）

二、区分"1"和"许多"的教学

"1"是自然数的基本单位。任何一个大于 1 的自然数都是由若干个 1 组成的。"许多"是一个笼统的词汇，它表示集合中有两个以上的基本元素。对幼儿进行"1"和"许多"的区分的教学主要是引导他们感知集合及其元素。当儿童把一个一个的物体放在一起构成"许多"，再把"许多"分成一个一个的物体时，儿童就能感知集合元素的个数和"许多"的含义。从而为学前儿童以后正确学习逐一计数和认识 10 以内的数奠定基础。

（一）区分"1"和"许多"的教学目标

区分"1"和"许多"是小班初期儿童学数前的教育内容。其基本的教学目标有以下几点：

幼儿能区分出1个物体和许多个物体；感知和体验"1"和"许多"之间的关系；能在日常生活中运用"1"和"许多"等词汇表述物体的量的多少，如"1个老师，许多个小朋友"。

（二）区分"1"和"许多"的教学方法

1. 多感官体验法

幼儿用听觉、触觉等观察和比较物体，能区别1个物体和许多个物体。例如，1辆大汽车和许多辆小汽车、1个鱼缸和许多条金鱼、1棵树上结了许多个果子等。通过对各种1个和许多个物体的观察和比较，使幼儿初步理解"1"和"许多"都是表示物体数量的词语，学会区别1个物体和许多个物体。

2. 环境寻找法

让幼儿在周围环境中寻找"1"和"许多"，通过寻找活动促进幼儿理解"1"和"许多"的关系。具体讲，教师可以让幼儿在周围环境中，寻找"1"个和"许多"个物体。例如，教师在金鱼缸里放一条黑色金鱼和许多条红色金鱼，让儿童去区分。教师可以引导儿童在自然环境中寻找"1"和"许多"。例如，小河里有一只鸭妈妈带着许多只小鸭子在游泳；一棵树上长出许多树枝、树叶等。教师还可以引导幼儿通过回忆来寻找"1"和"许多"。例如，教师让幼儿想想自己家里有一张桌子和许多只椅子；公共汽车上有一位司机和许多乘客等。

3. 游戏操作法

教师采用游戏的形式，通过分与合的操作，让幼儿学习理解和巩固"1"和"许多"的关系。例如，"拔萝卜"游戏，让幼儿一个一个地拔萝卜，然后放在一个箩筐里，就有了"许多"萝卜。

（三）区分"1"和"许多"的教学范例

教学活动案例1

活动名称：认识"1"和"许多"（小班）

活动目标

1. 引导幼儿尝试运用多种感官感知"1"和"许多"。
2. 理解"1"和"许多"的关系。
3. 培养幼儿观察、分析和口语表达的能力。

活动准备

创设游戏宫(停车场、红灯笼、提供数量是"1"和"许多"的物体),小兔胸饰每人一个,鼓一面。

活动过程

1. 先用谈话引起幼儿的兴趣。

教师:今天天气真正好,兔妈妈要带着兔宝宝到游戏宫去玩一玩、看一看。我们开着汽车出发吧!

2. 认识"1"和"许多"。

(1)发门票。

教师:游戏宫到了,可游戏宫是不能随便进去的,要有门票才能进去。你们有门票吗?(没有)妈妈有票吗?(有)有多少?("许多",反复说三遍)

提出要求:现在妈妈把票发给宝宝,你们要告诉妈妈你拿到了几张票。票发完后,你们要问妈妈手中有没有票,有几张。

小结:许多的票可以分成一张一张的票。"许多"可以分成一个一个。

(2)进游戏宫。

提出要求:进游戏宫时不要拥挤,请宝宝们把票交给游戏宫的老师后再进去(幼儿全进去)。教师:宝宝们,你们的票呢?(全都交给游戏宫的老师了)有多少呢?(许多)

小结:一张一张的票收起来放在一起就变成了许多张票,一个一个合起来就是"许多"。

① 观察停车场。

教师:停车场里有什么?(一辆大汽车,许多辆小汽车)

② 观察灯笼。

教师:你们看,游戏宫上面挂着什么?他们一样大吗?有几个大的?有几个小的?

3. 区别"1"和"许多"。

教师:请小朋友找找看,游戏宫里什么东西只有一个,什么东西有许多?

4. 游戏:兔妈妈和小兔子。

教师:妈妈要看哪只小兔子最能干,看看妈妈跳几下,再听一听妈妈敲几下鼓。

现在妈妈要看看哪只小白兔听得清、做得对,妈妈敲一下鼓,宝宝就跳一下;妈妈敲许多下,宝宝就要跳许多下。(幼儿反复练习)

教师:你们看,菜地里有很多萝卜(许多个),现在请宝宝们每人拔一个萝卜。(强调每人拔一个)

教师:你们手上有几个萝卜?(1个)

教师:请兔宝宝把萝卜放进篮子里。(幼儿将萝卜全放进了篮子)

教师:篮子里有多少个萝卜?(许多个)

小结:许多萝卜可以分成一个一个的萝卜,一个一个的萝卜放在一起又成了许多个萝卜。

5. 活动结束。

教师:今天我们在游戏宫里玩了游戏,还学了本领,知道一个一个合起来就成了"许多","许多"可以分成一个一个。宝宝们都很能干,现在我们把大萝卜装上车回家吧。

(安徽省芜湖市安徽师范大学附属幼儿园张艳老师设计)

教学活动案例2

活动名称:我和小朋友(小班)

活动目标

1. 发现"1"和"许多",感知它们的关系,即一个一个合起来是"许多","许多"可以分成一个一个。

2. 知道班里除了有一个自己,还有许多个自己的好朋友,体验与小朋友在一起的快乐。

活动准备

大穿衣镜一面、屏风一面或大的布帘一块、人手一面小镜子。

活动过程

1. 看看小镜子,发现"1个"和"许多个"。

给每人提供一面小镜子。教师:快看看小镜子里,有谁在里面?有几个你自己?

小镜子里还有你的好朋友,看能不能从镜子里看到好朋友,看到了就大声说:"×,你是我的好朋友。"比一比,看谁看到的好朋友多。

2. 看看大镜子,体验"1"和"许多"的关系。

将幼儿集中到大镜子前。提问:大镜子里有谁?(引导幼儿说一说有许多小朋友)邀请全体小朋友当小猫,和老师一起做"老猫睡觉醒不了"游戏。

游戏开始时,主班教师面朝镜子背对幼儿做睡觉状。当主班教师(老猫)嘴里念道:"老猫睡觉醒不了,小猫悄悄往外跑"时,配班教师悄悄请一个幼儿起身躲到屏风或布帘后面去(不能被镜子照到)。主班教师睁开眼睛问:"几只小猫跑了?"幼儿回答:"一只。"游戏重新开始。如此反复直至所有幼儿都躲到屏风后面时,主班教师问大镜子:"每次只有1只小猫跑掉,怎么我的许多小猫就没有了?"(让幼儿发现许多被分成了一个一个)这时,配班教师逐一请幼儿回到大镜子前。主班教师(老猫)问:"几只小猫回来了?"一个幼儿回答:"一只。""每次只回来一只小猫,我这里怎么会有许多小猫呢?"(让幼儿再次发现一个一个合起来就有了"许多")

活动建议

教师还可以结合平时的生活和各种游戏活动,让幼儿反复感知"1"和"许多"(元素和集合)的关系。例如,分餐具、发点心等。①

三、比较两组物体相等与不等的教学

比较两组物体相等和不相等的教学,是指用一一对应的方法,比较两个物体集合中元素的数量,确定它们是一样多还是不一样多,以及哪个多哪个少的教学。这是不用数数技能进行的数量比较活动,即不要求儿童说出数词。

这类学习活动,有助于儿童准确地感知集合中的元素及其数量,有助于儿童学会用一一对应的方法比较物体组的数量。因为计数的过程就是把集合中的元素与自然数列中的数一一对应的过程。因此,儿童不学会对应的方法,就不能掌握计数的方法,就不能理解数目的实际含义。

(一)比较两组物体相等和不相等的教学目标

初步学会将两组物体一个对一个地摆放的方法,积累有关一一对应的感性经验。

学会用对应的方法比较两组物体(每组不超过5个)的多少,知道哪组多,哪组少,或者一样多。

能理解和运用"一样多"、"不一样多"、"多"、"少"等词汇。

(二)比较两组物体相等和不相等的教学方法

1. 重叠比较

将一组物体摆成一行,再将另一组物体逐个一对一地重叠在该组物体上面,比较两组物体是一样多还是不一样多。例如,"给娃娃戴帽子",发给每个幼儿3个娃娃和3顶帽子的卡片(或3个娃娃,4顶帽子),请幼儿将娃娃排成一行,再把帽子一个一个地放到娃娃头上,然后让儿童回答:"娃娃和帽子一样多吗?""哪

---

① 张慧和、张俊.幼儿园数学教育.北京:人民教育出版社,2004

个多？哪个少?"以及"为什么是一样多(少)"等问题,从而使幼儿了解"一样多"、"不一样多"、"多"、"少"等词汇的含义,并学会运用这些词汇。在开始学习摆放和比较两组物体时,如果幼儿感到困难,教师可给予示范。

2. 并放比较

将一组物体摆成一行,再将另一组物体一个对一个地并排放在这组物体的旁边,比较这两组物体的数量。例如,做"小兔子吃萝卜"游戏,给幼儿3只兔子,4个萝卜(如图5-7所示)。先把兔子排成一行,然后把萝卜一对一地放在兔子旁边,让儿童比较多少。

图 5-7

3. 连线比较

将一个集合中的元素与另一个集合中的元素进行一对一的连线,让幼儿认识它们之间的数量多少的关系。这类活动适合个别操作。

4. 游戏比较

用游戏的方式帮助幼儿掌握一一对应的方法,比较集合元素的多少。例如,教师放6只椅子,让7个幼儿来做"抢椅子"的游戏。通过这一游戏,使幼儿在亲身体验中知道椅子少、幼儿多。

运用前两种方法应注意:①摆放物体时,要教幼儿用右手从左向右摆放,以培养儿童动作的规范性。②应将物体摆成横行再进行比较。③在比较中,先学习比较"一样多",再学习比较"不一样多"。④集合中的物体数量一般不超过5个,因为数量过多会给儿童带来困难。⑤对应比较时,要用具体的实物或教具;让幼儿说出"多"、"少"、"一样多"等词语,但不要求幼儿说出数词,因此,教师提问时,不要用"有几个"、"多几个"等词语。⑥让幼儿知道要使不一样多的两组物体一样多时,除了用加的办法外,还可以用减的办法。

（三）比较两组物体相等和不相等的教学范例

教学活动案例1

活动名称：一一对应（小班）

活动目标

1. 初步了解物体之间一一对应的关系。
2. 在操作及游戏活动中，感受对应的关系。
3. 乐于参与集体游戏活动。

活动准备

教具准备："小熊一家"、"大象运木头"、"方方的塔"图片。

活动过程

1. 出示"小熊一家"图片，活动开始。

教师：今天小熊一家（熊爸爸、熊妈妈、熊哥哥、熊姐姐、熊宝宝）人又要来我们小二班了，我们来看一看。

2. 集体活动。

（1）演示教具"大象运木头"图片。

教师：今天小熊家要盖新房子，盖新房子要用很多的木头（在黑板上出示木头，随意排列），他们请来力气最大的大象一家人来帮忙了（出示大象，按从大到小排列）。

教师扮演最大的象爸爸：这么多的木头，我应该运哪一捆呢？

幼儿：象爸爸应该运最大的木头。

教师将最大的木头放在象爸爸下面。

教师：象宝宝应该运哪一捆木头呢？

幼儿：象宝宝应该运最小的木头。

教师将最小的木头放在象宝宝下面。

教师分别给其余的象找到对应的木头，再将木头一一对应地摆放在大象的下方。

（2）利用学具"方方的塔"使大象与塔一一对应。

教师：小熊的房子盖好了，小熊一家要住到新房子里去啦！（教师出示方方的塔）这些房子一样大吗？请你们帮他们找到适合他们住的房子，好吗？

熊爸爸应该住哪间房子呢？（最大的）

依次给小熊一家找到对应的房子。

教师小结：让大小不同的熊分别住在合适的房子里。

3. 幼儿操作。

第五章 幼儿感知集合的发展与教育

教师:大象一家给他们盖好了新房子,小熊们真高兴呀。大象决定回去也要盖一幢新房子。

4. 交流小结,收拾学具。

5. 活动延伸。

教师:有几个小动物找不到它们的新家了,请你们来找一找他们的家在哪里,用笔将小动物和它们的家连起来。

(安徽省芜湖市安徽师范大学附属幼儿园张艳老师设计)

教学活动案例 2

活动名称:群集感知(小班)

活动目标

1. 感知集合:认识"1"和"许多"的关系,使学前儿童初步建立起群集概念。
2. 能一一对应地比较物体的"多"、"少"、"一样多"。
3. 培养学前儿童动手、动脑和积极思维的能力。

活动准备

1. 实物桃子若干,与学前儿童人数相等;6个小塑料筐。
2. 学前儿童每人10个红色的纸质盘子、10只小勺。

活动过程

教师端着一筐桃子走进活动室,说:"今天老师为小朋友准备了许多桃子,谁最爱动脑筋,最聪明,就给谁吃。"

第一步:感知操作认知维度。

1. 实物操作法:请幼儿看一看筐里有多少桃子,启发幼儿说出"筐里有许多桃子"。请每个幼儿都到筐里拿一个桃子,看筐里面有什么变化;再让幼儿把桃子放回筐里,看筐里面又有什么变化,启发幼儿说出"又变成许多桃子"。教师出示4个盘子,然后分别放入4个桃子,让幼儿观察后,启发其说出盘子里的桃子"一样多"。

第二步:形象表征认知维度。

2. 图像发现法:请幼儿找一找什么是"1个",什么是"许多个"。请幼儿说一说小盘和小勺是不是一样多;把小盘摆开,小勺叠起,还是不是一样多;小盘叠起,小勺摆开,是不是还一样多。

3. 生活联想法:请幼儿找一找教室里或自己身上"一个的"、"许多的"、"多的"、"少的"和"一样多的"东西。

第三步:概念符号认知维度。

4.守恒建构法:经过3次变化后,让幼儿认识到不管怎样摆放,小盘和小勺都一样多。因为没有拿走,也没有添上。

活动结束。

"排坐坐,分果果"。幼儿拿到桃子后,先与教师的筐里的桃子比较,说出"多"、"少",或者"1"和"许多";然后回到座位上,与同桌的小朋友比较多少,说出"一样多";最后请幼儿吃桃子。①

▶阅读推荐◀

1.刘果元.3~4岁儿童分类能力培养的实验研究.天津师范大学硕士学位毕业论文,2001

2.曹瑞,阴国恩.3~7岁儿童分类方式对分类结果影响的研究.心理发展与教育,2001(2)

▶思考与探索◀

1.感知集合的教育对幼儿"数"概念的发展与教育有何作用?
2.幼儿感知集合的一般特点是什么?
3.幼儿的感知集合教育涉及哪些教学内容和活动?
4.什么是分类?分类的形式一般有哪些?
5.区分"1"和"许多"的主要教学方法和手段有哪些?试用"游戏法"为例设计一活动方案。
6.举例说明一一对应比较的三种形式。

---

① 孙汀兰.学前儿童数学教育理论与实践.北京:科学出版社,2009

第六章
幼儿初步数概念的发展与教育

【内容提要】：本章探讨了幼儿10以内初步"数"概念发展的特点、形成的标志，以及幼儿初步"数"概念形成的教学目标和方法。

【学习目标】：通过本章学习，(1)理解有关自然数的基本知识；(2)掌握幼儿计数能力发展的特点和初步"数"概念发展的年龄特征；(3)明确幼儿初步"数"概念形成的标志；(4)了解10以内"数"概念教学的目标和方法。

第一节 自然数的基本知识

一、数

"数"和"形"是数学中最古老、最原始、最基本的两个数学概念。"数"可以用来表示客观世界中各种事物的量，而量的结果可以用数字来表示。

二、自然数列及其特征

最小的正整数是"1"，其他任何自然数的形成都是由若干个"1"添加而成的。因此，自然数列是指从"1"开始，逐次增加一个单位而形成的依次排列着的全体自然数的集合。它具有以下几个特征：有始性，自然数列的第一个数是"1"。有序性，在自然数列中，每一个数后面有且只有一个后续数。并且，除"1"以外，每一个自然数也有且只有一个先行数。先行的数小，后续的数大，前后之间相差"1"。无限性。自然数列是一个无限集合，里面没有最后的一个自然数。

幼儿园数学教育活动设计与指导

三、零与扩大的自然数列

"零"是空集合的标志,用来表示没有。当然,"零"除了表示没有之意外,还有其他的含义,如表示坐标的起点、温度计的零上与零下的分界点,以及在记数中表示数位(如10、105)等,此外还可以表示"和"了"平"了的意思。因此,教师在让幼儿感知"零"时,应给予正确的解释,"零可以表示没有,但零不等于没有"。

"零"比任何自然数都小。把"零"放在自然数的前面,得到的是一个扩大了的自然数列。这个扩大的自然数列也是有始、有序和无限的。

四、基数与序数

自然数作为一类等价的非空有限集合的标记,既可以用来表示有限集合中元素的个数,也可以用来表示有限集合中每个元素的位置,这是自然数的两个不同含义。其中,用来表示集合中元素个数的数称为"基数";用来表示集合中元素的排列次序的数称为"序数"。如小朋友排队报数,小朋友报出的数字"5",既可以表示他处在队列的第5位,也可以表示包括他和他前面的小朋友的个数——总共5个。由此可见,每一个自然数都有双重含义:既可以表示基数,也可以表示序数。

五、数数

数数,也称"计数",是指在被数的物体集合中的元素和自然数列里从"1"开始的自然数之间建立一一对应关系的过程。即将口说数字、手点物体、使用数词和要数的单位物体之间一一对应,结果用数字表示出来。

作为一种活动来说,数数是一种有目的、有方法、有结果的活动;其目的就是确定物体的数量,其方法就是手口一致地点数,其结果则表现为数的形式。

作为一种技能来说,数数涉及三个组成部分:用正确的顺序有声或无声地说出数词,能确认可用于计数的若干单位物体,能把数词和计数的单位物体一一对应。

美国心理学家、数学教育家格尔曼认为,幼儿在计数过程中必须遵循五条基本原则:一一对应原则,即幼儿在数数时,一个数值只能对应一个物体;固定顺序原则,即数与数之间有着一个不变的顺序,如用"1,2,3,4"的顺序去数一个集合后,再数另一个集合时,也应当是相同的顺序,而不可能是"3,2,1,4"的顺序;基数原则,即数到最后一个数时,这个数值就代表着这个集合含有的元素的个数;顺序无关原则,即一个集合的数目和从什么地方开始数没有关系,无论是从左往右数,从右往左数,还是从中间往两边数、转圈数,只要没有遗漏、没有重复,所得

第六章 幼儿初步数概念的发展与教育

到的结果都是一样的。抽象原则,即关于数数的原则可以用于任何事物。

六、数的组成

数的组成是指数的结构,包括组合和分解两个过程。数的组合,指除了"1"以外的任何一个自然数都是由两个或两个以上的数组成的;数的分解,指除了"1"以外的任何一个自然数都可以分成两个或两个以上的数。数的组成涉及数的分与合,反映了总数和部分数之间的辩证关系。具体说,涉及三个数群之间的等量、互补和互换关系。

等量关系。一个数群(总数)可以分成两个相等或不等的子群(部分数),即 $B=A+A'$。幼儿需要掌握的是一个数可以分成两个部分数,这两个数合起来就是原来的总数。

互补关系。一个数群(总数)分成的两个子数群,一边从下往上数,是逐一减少;另一边从下往上数,则是逐一增加。

互换关系。一个总数分解成的两个部分数,位置交换一下,总数是不变的,用公式表示就是 $B=A+A'=A'+A$。

第二节　幼儿10以内初步"数"概念的发展特点

一、幼儿计数能力的发展

幼儿的计数能力的大小标志着他们对数的实际意义的理解程度。计数活动是一种有目的、有手段、有结果的操作活动,开展计数活动能促进幼儿形成数的概念。

（一）计数活动的结构

从计数活动的结构来看,可以分为内容和动作两个方面。

1. 计数内容方面

计数的内容主要包括四个部分:依次说出数词、从集合中区分出每一个元素、使每个数词只和集合中的一个元素对应、说出总数。

2. 计数动作方面

动作主要包括手的动作和语言动作两方面。

手的动作方面。学习计数时,幼儿的手部动作呈现出以下情况:手触摸并移动物体——触摸但不移动物体——不触摸而用手在一定距离外指点物体——只用眼睛区分、点数物体,以眼代替手的动作。

语言动作方面。学习计数时,幼儿的语言动作呈现出以下情况:最初大声说出数词,然后小声说出数词,最后不出声地默数。

(二)幼儿计数能力发展的阶段性特点

根据幼儿计数的水平,我们把幼儿计数能力的发展过程分成以下几个阶段:

1. 口头数数

口头数数能力是指按顺序唱数自然数的能力。一般3岁左右的幼儿在成人的影响下能够按顺序机械地背出一些自然数。但该年龄段的幼儿还没有理解自然数的实际意义,尚未形成数词与事物之间的一一对应关系,往往不能正确地用这些数来表示物体的数量。具体表现为以下几点:

(1)一般只能从"1"开始往下数,若中途遇到干扰,数数就无法继续。

(2)不能从中间某数开始往下数,更不会倒着数。

(3)在口头数数时,常常有漏数或循环重复数的现象。但这种口头唱数能力的发展对幼儿学习计数有一定的积极意义,它能使幼儿知道数词的名称,掌握自然数的顺序,而这恰恰是正确计数所不能缺少的前提。

2. 按物点数

按数点物是指用手逐一指点物体,同时有顺序地逐个说出数词,使说出的每一个数词与手点的每一个物体一一对应。3岁左右的幼儿能用手逐一指点物体,同时有顺序地说出数词,但往往说不出总数。按物点数活动比口头数数活动要复杂。要做到正确的点数,需有多种感觉分析器的参与,当幼儿边点数实物边说出数词时,他的手、眼、口、脑需要协调。但4岁前的幼儿由于大脑皮层抑制机能较差,手眼动作不灵活,再加上口头数数不熟练,因此常常出现以下几种手口不一致的现象:

(1)口能从1~10顺着数,但手却不能按实物一个个地点,而是乱点。

(2)虽能按实物一个个地点,但口却乱说,如边点实物边说1,2,5,8,9,10等。

(3)口与手虽然能有节奏地配合,但不是一对一的配合,如:数两个数,点一个实物,或者数一个数,点两个实物。

3. 说出总数

是指幼儿按物点数后,能够用说出的最后一个数来代表所数过的物体的总数。一般4岁以后的幼儿大多能够数出10以内物体的总数。幼儿能手口一致点数并正确说出总数,标志着幼儿已经开始理解数的实际意义。幼儿知道将最后说出的数作为所数过的一个集合元素的总数,则意味着幼儿的计数能力发展到了一个新水平,即形成了最初的"数"概念。

4. 按数取物与按群计数

所谓按数取物,是指按照一定的数目拿取同样多的物体。这是对"数"概念的实际运用。所谓按群计数,是指计数时不是以单个物体为单位,而是以数群为单位,如两个两个地数,五个五个地数等。随着幼儿计数能力的发展,5岁后开始能按群计数,这表明幼儿"数"概念的抽象能力获得了更高的发展,因为数群概念是将代表一个物体群的数作为一个整体去把握,而不使用实物和逐一计数的方法确定物体群的数量。按群计数能力的提高为幼儿后续学习数的组成和加减运算奠定了基础。

从以上四个计数活动的发展阶段来看,可以把幼儿的计数活动概括为三种水平。

一是死记硬背式的计数。在入园前,部分幼儿已能有序地说出一串数字,但那是机械性的记忆,幼儿还不能用数字来标记实物的个数,即不懂数字与物体之间的一一对应关系。如,当问幼儿手里有几样东西时,他们的答案往往是猜出来的。

二是理解式的计数。幼儿学会了把数字和物体配对,说明幼儿已建立起了数与物之间的一一对应关系,但在计数过程中容易受物体大小、排列形式等因素的干扰。例如,当幼儿比较数量相等而体积大小不同的两组物体时,有些幼儿会错误地认为体积大的一组数量多,体积小的一组数量少;又如,他们也可能错误地认为同样数目的物体,排列松散的比排列紧凑的数目多。

三是持久等价式的计数。幼儿掌握了数的守恒后,若向其呈现排成一列的物体,然后改变物体的排列形式,幼儿仍能知道物体集合的数目是一样的。

二、幼儿 10 以内初步"数"概念发展的年龄特征①

(一)第一阶段(3岁左右)——对数量的感知动作阶段

这个阶段的特点是:第一,对数量有笼统的感知,幼儿能区分明显的大小、多少,对不明显的大小、多少,则不会区分;第二,会口头数数,但一般不超过10;第三,能逐步学会手口一致地点数5以内的实物,但点数后说不出物体的总数。

(二)第二阶段(4~5岁)——在数词和物体数量间建立联系的阶段

这个阶段的特点是:第一,能在点数实物后说出总数,即具备了最初的数群概念。本阶段末期开始出现数的"守恒"现象;第二,前期幼儿能分辨大小、多少、一样多;第三,能按数取物;第四,能逐步认识数与数之间的关系:有数序的概念,能比较数目大小,能应用实物进行数的组合和分解;第五,能做简单的实物

---

① 黄瑾.学前儿童数学教育(修订版).上海:华东师范大学出版社,2007

运算。

这一阶段幼儿已在较低水平上形成了"数"的概念。

(三)第三阶段(5~6岁)——简单的实物运算阶段

这个阶段的特点是:第一,对10以内的数大多能保持"守恒";第二,计算能力发展较快,大多幼儿已处在从表象运算向抽象的数字运算的过渡阶段;第三,在序数概念、基数概念、运算能力等方面都有不同程度的发展,到后期一般会100以内的数数,个别的还能学会20以内的加减运算。

三、幼儿初步"数"概念形成的标志

通常人们认为幼儿学会了数数,能依次序念数词,能按成人的要求拿取物体,并会比较其多少,即形成了"数"的概念。其实不然,幼儿"数"概念的形成是一个复杂的智力活动过程,这个过程是连续而有序的,且具有一定的标志。对于幼儿"数"概念形成的标志有两种不同的观点。

一种观点认为,幼儿"数"概念形成的标志:一是掌握10以内数的实际意义。包括理解10以内的基数(表示集合中元素的个数)和序数(表示集合中元素的顺序和位置)的意义;在判断物体的数量时,能不受物体大小、形状和排列形式等因素的干扰,正确确定物体的数量,即形成了数的守恒。二是理解10以内自然数的顺序。即懂得自然数中的任何一个数都比前一个数大1,比后一个小1,理解自然数的顺序是一个固定不变的体系。三是理解10以内数的组成。理解10以内数的组成,说明幼儿初步认识了数的结构,知道整体和部分的关系。

另一种观点则认为,幼儿"数"概念形成的标志是掌握了相邻数之间的关系和数的守恒,而且认为理解相邻数的关系是形成"数"概念的核心和关键。

其实这两种观点在本质上是相同的。掌握数的守恒,即意味着在判断物体数量时,不受物体大小、形状、空间排列形式等因素的干扰,正确理解数的实际意义。而掌握了相邻数的关系,也就自然地理解和懂得了自然数的顺序:前面一个数总比后面一个数小1,后一个数比前一个数大1,自然数的顺序是一个固定不变的体系。所以第二种观点实际上是对第一种观点的补充和具体说明。

第三节 幼儿10以内"数"概念的教学

幼儿"数"概念教学的内容主要有计数、基数、序数、数字(认读与书写)、数的组成等。

第六章 幼儿初步数概念的发展与教育

一、10 以内基数的教学

基数是表示集合中元素多少的数,是幼儿园数学教学的重点内容。帮助幼儿形成 10 以内基数概念,可以为其进一步学习加减运算奠定基础。

(一)10 以内基数的教学目标

1. 小班

(1)学会手口一致地点数数量在 4 以内的物体,并能说出总数,初步理解 4 以内基数的实际意义;

(2)能按数(4 以内)取物。

2. 中班

(1)能正确点数数量在 10 以内的物体,并说出总数,正确认识 10 以内基数的实际意义;

(2)能不受物体大小、形状、排列形式等因素的影响,正确判断 10 以内物体的数量;

(3)知道 10 以内相邻数的"多 1"与"少 1"关系。

3. 大班

(1)能够进行 10 以内数的倒着数、顺接数和倒接数,熟练地掌握 10 以内数的顺序;

(2)认识 10 以内数的相邻数,知道相邻数的关系;

(3)学习按数群记数。

(二)学前儿童 10 以内基数的教学方法

1. 数数

教幼儿学习 10 以内基数,对每个数需进行单独地教学,才能让幼儿掌握并巩固每个数的实际含义。

(1)按物点数。

按物点数是幼儿数数活动的基本方式。小班幼儿刚开始学习点数时,往往乱点乱数,因此需要教师示范,教会幼儿用右手食指从左向右(或从上向下)逐个点一个物体说出一个数词,训练幼儿手口一致点数的能力。为了防止幼儿数数时出现顺口溜的现象,教师可以出示一个物体,让幼儿说出一个数词,或移动一个物体,让幼儿说出一个数词,以此训练幼儿手和口的协调一致能力。

需要注意的是,点数后说出总数是一个连续完整的过程,但又不是同一过程。因为小班幼儿开始学习正确点数时往往不能说出总数是多少。因此,教师可以把点数和说出总数分步进行。开始让幼儿学会点数,由教师说出总数;然后在点数后由教师引导幼儿一起说总数；再由教师点数，让幼儿说总数；最后，让幼儿自己点数并说出总数。另外，在点数到最后一个物体时，教师要用手指围绕所点过数的物体划个圈，并提高声音，以突出和强调这个数就是物体的总数。

(2) 感官计数。

该方法用于复习10以内的数。感官计数主要是指运用听觉、触觉和运动觉等来感知物体数量的方法，此法可加深幼儿对数的意义的理解。如运用听觉感知某种声音发出的次数，教师可以用摇铃、击鼓、拍手、学动物叫等方式发出声响让幼儿数数。例如，教师拍一下手，幼儿大声数1，拍两下手，幼儿数2，最后让幼儿说出一共拍了几下。对中班幼儿，教师可让他们小声数或默数，以帮助他们准确感知并记住数量。运用听觉记数，连续进行的次数不宜过多，以免引起疲劳，分散注意力，影响效果。用运动觉感知自身运动的次数，如让幼儿记数自己拍手、拍球、踩脚的次数。但幼儿往往难以控制自己的动作，受惯性的影响，也易多做动作。如让幼儿拍三下手，幼儿往往会一连拍四下或五下，甚至一直拍个不停。初学时，可让幼儿跟着老师一起做动作，如老师拍一下，幼儿也拍一下。

另外，应当结合幼儿的实际水平，让幼儿将各种感官结合起来感知数量。例如，按声响报次数、从口袋里摸出相应数量的物体、从许多卡片中找出与声响次数相应的物体卡片、按声响次数跳等。

(3) 比较相邻数。

通过比较数的相等或不相等来练习数数，也是幼儿理解数的重要方法(即在一个数上添加或减少1后会形成一个新数)。这种方法有助于加深幼儿对数与数之间关系的理解。如教师将两组同等数量的物体一一对应摆放，让幼儿数数比较，确认一样多以后，再在其中一排物体上增加或减少一个同样的物体，让幼儿再数一共有几个。这样，既能提高幼儿数数和灵活地进行一一对应的能力，也能让幼儿很直观地看到一个新数的形成。为了强调新数的形成是在相邻数上加1或减1的结果，教师还可以将添上或拿走的物体再拿走或添上，让幼儿清楚地看到去掉1或加上1还是原来的数。最初运用这种方法时，整个过程可先由教师操作并提问，幼儿回答，然后再由幼儿操作和回答。最后教师可让幼儿概括地说出1个加上1个是2个，2个多，1个少(小班不要求说出多几个，少几个)等。

(4) 按数取(找)物。

教师可设计安排各种按数取(找)物活动，让幼儿练习数数，以加深幼儿对数的实际意义的理解。活动设计如下：①出示一定数量的实物或实物卡片，要求幼儿拿出与其数量相等的物体。如教师在桌上摆上两辆小汽车，要求幼儿从小盒里拿出同样数量的小汽车。②让幼儿按声响的次数拿出与其数量相等的物体。③教师给出数字，要求幼儿取出相应数量的物体。

2. 10 以内的顺倒数

顺数是指按自然数列顺序进行数数,而倒数是指按与自然数列顺序相反的方向数数。学习 10 以内的顺倒数不仅可以使幼儿掌握 10 以内数量的排列顺序,还可使幼儿从相反的方向掌握自然数的顺序,发展幼儿的逆向思维能力,让幼儿体验序列之间的可逆性和传递性,同时为幼儿学习加减法运算打下基础。

幼儿学习 10 以内的倒数可分两个阶段进行,先教会 5 至 1 的倒数,再学从 10 到 1 的倒数。开始学习倒数时,应结合实物教具,首先把实物按 1~5 的顺序从左到右顺着排成 5 列,让幼儿看着实物复习从 1 至 5 的顺数。然后引导幼儿从 5 数到 1,同时使幼儿知道倒数时,是按由大到小的顺序进行,后面一个数比前面一个数少 1 个。最后让幼儿根据实物下面所配上的相应数字,练习顺数和倒数。

幼儿理解倒数的含义后,可通过各种方法练习倒数。例如:

(1)顺口溜。例如,1,2,3,4,5,上山打老虎,5,4,3,2,1,老虎进洞里……

(2)接数游戏。接数包括顺接数和倒接数,接数活动有利于幼儿理解数的顺序。例如,一个幼儿数 10,9,8,另一个接着数 7,6,5。两个幼儿还可以交叉倒数,幼儿甲说 10,幼儿乙说 9,甲说 8,乙说 7……

(3)数字接龙。例如,让幼儿将点字卡或数字卡按照 10 至 1 的顺序一张张地排列。

3. 认识相邻数

一个数的前后两个数是这个数的相邻数,任何一个数(除 1 外)都比前面一个数大 1,比后面一个数小 1。

开始进行相邻数的教学时,主要采用观察比较的方法。将三组教具并列,摆成直线式,以便比较和讲解。讲解的关键是以中间一组教具为中心(如图 6-1),先与前面一组比较,再与后面一组比较。难点是语言的运用,要以中间数为中心,讲清它是多 1 个还是少 1 个,数字是大还是小,还要讲清中间数与前后两数的位置关系。

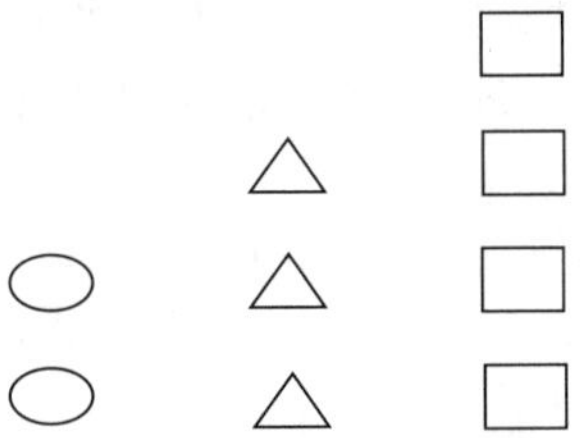

图 6-1

其具体步骤包括:

第一步,以认数的方式,出示相邻数的实物或教具图。

第二步,引入观察,比较前后相邻数之间的关系。

第三步,小结,进行3个相邻数之间的连续比较讲解。

第四步,通过活动,巩固幼儿对相邻数的认识。

教幼儿学习相邻数,可采用长条点卡作教具,让幼儿较为直观形象地比较出三张点卡之间的数量关系(多1,少1),从而帮助幼儿理解数与数之间的等差关系及一个数在数列中所表现出的双重性。

4.认识数的守恒

认识数的守恒是中班的教学内容。对幼儿进行数守恒的教学,应在幼儿实际掌握了10以内基数的意义的基础上进行。

幼儿在3岁前几乎不能理解数的守恒,3岁以后达到守恒的幼儿逐渐增加,6岁以后大多数幼儿能基本掌握数的守恒。

学习数的守恒,主要要求幼儿理解不管是什么物体,不管它们的颜色、大小、形状及摆放形式有什么不同,只要其数量没有发生变化,它们就是一样多的。教幼儿学习数守恒的方法很多。

(1)首先可用同样颜色、形状、大小的物体,通过改变其排列形式教幼儿学习数的守恒。如同数异长、同数异位、异数等长。

(2)然后再用不同样颜色、形状、大小的物体,通过改变其排列形式让幼儿学习数的守恒。

(三)教幼儿学习10以内基数的教学范例

教学活动案例1

活动名称:给娃娃送水果(小班)

活动目标

1.能手口一致地点数3以内的数,正确感知3以内的数量。

2.能用重叠对应、并放对应的方法比较两组物体数量的多、少和一样多。

3.能用简单的语言边做边讲,会按要求整理活动材料。

活动准备

木偶1个,娃娃卡片、标记图、礼物图片若干。

活动过程

1.创设乐乐的生日情境,感知3以内的数。

(1)教师出示木偶乐乐:今天是我的生日,小朋友和我一起唱歌跳舞吧!

(2)师幼随音乐跳舞。

(3)教师出示娃娃卡片:看,娃娃们也来祝贺我的生日了!来了几位小娃娃?

第六章 幼儿初步数概念的发展与教育

我们一起数一数，1,2,3,画个圈,有 3 个。

(4)教师带领幼儿学习点数,引导幼儿正确感知 3 以内的数量。

2.送礼物给娃娃,一一对应比较多少。

(1)在标记图上排排队。

教师出示标记图:快！我们要把礼物送给娃娃们,先请娃娃们站在这儿排队吧！

教师指标记图:看看,娃娃应该从哪里开始排队呢？谁来试试？

集体讨论。教师观察个别幼儿的操作。小娃娃排队的方法:在小红旗的旁边、黑线的上面依次摆放小娃娃。

(2)送苹果给娃娃。

教师出示 3 个苹果:数数有几个苹果？怎样给小娃娃送苹果？

教师带领幼儿练习手口一致点数 3 以内的数。并请个别幼儿示范重叠对应摆放。例如,将苹果放在娃娃的身上。

教师引导幼儿观察并和操作的幼儿一起说:一个娃娃送一个苹果。

观察、比较两组物体数量的多少。

教师:每个娃娃都有苹果吗？娃娃和苹果哪个多,哪个少？

3.分组操作活动。

(1)教师介绍各组礼物和活动规则:先数数有几个娃娃,在标记图的黑线上面摆放娃娃卡片;再数数有几个礼物,在标记图的黑线下面摆放礼物卡片,一边摆一边说。取卡片的时候,先将标记图黑线上面的娃娃卡片放回小盘里,再将标记图黑线下面的礼物卡片送回小盘里。

(2)幼儿自主选择送水果、送玩具、送糖果等操作活动。一组活动结束后,再换另一组活动。

4.说说"我送的礼物"。

(1)展示个别幼儿的操作材料。

教师:看看。他送的礼物对吗？礼物是一样多吗？

(2)教师再次引导幼儿观察、比较两组物品的多、少、一样多。

(选自《幼儿园渗透式领域课程 科学·艺术 教师用书 小班上》南京师范大学出版社 2009 年 5 月第 2 版)

教学活动案例 2

活动名称：上上下下的电梯（大班）

活动目标

1. 学习比较 10 以内数的顺数和倒数的异同，知道顺数时后面一个数比前面一个数多 1，倒数时前面一个数比后面一个数少 1。

2. 能从 10 以内任意一个数开始进行顺数和倒数。

3. 对生活中的顺数、倒数现象感兴趣。

活动准备

楼房图（10 层楼，每层的距离比数卡高度略高）1 张，小猴卡片、1~10 的点卡和数卡若干。

活动过程

1. 给小猴家的楼房编号。

(1)教师出示一张 10 层楼房图，请幼儿为小猴家的楼房编楼层号。

教师：小猴家的这幢楼有几层？我们帮小猴把这幢楼的楼层编号吧。

(2)请幼儿用数卡逐层贴上楼层号，贴好后说说每层的顺序，知道小猴家住第 10 层（楼房的左侧贴 1~10 的数卡，楼房的右侧横着贴 1~10 的点卡）。

(3)教师引导幼儿观察后总结：从下往上数楼层时，楼层的数字一个比一个大 1；从上往下数楼层时，楼层的数字一个比一个小 1。

2. 以"小猴回家"为由，说说顺数的排列顺序。

(1)请幼儿想一想、说一说小猴回家乘坐电梯上楼时经过的楼层。

教师：小猴放学回家上楼时，会经过哪些楼层呢？

(2)集体按顺序说出小猴经过的楼层。

3. 以"小猴上学去"为由，说出倒数的排列顺序。

(1)请幼儿想一想、说一说小猴上学乘坐电梯下楼时经过的楼层。

教师：小猴要上学去啦，它下楼时要经过哪些楼层呢？

(2)教师移动小猴卡片，幼儿按顺序说说小猴经过的楼层。

教师小结：小猴上楼时是从 1 楼到 10 楼，楼层越来越高，所用的数字也越来越大；小猴下楼时是从 10 楼到 1 楼，楼层越来越低，所用的数字也就越来越小。

4. 生活中的顺数和倒数。

(1)师幼讨论：说说倒数在生活中的运用（火箭发射、红绿灯、微波炉等）。

教师：在我们的生活中有哪些事是倒着数的？

(2)教师举某一事情，让幼儿说出倒数的过程。如火箭准备发射："10 秒钟倒计时开始……"等红灯："现在还有 15 秒，请接着说出红灯数字的变化……"

(3)请幼儿回家后注意观察身边还有哪些顺数和倒数的事，第二天回到幼儿园时告诉大家。

（选自《幼儿园渗透式领域课程 科学·艺术 教师用书 大班上》，南京师范大学出版社，2009年12月）

教学活动案例3

活动名称：给朋友送信（中班）

活动目标
1. 能正确判断9以内的数量。
2. 知道相邻两数之间的关系（后面一个数比前面一个数大1，前面一个数比后面一个数小1）。
3. 能按要求进行操作活动。

活动准备
5只瓢虫（背上分别贴有5～9个点子）、5座房子（房顶上分别贴有数字5～9）图片，花环若干。

活动过程
1. 正确判断9以内的数量。
（1）教师出示教具瓢虫。
教师：春天到了，小瓢虫都跑出来玩了。这些瓢虫一样吗？哪里不一样？
教师引导幼儿观察瓢虫身上的点子，并要求其准确说出点子的数目。
（2）教师出示教具房子，引导幼儿观察。
教师：这些房子就是瓢虫的家，你能帮助它们找到自己的家吗？
教师引导幼儿按瓢虫背上的点数寻找相应的房子。
（3）幼儿阐述自己的理由。
2. 理解相邻两数之间的关系
（1）教师出示花环。
教师：今天是一只瓢虫的生日，小鸟准备了一个花环送给它。小鸟把花环送给了5号家的瓢虫，但5号瓢虫说："你送错了，今天是比我多1个点子的朋友过生日。"你知道这个花环应该送给几号家的瓢虫吗？
（2）教师请幼儿阐述自己的想法，并说明理由。
教师：5个点子添上一个点子就是6个点子，有6个点子的瓢虫住在6号家，所以花环应该送给6号家的瓢虫。
教师：6号家的瓢虫收到礼物后非常高兴，它觉得自己的快乐应该和好朋友一起分享,于是它留下了1个花环,对小鸟说:"请你把这个花环送个我的朋友,它背上的点子比我的要少1个。"小鸟一时不知道应该送给谁才好,你们知道吗?

(3)幼儿相互交流自己的想法,师幼共同验证。

(4)教师引导幼儿总结:比5多1的是6,比6少1的是5。

(选自《幼儿园渗透式领域课程 科学·艺术 教师用书 中班下》
南京师范大学出版社2009年12月第2版)

教学活动案例4

活动名称:变化的队形(中班)

活动目标

1.能不受物体形状、大小、排列形式的干扰,正确感知10以内的数量。

2.能探索用不同图形拼出图样上的物体,体验成功的快乐。

3.能注意倾听同伴的发言,并能用语言表达自己的想法。

活动准备

动物卡片(7只大象、8只小羊、9只蚂蚁)若干,排列队形如图所示。

活动过程

1.感受数的守恒。

(1)教师:森林里将要举办一场音乐会,小动物们都忙着准备自己的节目。你们看,它们排的队形多漂亮!

◇教师出示排列成三种队形的动物图片。

教师:舞台上有哪些动物?排出了什么样的队形?你觉得哪个队形的动物最多?哪个队形的动物最少?

幼儿相互交流自己的看法。

(2)教师针对幼儿的回答,进一步提问:你怎么知道是大象(小兔)多呢?

教师在明确幼儿的真实想法后,引导幼儿排除队伍排列方式的影响,从而正确判断动物的多与少。

2.引导幼儿运用已知经验正确判断10以内的数量。

(1)教师将刚才的三种队形变换一下,即把紧密的队形拉大、拉开,松散的队形集中,再次引导幼儿进行判断。

教师:动物们这次又变换了队形,这次又是谁最多,谁最少?

幼儿相互交流,并说出自己的答案。

(2)教师引导幼儿:比较数量的多少,要进行点数,在数量不变的情况下,不管队形如何变,其数量既不会增多也不会减少。

附图:

7只大象

8只小羊

9只蚂蚁:

(选自《幼儿园渗透式领域课程 科学·艺术 教师用书 中班下》
南京师范大学出版社2009年12月第2版)

二、10以内序数的教学

幼儿认识序数要以先认识基数为基础。幼儿认识序数的教学,一般安排在学习10以内基数以后进行。

(一)10以内序数的教学目标

使幼儿理解序数的含义,能用序数词正确表示10以内物体排列的次序。会从不同方向(从左到右、从右到左、从上到下、从下到上)正确辨认物体的排列次序。

(二)10以内序数的教学方法

1. 演示讲解

教师出示5个玩具动物,先让幼儿说说它们的名字,数数一共有几只小动物。接着进行序数的教学。教师要给小动物排队,边挪动小动物,边说:"我从左边开始,请小狗排在第一个,小兔排在第二个,小猴排在第三个,小熊排在第四个,小象排在第五个。"然后,教师反复提出"排在第几个",或"第×个是谁"的问题,让幼儿回答,以理解序数的含义。

2. 用计数的方法确定序数

在学习10以内序数时,幼儿往往不能立即说出物体在第几个位子上,对此教师应告诉幼儿用计数的方法来确定,从第一开始,第二、第三……

3. 说明序数的方向决定排列的位置

物体排列的位置可因起始的方向不同而不同。教幼儿学习序数,应注意说明从什么方向开始,如果从左到右,排在最左边的是第一个,反之最右边的是第一个。

4. 通过操作和游戏活动进行序数练习

帮助幼儿理解和掌握序数的活动方式很多,如"搬新房游戏","小明住在第一单元的第一层,小亮住在第一单元的第二层……"教师还可以组织幼儿玩"换位置"的游戏,先请几位幼儿到前面依次排好,请幼儿记住他们的排列次序;然后请大家闭上眼睛,教师调换其中两个小朋友的位置,让幼儿判断第几位小朋友和第几位小朋友换了位置。还有"坐火车游戏"等。

(三)10以内序数的教学范例

教学活动案例1

活动名称:运动场上(大班)

活动目标

1. 认识1~10的序数,能初步从不同的方向确定物体在序列中的位置。
2. 会用序数词较准确地表示物体在序列中的位置。
3. 能倾听别人的发言,关注和学习同伴确定物体位置的方法。

活动准备

1. 磁性板(或泡沫板)1个,上面画有10条跑道(见附图)。
2. 木偶大象(裁判),1~10大小数卡各1套(小数卡用于记录动物比赛的结果,大数卡用于记录跑道的位置)。

第六章 幼儿初步数概念的发展与教育

活动过程

1.引导幼儿观察运动场上有些什么(将动物随意散放在跑道上,不与跑道对应。)

(1)教师出示磁性板,引导幼儿观察。

教师:这是什么地方?有些什么?(运动场,有跑道,还有许多动物)

(2)引导幼儿观察跑道,确认各条跑道的序号。

教师:数一数,一共有几条跑道?(请个别幼儿说一说,然后再集体点数。)哪条跑道是第1道?你是怎么知道的?(从左边开始数,依次指其右边相邻的跑道,问是第几条跑道,依次问到第10条跑道)

(3)引导幼儿用数字标出跑道的位置。

教师:谁会用数字给每条跑道做个标记呢?(请一位幼儿来操作)

教师手指跑道上的数字5:"5"放在这里表示什么意思?我们平时用"5"可以表示什么?

教师再指一个数字7:"7"在这里表示什么意思?(再次帮助幼儿理解数字在序列中的意义)现在你知道数字有几个作用了?(有两个作用:表示物体的数量,表示物体的位置)

2.帮助小动物做赛前准备。

教师出示木偶大象,以裁判的身份提出赛道准备的要求:请运动员站在自己的跑道上,做好比赛准备。第1道,小兔。请个别幼儿上来帮助小兔找到自己的跑道并站好,再把其他动物放在不同跑道上(不要按照顺序说,让幼儿找出对应的跑道)。

请幼儿帮助大象检查小动物们站得是否正确,并引导幼儿说说小动物各自站在第几跑道上。

3.比赛开始后,引导幼儿判断比赛的情况。

(1)教师移动动物的位置,让幼儿看看比赛中的情况。

教师:比赛进行了一半,小朋友们看看谁跑在第1位?你是从哪里看出来的?(离终点线最近的是第1位)再看看其他动物各跑在第几位?

(2)再次移动动物的位置,展示比赛结果。鼓励幼儿仔细观察,判定每个动物比赛的成绩。

教师:比赛结束了,谁得了第1名?其他动物各自得了第几名?第几跑道的什么动物跑在第几名?

(3)尝试用数字记录动物们比赛的结果。

教师:谁能告诉大家参加运动会的小动物们各自得了第几名?(集体说一说动物们比赛的结果。)

师幼讨论:通过这次比赛,小猫有了两个数字朋友(表示跑道位置和比赛结果),它们各是什么意思?

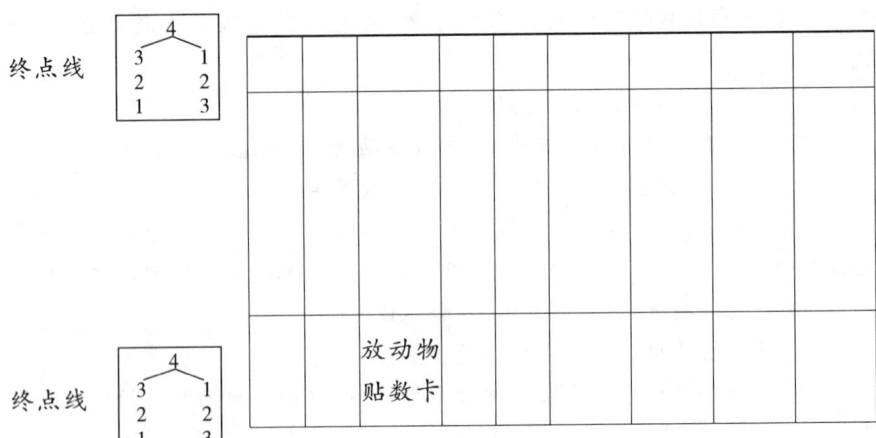

(选自《幼儿园渗透式领域课程 科学·艺术 教师用书 大班上》
南京师范大学出版社,2009年12月)

三、10以内数的组成教学

教幼儿学习数的组成知识,不仅可以使幼儿掌握数的组合与分解,而且有助于幼儿理解整体与部分、部分与部分之间的关系,从而加深对"数"概念的理解,并为学习加减运算奠定基础。该内容是大班幼儿学习的重点。

(一)10以内数的组成的教学目标

让幼儿理解数的组成的含义,知道"2"以上各数都可以分成两个数,两个数合起来就是原来的数;知道一个数比它分成的两个数都大,分成的两个数都比原来的数小;懂得分成的两个数之间的互换和互补关系,并掌握10以内各数的全部组成形式。

(二)学前儿童10以内数的组成的教学方法

1. 教师讲解演示,引导幼儿操作

学习数的组成要在教师讲解演示的基础上进行。幼儿在操作过程中会逐步体会到一个数可以分成两个数,两个数合起来就是原来的这个数,从而理解数的组成的含义,掌握数的组成形式。

例如,学习"4"的组成,可通过提供4只塑料苹果,要求分给小狗、小兔吃进行。先让幼儿动手操作,要求两只小动物分得的数量不一样。然后根据幼儿的操作情况,进行讲解演示,出示教具图(图6-2),请幼儿回答自己分的情况。

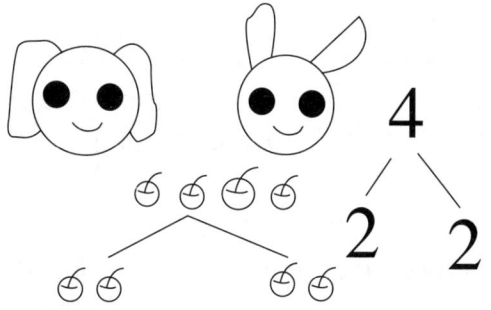

图 6-2

然后,演示讲解:4 只苹果分成 1 只和 3 只,也就是把 4 分成 1 和 3。教师再要求幼儿把苹果合起来,演示讲解:1 只和 3 只合起来还是 4 只,1 和 3 合起来是 4。最后,教师引导幼儿把组成式子按顺序整理好(如图 6-3、6-4 所示),并总结"4"的三种分合方法,带领幼儿复习巩固"4"的分合。

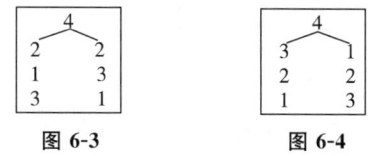

图 6-3　　　　图 6-4

2. 启发幼儿探索互换与互补的规律

在"数的组成"教学中,互补与互换规律是教学的重、难点。在幼儿学习了较小数的组成,基本掌握了数的分合关系以后,教师应帮助幼儿归纳数的组成中两个部分数之间的互补和互换的规律。下面以"5"的组成为例,结合演示教具,步骤归纳如下:

(1)互换关系(图 6-5)。

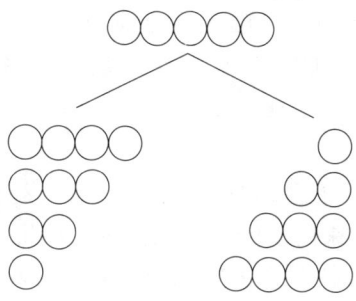

图 6-5

第一步,启发幼儿找出圆点数一样而位置不一样的教具图。4 个圆点和 1 个圆点的一组,与下面的 1 个圆点和 4 个圆点的一组,圆点数一样,位置不一样。

第二步,拿走 1 个圆点与 4 个圆点的一组教具图,演示讲解:看到 4 个与 1

个,就可想到1个与4个。

第三步,继续寻找其他圆点数一样而位置不一样的圆点组。

第四步,归纳总结出"5"的数字分解图,总结出5可以分成4和1、3和2,还可以分成1和4、2和3。而4和1、1和4、3和2、2和3合起来都是5。

(2)互补关系(图6-6)。

第一步,根据"5"的组成的教具图,启发幼儿观察教具两边之间的关系。可以提问幼儿:"找找看,两边的数字有什么秘密?"在幼儿探索发现的基础上,再进行归纳,即左边从上到下一个比一个少1,而右边从上到下一个比一个多1。

第二步,讲述这样分解的优点,既有次序,很整齐,也记得牢,不会漏掉,不会重复,分的速度也快。

第三步,讲解"5"的组成式子,即左边从上到下数字一个比一个小1,右边数字一个比一个大1。

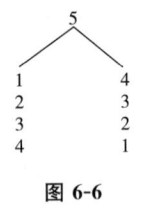

图 6-6

3.运用组成规律学习新的组成知识

在幼儿掌握数组成的互换规律后,可以让幼儿根据互换规律学习新的组成知识。如学习6的组成,教师演示讲解5与1、4与2、3与3的分法,然后让幼儿运用互换规律,操作并讲出1与5、2与4的两组分法,从而掌握6的全部分解形式。

运用组成规律学习新的组成知识,对于促进幼儿知识的正迁移是一种十分有效的方法,它能培养幼儿的推理能力,激发幼儿学习数学的兴趣。

4.利用游戏活动掌握数的组成

(1)口头练习。

① 数。例如,学习5的组成,"小朋友,小朋友,我来问问你,5可以分成4和几?""小朋友,小朋友,我来问问你,5可以分成3和几?"……

② 儿歌。例如,老师唱:"一袋苹果一袋梨,苹果和梨共7个,6个苹果几个梨?"幼儿接唱:"6个苹果1个梨"。可以结合拍手动作进行。

又如10的组成歌:

10只鸭子水中游,9和1,1和9;

10只鸭子嘎嘎嘎,8和2,2和8;

10只鸭子笑嘻嘻,7和3,3和7;

10只鸭子顺水游,6和4,4和6;

10只鸭子来跳舞,最后一组5和5。

(2)找数练习。

① 举数卡。每人一套1~10的数字卡片,老师对幼儿提出要求:"我出一张卡片,你们找一张数字卡片,正好与老师找的卡片上的数字合起来是8。"老师出示有3的卡片,幼儿找出有5的卡片举起来……

② 找位置。每人一张数字卡片,每把椅子上也有写着10以内数字的一张卡片,要求幼儿找出一把椅子上的数字与自己的数字合起来是老师出示的数字。例如,老师出示5,如果幼儿的卡片是3,就要找数字是2的椅子坐下;是1的,则要找数字是4的椅子坐下。

③ 找朋友。每人10以内的数字卡一张,若老师出示9,则持数字卡4的幼儿去找一个持数字卡5的幼儿,结为一组……

(3)涂色练习。

如图6-7所示,在合起来是5的地方涂上喜欢的颜色,涂对了就有小动物出来与你做朋友;涂错了,它就不出来了。

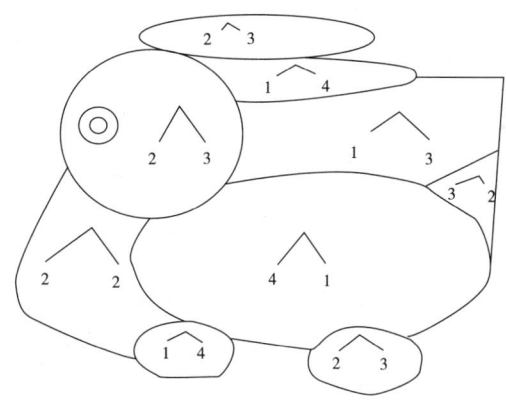

图 6-7

4.教学中应注意的问题

第一,教一个数的组成,首先要让幼儿感知这个数。例如,教5的组成,先出示5个教具,然后再对5个教具进行分与合的练习。如果出示的是数字,则应先出示数字5,使幼儿感知到是进行5的分与合练习。

第二,在教一个数的组成时,一定要既讲分解,也讲组合,以使幼儿理解分与合的互逆关系。

第三,在数的组成教学中,从实物的分合到数的分合都要用正确的语言描述。例如,3的组成:3个苹果分成2个和1个,3可以分成2和1;2个和1个合起来是 3 个,2 和 1 合起来就是 3。

(三)教幼儿 10 以内数的组成的教学范例

教学活动案例 1

活动名称:撒花片(大班)

活动目标

1. 能用自己的方式记录撒花片的结果,初步感知 5 的组成。
2. 能发现将 5 个花片分成两份会有不同的答案。
3. 能观察发现同伴的不同的记录方式,学习同伴解决问题的方法。

活动准备

幼儿人手 1 个小筐或小纸盒,内装有 5 个双色花片(将形状、大小相同的红、绿两个花片黏在一起),两张空白记录单,铅笔、水彩笔若干。

活动过程

1. 引导幼儿观察"双色花片"。

教师:数一数,你的盘子里有多少花片?看一看,盘中的花片和平常见到的花片是否一样,有什么不同?

2. 游戏"撒花片"。

(1)撒一撒。

教师示范并介绍活动要求:把 5 个花片抓在手里,轻轻地撒在小筐里,看看有几个是红色且面朝上的,有几个是绿色且面朝下的。

(2)记得清。

教师:请小朋友拿出记录单,把花片撒出的结果记在记录单上。每人撒 5 次花片,每次都拿 5 片花片,撒一次,记录一次,记录的结果要和撒出的结果一样。想一想,怎样记才能让别人看明白?

(3)幼儿游戏,教师注意观察幼儿是否按要求进行活动。提醒幼儿每次要将 5 个花片全部抓在手里再撒;撒好后要及时记录撒出的结果,记的和撒的结果应相同,每人要撒 5 次。

3. 展示、交流。

(1)展示幼儿的记录单,让幼儿找找自己喜欢的、能看得明白的记录单,鼓励幼儿学习同伴的记录方式。

教师:你能看明白哪张记录单?他是怎样记的?

(2)引导幼儿发现同伴的好的记录方法:如有做红绿标记后再用数字记录的,也有直接用红绿点表示的,还有用红色和绿色数字记录的等。

(3)集体观察 2~3 张记录单,并请幼儿向大家介绍自己的游戏情况,找一找记录单上有没有相同的记录,有哪些不同的记录。

4. 集体玩游戏"双色花片变化多"。

(1)幼儿再次游戏。教师鼓励幼儿在记录时要善于吸取同伴的好的经验。

(2)请个别幼儿介绍自己撒花片的结果,教师在黑板上用数字记录,并让其他幼儿补充,让幼儿初步感知将5个双色花片撒下会有不同的结果。

师幼共同小结。撒5片花片有哪些结果,有哪些方法记录。

(选自《幼儿园渗透式领域课程 科学·艺术 教师用书 大班上》南京师范大学出版社,2009年12月)

四、10以内数的认读与书写的教学

(一)10以内数的认读与书写的教学目标

数字是表示数的一种符号。幼儿学习认读和书写数字能巩固其对10以内数的认识,提高对数的抽象性的理解。数字所表示的物体数量就是数的实际含义,学习数字应在理解数的实际含义的基础上进行。因此,中班幼儿可结合认识10以内数认读10以内数字,大班幼儿可学习书写数字。具体目标是:

中班幼儿能够正确认读阿拉伯数字1~10,并能用数字正确表示10以内物体的数量。

大班幼儿学会正确书写1~10的阿拉伯数字,掌握正确的笔顺,字迹工整、规范、姿势、握笔方法正确。

(二)10以内数的认读与书写的教学方法

1. 数字的认读

(1)以形象的比喻认记数形。教师出示数字符号,幼儿利用所熟悉的事物与数字形象进行比较。如"1"像小棍、"2"像小鸭、"3"像耳朵、"4"像小旗、"5"像称钩、"6"像哨子、"7"像镰刀、"8"像麻花、"9"像气球、"10"像小棍和鸡蛋,这种方法能使幼儿比较容易记住数字的字形。

(2)区分形近数字。由于幼儿方位知觉发展还不够完善,观察不够仔细,对"2"和"5"、"6"和"9"等字形相近的数字往往容易混淆,因此,教师要帮助幼儿分析和区别。

(3)跟读,念准字音。在认识字形的基础上,帮助幼儿读准字音,特别是一些平翘舌音。如"3"(san)容易读作(shan),"4"(si)幼儿易读为(shi),"7"(qi)往往易读成(xi)等。因此,要求幼儿用普通话读准字音。

2. 数字的书写

(1) 书写常规的讲解与练习。在幼儿书写数字前,教师应先对其进行与写字有关的一系列常规的教育,还可以适当安排一些时间进行练习。这样,在教幼儿正式书写数字时,幼儿就能把注意力集中在所写数字的要求上。对写数字的常规和姿势问题,教师只要提醒强调,检查幼儿的执行情况,就可以了。

(2) 教师示范。书写数字教学中的示范讲解主要是对字形特点和结构的示范讲解。教师在黑板上日字格里示范讲解书写数字的字形特点与结构、数字在日字格中的位置,以及书写数字的笔顺,如从何处起笔,向何方向移动,何处转笔、何处停笔等。还要讲清竖要直、横要平、字要端正等要求。

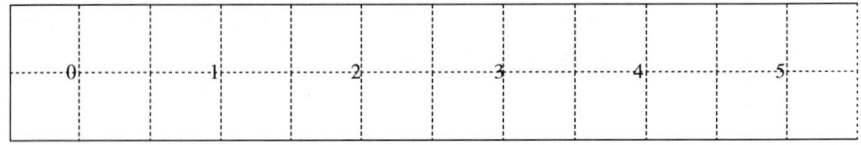

图 6-8

(2) 书空练习。教师进行示范讲解后,要求全体幼儿用右手食指在本子或在本子的范体字上,按照数字的笔顺要求进行书空练习,以熟悉笔顺和笔画。书空练习能够帮助幼儿进一步明确数字的结构特点及笔顺次序,也能够使教师及时发现幼儿的差错,从而及时纠错与指导。

▶阅读推荐◀

1. 闫传学、于忠惠. 幼儿数学教学指导用书. 北京:北京师范大学出版社,2010

2. 莫雷、邹艳春. 3~5岁幼儿一位数大小比较的信息加工模式. 心理学报,2003(4)

3. 方格、田学红、毕鸿燕. 幼儿对数的认知及其策略. 心理学报,2001(1)

▶思考与探索◀

1. 简述学前儿童初步"数"概念发展的一般规律。
2. 学前儿童计数活动应遵循的原则是什么?
3. 学前儿童计数能力发展在内容和动作方面的特点各是什么?
4. 4~5岁学前儿童初步"数"概念发展的特征是什么?了解该问题对教学活动的开展有何意义?
5. 如何引导学前儿童学习10以内的基数和序数,并探索10以内数的组成?
6. 设计一个学前儿童数量守恒的教学活动方案。

第七章
幼儿10以内加减运算能力的发展与教育

【内容提要】本章首先介绍了关于加减运算的一些基本知识；其次，从幼儿心理发展的角度分析了幼儿加减运算能力发展的一般趋势和年龄特征，总结了幼儿学习口述应用题的意义和学习的特点；最后，依据幼儿发展的特点，从实物加减运算、列式加减运算和口述应用题三个方面分别介绍了它们各自的教学目标、教学方法及教学案例等。

【学习目标】：通过本章学习，(1)了解幼儿10以内加减运算能力发展的一般规律；(2)了解幼儿10以内加减运算能力发展的年龄特征；(3)了解幼儿学习口述应用题的意义及学习的特点；(4)掌握幼儿10以内加减运算的教学方法。

第一节 关于加减运算的基本知识

教幼儿学习简单的10以内数的加减运算是幼儿园数学教育的重要内容。其实，幼儿在学习加减运算之前，就已经在生活中或多或少地遇到过感性的加减运算问题，从而积累了一定的经验，这些经验是他们学习加减运算的重要基础。

一、加法运算

加法运算的构成要素由加数（两个或两个以上）、加号"＋"、等号"＝"与"和"构成。其中，加法运算的结果即为"和"。在加法运算中，任意交换加数的位置，其和是不变的。

二、减法运算

减法运算的构成要素由被减数、减号"－"、减数、等号"＝"与"差"组成。整体数被称为"被减数",被从整体中减去的部分数被称为"减数",减法运算所得的结果叫"差"。

第二节 幼儿加减运算能力的发展

一、幼儿加减运算能力发展的一般过程

幼儿加减运算能力的发展,有一个从由具体到抽象,由逐一加减到按群加减的过程。这两个方面的发展过程,均从不同角度反映了幼儿思维抽象性发展的过程和水平。因此,对幼儿加减运算能力的一般发展过程进行研究,将有助于教师指导幼儿学习10以内数的加减运算。

(一)从具体加减运算到抽象加减运算

1. 动作水平的加减运算

动作水平的加减运算是指以实物等直观材料为工具,借合并、分开等动作进行的加减运算。在实物加减发展阶段,幼儿必须借助于具体的物或材料,通过演示动作或动手摆弄操作才能进行加减问题的运算。所有的孩子都要经历这一过程,并在这一水平上停留相当长的一段时间,成人不可能也不必要人为地缩短孩子的这个过程。对学前儿童来说,没有积累丰富的动作水平的加减操作经验,他们就很难进入表象水平的运算阶段。当学前儿童处于动作水平的加减运算时,教育者可多利用生活中的物品来和孩子做计算的游戏。比如,家里原来有3个人,今天来了2个客人,让孩子数一数,家里现在一共有几个人;爸爸、妈妈、孩子每人手里拿1个苹果,果盘里还有1个苹果,让孩子算一算,妈妈今天一共买了几个苹果等。

2. 表象水平的加减运算

这不是借助于直观的动作,而是利用在头脑中已积累的关于事物的形象化的表象进行的加减运算。运用表象进行加减运算是幼儿学习加减法的主要方式。最典型的形式就是口述应用题,这是因为幼儿不认识字,所以,只能学习口述应用题。应用题由数量关系和情节两部分构成。从心理学的观点来看,应用题的情节为儿童的表象活动提供了素材,它和纯粹用数字与符号组成的加减算式最明显的区别就是将应用题寓于情境之中。儿童借助于应用题的情节,就能引起头脑中对过去熟悉的生活情境的回忆,唤起头脑中积极的表象活动,从而促进幼儿对题意和数量关系的理解。另外,口头应用题的情境性和趣味性能引起儿童的学习兴趣。

例如:航航的妈妈问5岁的航航:"今天你吃了几颗糖?"航航转着眼珠嘀咕

着:"今天上午吃了7颗糖,下午又吃了2颗,那就是(他低下头看看自己的两个手指)8,9,没错,妈妈,今天吃了9颗糖。"

在这个事例中,航航不需要把糖拿出来点数,仅在头脑里回忆出先吃了7颗糖,用两个手指代表下午又吃了2颗,再以7为起点,看着手指逐一计数就得出了运算结果。这一运算不需要用实物从头逐一点数,只借助物体在头脑中的表象就能算出。但航航运用的实际上是"顺接数"的方法(即在7的基础上继续数),还不是在概念水平上进行的加减运算(即把7和2两个数群相加)。处于这一阶段的孩子已经对加减运算的实际意义有了一定的了解,只是没有将数的计算概括到符号层面而已。

3.概念水平的加减运算

是指幼儿不需借助直观的实物或以表象为依托,而直接运用抽象的"数"概念进行的加减运算。学前期的幼儿大多还处于动作水平和表象水平两种运算水平。而作为最高水平的运算——概念水平的加减是以数群与数群的关系为基础的,表现为幼儿能直接进行口头或书面的加减列试题运算。在这一运算水平上,幼儿知道同一道算式可以代表众多的类似情景(如"3+1=?"的算式可以表示无数个具体的事情),而且还能自如地运用算式进行运算。

例如,教师在出示绒布教具鸟的同时叙述:有3只小鸟落在了树枝上,现在又来了1只,现在树枝上一共有几只小鸟?这是具体水平的运算,因为有教具呈现在眼前,幼儿可凭直觉计算出小鸟的数量。如果不出示小鸟,只口述这道应用题,那么,这就是表象水平的加减运算题。幼儿凭借教师的口头叙述,引起头脑中小鸟数量的表象,从而进行运算。如果教师口述或出示数字试题3+1=?舍去了所有可凭借的直观和表象的形象,那么,就是抽象的数字加减运算。

(二)从逐一加减到按数群加减

从形式上看这一过程似乎是一个运算方法问题,但实质上它反映了学前儿童进行加减运算的抽象思维水平。

1.逐一加减运算

逐一加减运算就是用计数的方法进行的加减运算。进行加法运算是先将两组物体合并在一起,再逐一计数它们一共有几个;或者是先计数第一堆物体的个数,再以第一堆的最后一个数为起点继续计数第二堆。进行减法运算是先将要减去的物体取走,再逐一计数剩下的物体的个数。显然这不是以数群概念进行的运算,是初级水平的加减运算。如3只兔子加2只兔子,就数成"3,4,5",一共有5只兔子。减法则是从被减数开始逐一倒数,数到要减去的数量为止,如5只兔子跑走2只还剩几只?算法是"4,3",还剩下3只。

2. 按数群加减运算

按数群加减是指幼儿能够把数作为一个整体,从抽象的数群出发而进行的数群间的加减运算。只有当幼儿掌握了10以内的数的组成后,才能逐渐达到按数群加减的水平。例如,3块积木加上2块积木,一共有几块积木。幼儿要算出"3+2"等于几时,他根据数的组成知识,思考3与2合起来是5,他马上算出3加2是5。如果有5个桃子,给弟弟2个,问还剩几时,幼儿头脑会思考5可以分成2和3,去掉2个还剩3个,所以马上能够算出还剩3个桃子。可见幼儿学会了数的组成与分解后,数群概念得到了发展,就为摆脱逐一计数的加减运算方法,而按数群进行运算创造了条件。

二、幼儿加减运算能力发展的年龄特征

(一)3~4岁

一般来说,这一年龄阶段的孩子基本上不会加减运算,他们不懂加减的含义,更不会使用"+"、"-"、"="等运算符号,也不会自己动手分开或合并实物进行加减运算。但在成人的帮助下,他们能解答一些与生活实际密切联系的5以内的口述应用题。如问幼儿:妈妈昨天给你买了两本图画书,今天又买了一本,你现在一共有几本图画书呢,幼儿马上会回答是3本。又如:盒子里有两个红玻璃球和一个蓝玻璃球,你说盒子里共有几个玻璃球呢,幼儿逐一计数,能够回答出来。但若问幼儿2+1等于多少,幼儿一般不能回答出,且不感兴趣。

有人做过这样的测试:2岁半以下的幼儿先拿1个木块,再添上1个木块,问一共有几个木块,只有三分之一的儿童能答对。有三分之一的儿童不会拿,或者先抓一把,再抓一把;或者先拿来1个,然后又拿走了,也说不出有几个。还有三分之一的儿童在测试者引导下能操作,但说不清一共有几个木块。如果让儿童先拿1个,再添上2个,则只有16.7%的儿童能够操作,但说不出一共是3个。有少数儿童还是先拿1个,再拿1个,说一共是2个。这表明这些年幼儿童只认识数目2。减法的实物操作有类似的情况。超过2岁半而不满3岁的儿童,有83.3%的人能进行"1+1"、"2-1"的实物操作,但当测试者提出"1+2"、"4-2"之类的实物操作要求时,能做对的很少。在出示需要用"1+1"或"2-1"计算的实际问题时,2岁半以下的儿童基本上不会做,而且占83.3%的儿童的回答是加法问题和减法问题的得数相同。这表明这些幼儿在操作活动和数目的计算之间还没有建立起联系。超过2岁半而不满3岁的幼儿,对需用"1+1"计算的实际问题,多数能正确回答;对需用"2-1"计算的实际问题,有半数能正确回答。但是当改换其他数目,如用"2+2"、"5-2"计算实际问题,则只有极少数能正确回答。这说明这个阶段的大多数幼儿,由于受多次操作活动的影响,已开始

形成牢固的个别联系,即1个添上1个是2个,2个拿走1个剩1个,但是还没有真正理解加减运算的一般含义。

3岁多的幼儿开始进入加减法的实物操作阶段。这时约有半数幼儿能够进行5以内的加减法的实物操作,极少数幼儿还能进行10以内的加减法的实物操作。虽然有些幼儿能够正确地操作,但是得数总是说错。另外还有些幼儿由于点数实物的能力还很差,操作有困难。部分幼儿通过操作能初步理解加减法的含义,即添上是加,拿走是减。由于多数幼儿能点数实物并说出计数的结果,因此有些幼儿不仅能口头回答得数,而且同时能用手指表示得数。例如,当问"1个添上2个是多少",有些幼儿一边回答"3个",一边伸出3个手指。这说明幼儿在做加减计算时非常需要实物操作的支持。如果让幼儿做抽象的数的计算,则对5以内的加法,有37.4%的幼儿能做对,只有20%的幼儿能做对5以内的减法,而且做对的大多是重现他们在生活经验中已经形成联系的题目,说明幼儿还不会利用实物操作的方法(如数手指)去解决他们不熟悉的计算题。至于结合儿童生活经验的实际问题,除了用"1+1"、"2-1"计算的题目大多数幼儿能口答以外,其他题目很少能做对。大多数幼儿在不理解题意的情况下,随便说一个数来回答;甚至有的幼儿还没听完整个应用题,就说出一个得数。也有极少数幼儿能答对5以内的加、减法应用题,但不明白是怎样算的。例如,问一个3岁10个月的幼儿:"小明有2块糖,妈妈又给他2块,小明一共有几块糖",在幼儿说对得数以后,问他是怎么想的,他说:"我知道几个数,1加1等于2,2加2等于4。"这说明3岁多的幼儿还没有明确的选用运算方法的意识,有些幼儿虽然初步知道要用加法或减法计算,但是还不会根据题意选择已知数,于是往往把自己所会的加法算式或减法算式都说出来,作为回答。

(二)4～5岁

这一年龄阶段的幼儿会自己动手将实物合并或取走后进行加减运算,但这种运算还不能脱离具体的实物,而且运算的方法是从头开始进行逐一计数,即通过重新点数总数或剩余数而得出结果。

他们对于抽象的符号式子运算不理解,也不感兴趣。值得注意的是,这阶段的孩子已经表现出初步的运用表象进行加减运算的能力。即在不要求幼儿掌握应用题的结构、不使用加减运算符号,且没有实物帮助的情况下,让他们解答他们所认识的数目范围内的简单的加减口述应用题。例如,树上有3只小鸟,这时又飞来了1只,现在树上一共有几只鸟;或者树上有4只鸟,飞走了1只,现在还剩几只。有关研究证明,这一年龄段的幼儿能正确解答求和、求剩余的口述应用题的人数可分别达到90%和65%。

4～5岁幼儿同3岁多的幼儿相比,有了很大的进步。因为3岁多的幼儿还没有完全掌握用实物计算的方法,还没有学会利用手指计算。在测试中,让3岁多幼儿用手指算,大多数都不会。例如,让3岁7个月的女孩伸指算3个添上2个是多少,她会右手伸3个手指,左手伸2个手指;如果算6个添上3个是多少,她就不会伸手指了。让3岁11个月的男孩算5个减去3个是多少,他先答"6"。再让他伸指算,他先错误地伸4个手指,而且不会去掉3个。但是4岁多的幼儿,由于大都有了利用实物计算的能力,有些幼儿开始能把用实物计算的方法应用于抽象数目的计算中。测试结果表明,对5以内的加减运算,很多幼儿不需用手指就可以算出得数;对5以上10以内的加减运算,4岁多的幼儿基本会用手指计算的只有33%左右,而5岁多的幼儿基本会用手指计算的达75%左右。但是能用手指计算20以内的加减法的仍占少数,约占25%,而且大多数是5岁半以上的幼儿。这些幼儿在用手指算20以内的进位加法时,也明显地反映出有半具体半抽象的特点。例如,让一个5岁8个月的女孩算"8+4",她先伸出8个手指,然后看着手指接着数4个数,说得"12";另一个5岁9个月的女孩,采取另外一种方法,她伸出4个手指表示要加的4,然后看着手指点数9,10,11,12,说得"12"。

(三)5～6岁

5～5.5岁的幼儿能够熟练地利用表象进行加减运算。他们能将学到的顺着数和倒着数的方法运用到加减的运算上。这年龄阶段的多数幼儿可以不用摆弄实物,而是注视着物体,心中默默地进行逐一加减运算。这种加减运算方法是以第一组物体的总数为起点,开始逐一计数,直到数完第二组为止。说明幼儿在掌握加法时,大数加小数易于小数加大数;在学习减法时,小减数易于大减数,原因就是他们采用的是顺着数和倒着数的方法。

随着数群概念的发展,特别是在学习了数的组成以后,5.5～6岁幼儿能运用数的组成知识进行加减运算,而且其运用表象解答口述应用题的能力也进一步提高,可以不限于加减数为1的运算。特别是在他们学习了数的组成以后,能在成人的引导下,运用数的组成知识进行加减试题的运算,突破了逐一加减的水平,达到按数群运算的水平。儿童加减运算能力的提高,实质上反映了儿童在加减运算中思维的抽象性发展。

这阶段的幼儿绝大多数能口头解答5以内的加减法应用题,一半左右能口头解答10以内的加减法应用题。这与他们掌握了用实物计算加、减法的方法有密切的关系。在成人的教育影响下,幼儿一方面能初步理解加减法的含义,另一方面还逐步学会了用实物(特别是手指)计算的方法,从而就为口头解答加减法应用题创造了条件。测试结果表明,这个阶段的幼儿口头解答5以内的加减法应用题,正确率都高于对相应范围内的抽象数目的计算,有些幼儿做得还比较熟

第七章 幼儿10以内加减运算能力的发展与教育

练。但是这不能说明他们对加减法的含义和应用已有了较深的理解,说明这阶段幼儿的加减法计算有半具体半抽象的特点。从以下的事实可以得到证明:①这个阶段的幼儿在操作活动中往往是用"添上"、"去掉"等词语来表示"加"和"减"的概念的,当出示抽象数目的试题,如说"3加2"、"5减3"时,很多幼儿还不懂"加"、"减"的意思,甚至有用手指计算加法的方法来计算减法。②有些儿童不会做5以内的加减法的某几个试题,但是能做类似的应用题,这在减法中尤为明显。例如,在5岁的幼儿中有50%不会做"5－3",其中三分之一的幼儿完全不懂"5－3"的意思,但是都能做对用"5－2"计算的应用题;其中一半幼儿在做试题"5－3"时不会扳手指,但是做用"5－2"计算的应用题时却能用扳手指的方法做对了。这说明由于应用题给他们提供了计算活动的情境,使幼儿在头脑中产生了实物计算的表象,从而借助表象并配合实物计算出正确的结果。③在口头解答应用题时,大多数幼儿只能说出得数,而说不出加法或减法算式。如5岁多的幼儿能说出加法算式的只占三分之一,能说出减法算式的只占8.3%。这说明他们虽然能口头解答一些加减法应用题,但仍处在直观的表象阶段,幼儿对于用加减法算式来表示生活中的计算问题还没上升到概括性的认识高度。

幼儿发展起来的学习加减的能力,还有两个特点需要引起注意:

首先,幼儿学习减法要难于加法。这与幼儿的心理发展有关。按照皮亚杰的观点,从心理学上讲,加法与减法是一种运算。作为一种运算,其特点之一是具有可逆性。加法作为一种可逆的运算,其本身就包括了它的逆运算——减法。但是,幼儿还缺乏可逆性的运算能力。其原因有三:第一,受运算方法的影响。很多幼儿都运用顺着数和倒着数的方法计算。在加法运算时,可以用顺着数解决问题;而在减法运算中,得用倒着数的方法解决问题,幼儿对此感到困难。第二,受生活经验的影响。生活中幼儿接触加法的情况多,如计数就是从小到大进行累加的过程。第三,减法是加法的逆运算,幼儿对数群之间的逆反关系的掌握要难于对等量关系的掌握。就是说,减法是加法的逆运算,幼儿学习减法时,须具备三个数群关系的逆反能力,即将两个数合起来等于总数,转换成总数减去一部分数,就是另一部分。即将 A＝B＋C 转换成 A－B＝C 或 A－C＝B。实验证明,幼儿掌握数群之间的逆反关系要难于等量关系。如林嘉绥曾作过一个实验,她对未学过减法的儿童提出这样一个问题:"请你种8颗种子,如果你第一次种了5颗,第二次要种几颗才能完成任务?"有30%的5.5岁的幼儿能用数的组成知识做出正确回答,不仅能得出"还要种3颗"的答案,并且在解释为什么是3颗时说:"因为8可以分解成5和3,所以5加上3才是8。"显然,幼儿解决问题运用的是加法而不是减法。他们不会使用减法,是因为他们还不理解数群之间的逆反关系。但我们可以借助于数的组成,让幼儿切实掌握总数与部分数之间的三种逆反关系,这有助于促进幼儿的数的组成概念的形成,为幼儿学习加减运算奠定基础。

其次,由于幼儿思维抽象性的个别差异及教育条件、地区文化背景的不同等,有的大班幼儿在他们遇到困难时,还会返回到扳手指头逐一计数的水平。这是不可避免的,成人不应禁止,应视幼儿发展的可能性,逐步引导幼儿用数的组成知识进行群集加减运算。

第三节　幼儿 10 以内数的加减运算的教学

学习 10 以内数的加减运算,其目的是让幼儿初步理解加法、减法的含义,会解答简单的加减应用题,感知和体验加减运算的互逆关系,发展幼儿的可逆性思维。10 以内数的加减运算是中大班年龄段的教学内容,具体包括实物加减的教学、口述应用题的教学和列式运算的教学。

一、实物加减运算的教学

(一)实物加减运算的教学目标

实物加减运算的教学适合在中班年龄阶段开展,其目的是帮助幼儿初步理解 10 以内自然数加法和减法的含义。

(二)实物加减运算的教学方法

实物加减的教学一般是在教 10 以内的加减法时进行,教学中不出现加号、减号和等号,不列算式,只是借助于直观教具,结合口述应用题来分析说明运算过程。

1. 借助直观教具编出口述应用题

如教师出示图片说:"树上有 2 只鸟,后来又飞来 2 只,现在一共有几只鸟?"编加法题时,要注意题目结构完整,表达要生动形象,内容要简洁明了;在编减法题目时,减掉的教具要留些痕迹,如用虚线表示,或放在一旁,这样能帮助幼儿理解减法的含义。

2. 分析题意帮助幼儿理解加减含义,并确定运算方法

教师编题后,可用"这道题先告诉我们什么?""后告诉我们什么?问了我们什么问题?"的问话来帮助幼儿理解题意,开始可一个一个地问,让幼儿一个一个地答,熟悉后,可以连问。

在幼儿了解题意的基础上,借助于前面的数的组成知识,教师帮助其确定题目是用合起来的运算方法,还是用把数分解后,然后去掉一部分的运算方法。

同时,在解题过程中,教师还要帮助幼儿理解"飞来了"、"送来了"、"开来了"

等都是"合起来"的意思,表示加法计算;"飞走了"、"游走了"、"送走了"等都是"去掉一部分"的意思,表示减法计算。

3. 讲出得数,并用数的组成来巩固加减运算知识

在说出得数的基础上,借助于幼儿已经掌握的数的组成知识,教师可以引导幼儿从不同的角度表述题意,如"2 只鸟,又飞来 1 只,共有 3 只鸟;3 只鸟,飞走了一只,剩下 2 只"。这样可以加深幼儿对题目中数之间逆反关系的理解,有助于提高幼儿学习加减法的效率。

(三)实物加减运算的教学范例

教学活动案例 1

活动名称:小鱼一样多(中班)

活动目标

1. 能在正确感知 6 以内数量的基础上比较 6 以内数量的多少;
2. 能用"添上"或"去掉"的方法把不一样多变成一样多;
3. 在游戏中体验数学活动的乐趣。

活动准备

1. 经验准备。

在日常生活中幼儿已会辨认 1~6 的数字,能准确区分红色和蓝色,会使用木夹子;幼儿会念"晒鱼"的儿歌。

2. 物质准备。

教具:1~6 的数字卡若干、5 条红鱼和 3 条蓝鱼的示意图 3 张、红蓝水彩笔各 1 支、进场音乐和游戏进行时的音乐各一段。

学具:红、黄、蓝、紫色小鱼若干(木夹子染上颜色、画上眼睛当小鱼);每人两根筷子;包装错误的小鱼若干份(卡纸中间写有 1~6 的任意一个数字,卡纸边夹上与中间数字不一样多的小鱼);大箩筐 1 个;小箩筐 3 个;小水桶 24 个。

活动过程

师生拎小鱼桶在室外排队(幼儿拎着装有红色、兰色小鱼的小鱼桶)。音乐响起,师生一起愉快入场。

1. 游戏一:晒小鱼(红色)。

目标是使幼儿会手口一致地点数,并说出总数(数量尽量控制在 6 以内)。

(1)老师讲解"晒鱼"游戏的规则和要求。

(2)师生一起在音乐声中"晒小鱼",老师提醒幼儿边晒小鱼边点数。音乐停的时候,大家都停止"晒小鱼"。

(3)幼儿数数自己晒了几条红色小鱼。

(4)请个别幼儿说说自己晒的小鱼数量。

(5)老师举1~6的数卡,每举一个数卡,请晒了相应数量小鱼的幼儿站起来展示一下。

2.游戏二:变小鱼。

目标是使幼儿能用"添上"或"去掉"的方法把不一样多的变成一样多。

第一步:幼儿尝试把自己的红色小鱼变得跟老师的一样多。

(1)老师出示自己晒的一串红色小鱼(数量为5),请幼儿一起数一数老师晒了几条红鱼。

(2)请幼儿比一比自己晒的小鱼数量和老师晒的小鱼数量,看谁多谁少。

(3)启发幼儿想一想用什么办法把自己的小鱼变得跟老师的一样多。

(4)幼儿操作,老师个别指导。

(5)请幼儿说说自己是用什么办法把小鱼变得跟老师的一样多的。老师小结。

第二步:师生晒蓝色小鱼。

(1)师生在音乐声中比赛"晒鱼"(游戏规则同上面晒红鱼的规则)。

(2)音乐停的时候,停止"晒鱼",请幼儿轻声、快速地数数自己晒了几条蓝色小鱼。

第三步:幼儿尝试把自己的蓝色小鱼变成和老师的一样多。

(1)数数老师晒了几条蓝色小鱼(老师出示自己晒的蓝色小鱼,数量为3)。

(2)引导幼儿想一想,用什么办法把自己晒的蓝色小鱼变得跟老师的一样多。

(3)幼儿操作,老师个别指导。

(4)请幼儿说说自己是用什么方法把蓝色小鱼变得跟老师的一样多的。老师小结。

第四步:幼儿练习用"添上"或"去掉"的方法把自己的红色小鱼和蓝色小鱼变得一样多。

(1)请幼儿比一比自己的红鱼和蓝鱼,看谁多谁少。

(2)引导幼儿想一想能用几种方法把红鱼和蓝鱼变得一样多。

(3)幼儿操作,老师个别指导。

(4)请个别幼儿说说自己的方法,老师出示相应的"添上"或"去掉"的示意图。

第五步:请幼儿把自己的红鱼和蓝鱼放在小鱼桶里,师生一起送到指定的地方。

3.游戏三:包装小鱼。

练习用"添上"、"去掉"的方法把不一样多的变成一样多。

老师讲解游戏规则:"有一批小鱼食品不符合包装要求,因为每一份小鱼数量与包装纸上的数字不一样多;现在要求把每一份小鱼数量变得和包装纸上的数字一样多。包装对了就放到盒子里。"

（安徽省芜湖市安徽师范大学附属幼儿园杨红雨老师提供）

教学活动案例2

活动名称:学习:"4"的加减法(中班)

活动目标

1. 学习"4"的加减法,感知三幅图之间的关系。

2. 幼儿尝试运用正确的词汇表达图意:"又来了"、"一共"、"走了"、"还剩下"。理解"又来了"就是合起来的意思,表示加法计算;"走了"是去掉一部分的意思,表示减法计算。

3. 勇于克服胆怯的心理,大胆回答问题。

活动准备

3幅有关"4"的减法图,笔、纸若干。

活动过程

1. 集体活动。

(1) 课前小游戏"看谁说、拍得快"。

教师提出要与幼儿玩游戏,随后讲一讲游戏规则:教师说一个数字,请幼儿说、拍出它后面的一个数字(数字是几就拍几下)。教师也可说出游戏的另一个规则:教师说一个数字,幼儿拍出它前面的一个数字(数字是几就拍几下)。

(2) 学习4的加减法。

教师依次出示三幅图,引导幼儿说出其中的含义,注意引导幼儿用正确的词(来了,一共;走了,还剩下)表达图的含义,可以多请几个幼儿说一说。接着,教师请幼儿为图列出算式,幼儿列出后,再集体进行认读。

2. 操作活动。

看图列加减算式。让幼儿仔细观察图片的变化,启发幼儿用"又来了"、"一共"、"走了"、"还剩下"等词汇,讲一讲三幅图的含义。了解"又来了"是合起来的意思,表示加法计算;"走了"是去掉一部分的意思,表示减法计算。对用词准确的幼儿给予表扬。

（安徽省芜湖市安徽师范大学附属幼儿园杨红雨老师提供）

二、自编口述应用题的教学

口述应用题教学适宜在大班开展,它能有效促进幼儿的口语表达能力、抽象思维能力、分析综合能力和推理能力的发展。

(一)应用题概述

应用题是根据日常生活中的实际问题,用语言、文字表示数量关系的题目。其结构包括情节和数量关系两方面。其中,数量关系又分为已知量和未知量两种。已知条件是说明已知数量及已知数量与未知数量的关系;未知条件是要求解答的问题。

1. 应用题的类型

根据应用题的表达方式,应用题可以分成口述应用题和书面文字应用题。由于幼儿尚未系统学习、掌握书面语言文字,所以他们解答的应用题主要是口述应用题。幼儿学习的口述应用题一般是10以内求和、求剩余的简单应用题。

2. 幼儿学习自编口述应用题的特点

(1)在编应用题的情节方面,幼儿常常只注意一件事的情节,而忘记对其中数量关系的表述。

(2)对应用题的结构理解缺乏完整性。应用题是由情节和数量关系两部分组成的。编制应用题的完整模式应是:"一件事,两个数,一个问题"。幼儿在开始学习自编口述应用题时不能很好地掌握应用题的结构模式,常出现一些错误。例如:① 已知条件不完整,如"河里游2条小鱼,现在一共有几条小鱼?"② 没有提问,如"妈妈买了1本小人书,爸爸买了2本小人书",就此结束,没下文。③ 没有提问,却有结果,如"树上有2只猴子,地上有3只猴子,一共有5只猴子"。

(3)应用题的内容缺乏科学性。幼儿由于受知识和生活经验的限制,编的题目常常违背生活逻辑和自然规律。例如,"我中午吃了4碗饭,一会儿又吃了2碗饭,我一共吃了几碗饭?"还有"我家院子里的苹果树长了2个苹果,过一会儿又长了2个苹果,苹果树上一共有几个苹果?"

(二)自编口述应用题的教学目标和教学方法

这一内容的教学适合在大班阶段开展,目的是让幼儿结合自己的生活经验,理解应用题的基本结构,并能自己编简单的加减运算口述应用题。

1. 通过图片,使幼儿了解并掌握应用题的结构

大班幼儿学习自编应用题,首先需要幼儿了解应用题的结构。即:①它讲的是一件事情;②要有两个数,这两个数说的是一样的东西;③最后还要提出一个

问题。为此,教师可以以图片编的应用题为例,和幼儿一起讨论分析应用题中的这三点要求。例如,教师引导幼儿讨论"机场上有5架飞机,起飞了2架飞机,机场上还剩几架飞机?"使幼儿逐渐明白,这道题符合上面的三点要求。又如教师先编题"小明做了2朵花,又做了1朵花,小明一共做了几朵花?"然后,引导幼儿分析"这道题讲了什么事情"、"题中告诉我们哪两个数"、"题中问了我们一个什么问题"等,从而引导幼儿理解应用题的结构。

2.为幼儿创设编题的情境

教师开始可以给幼儿提供各种编题的条件,让幼儿逐步练习自编口述应用题。①教幼儿模仿编题。教师应当使用直观材料编题,如,教师先出示1个娃娃(女)说:"有1个娃娃到我们班上来做客了。"接着再出示1个娃娃(男)说:"又有1个娃娃来我们班做客了,一共有几个娃娃来班上做客?"让幼儿重复一遍或编一道意思相仿的题目。②教幼儿补充编题。教师与幼儿之间或幼儿之间,用一述一问的方式,合作编题。(3)让幼儿独立编题。教师提供教具,启发幼儿独立编题,如通过演示教具、出示图片、算式,开展游戏活动等,引导幼儿自编口述应用题。例如,教师出示一张图片,图上有2个男孩、3个女孩,其中1个小孩在扫地,4个小孩在擦桌子,让幼儿根据图意编应用题。教师组织的活动中要有一定的情节及数量关系,以使幼儿根据活动的内容编题。此外,教师也可以给幼儿提供算试题或两个数字,让幼儿凭借自己的想象和对加减运算的理解编题。

3.自由编题

教师不提供任何编题的条件,让幼儿完全根据自己的生活经验和知识编题。这也是幼儿非常喜欢的编题形式。

(四)自编口述应用题的教学范例

教学活动案例1

活动名称:自编口述应用题(大班)

活动目标

1.教幼儿初步学习自编口述应用题。
2.培养幼儿思维的灵活性。
3.发展幼儿的口语表达能力。

活动准备

大图片3张、数字卡片3套、幼儿每人1张小图片。

活动过程

师生用一问一答的方式复习10以内数的加减法。

教师:老师给小朋友带来了2张图片,每张图片上有一件事情,还有两个数、一个问题,谁愿意把图片上的事说给小朋友们听?

幼儿a:树上有6只小鸟,树下有3只小鸟,一共有几只小鸟?

幼儿b:山上有1只小猴,山下有5只小猴,一共有几只小猴?

教师:他们分别说了哪两个数,提了一个什么问题?

幼儿a:他说了6和3这两个数,说了小鸟的事。

幼儿b:他说1和5这两个数,说了小猴的事。

教师:在刚才的活动中说了一件事,还提到两个数、一个问题,这个活动的目的是学编应用题。

出示大图片,让幼儿观察图片上的内容,自编口述应用题,并列算式。

幼儿a:在草坪上有2只鸡妈妈,6只鸡宝宝,草坪上一共有几只鸡?(2+6=8)。

幼儿b:花丛中有7只小蜜蜂,飞走了2只小蜜蜂,花丛中还有几只小蜜蜂?(7-2=5)。

教师根据幼儿口编的加减法应用题,向幼儿讲解编加减法应用题的方法,并让幼儿练习。

教师:今天我们学习了如何看图编应用题的方法。生活中还有许多的事情都可以编应用题,大家想一想,编一编。(提问个别幼儿)

幼儿每人一张小图片,结合图片上的内容,编出加减应用题。

教师展示小图片,让幼儿大胆说出自己所编的口述应用题。

(安徽省芜湖市安徽师范大学附属幼儿园杨红雨老师提供)

教学活动案例2

活动名称:逛超市(大班)

活动目标

1. 以游戏的形式培养幼儿对10以内数的加减运算的学习兴趣,体验数学与生活的密切关系。

2. 认识人民币中的元、角,初步学会简单的换算,并能运用心算或利用数学教具进行加减运算。

3. 发展幼儿的口语表达能力。

活动准备

活动室外一角布置成"银行";自制10元、5元、1元、5角、2角、1角"人民币"若干张;"存折"若干张;活动室布置成小超市,超市分成三个区:生活用品区、玩具区、食品区,商品上分别贴上不同价格的标签,设"收银台"。辅助材料若干:加法板、减法板、计算架、数棒、纸、笔等。

活动过程

1. 情境导入。

教师:今天我们一起去逛超市,看看有什么好东西。超市里的商品种类真多呀!你们准备买些什么呢?可是买东西需要钱,我们没有钱怎么办?(去"银行"取钱)

2. 取钱。

引导幼儿观察"银行"取款处,并请幼儿拿着自己的"存折"到"银行"每人取出10元钱(提醒幼儿使用礼貌用语,相互谦让,知道遵守规则)。

3. 购物。

(1)交代购物要求。老师:这么多商品,每一样商品是多少钱呢?我们可以看什么?今天我们每人只有10元钱。请小朋友们记住选好商品后到'收银台'按商品价格交钱、找钱噢。

(2)幼儿自由选购"商品",并交款付"钱"。教师巡回观察幼儿对"人民币"元、角的加减运算的应用,及时指导。

(3)引导幼儿利用口算或借助教具进行物品价格的统计和验算。

4. 交流分享。

集体讨论。老师:你们都买了什么东西?你买这些东西花了多少钱?还剩多少钱?请幼儿各自展示自己选购的商品,并简单介绍所用的钱币和交易情况。①

三、列式加减运算的教学

幼儿能列式加减运算是幼儿运算能力和水平发展的重要标志,也是他们抽象思维能力不断提升的表现。因此,到了大班阶段,让幼儿掌握10以内数的列式加减运算,就成为其数学学习的一项重要内容。

(一)列式加减运算的教学目标

巩固对加减含义的理解;认识加号、减号和等号,认识加减算式;能解答简单的口述加减应用题,并会列式和运算。

---

① 黄瑾.学前儿童数学教育(修订版).上海:华东师范大学出版社,2007

(二)列式加减运算的教学方法

1. 认识加号、减号与等号

幼儿在初步掌握了实物加减运算后,就可以帮助他们认识加、减、等于运算符号,以为学习加减列式运算做好准备。

第一步:教师结合教具编出加减口述应用题,让幼儿说出答数。

第二步:分析题意,并把题中的两个已知数和幼儿算出的答数分别用数字卡表示。例如,草地上先飞来了3只蝴蝶,用数字3表示,教师把数字3放在蝴蝶的下面;后来又飞来2只蝴蝶,用数字2表示,并放到2只蝴蝶的下面。问幼儿一共是几只蝴蝶,答案是5只。教师出示5,并放在2的后面。

第三步:分析运算方法(是加法,还是减法),出示并介绍运算符号。

第四步:继续用口述应用题引导幼儿进行加或减的列式运算,以巩固对运算符号的实际意思的掌握。如,"明明先吃了5颗花生,又吃了1颗,明明一共吃了几颗?"

2. 认识零和得数是零的列式运算

第一步:理解零的含义,是表示"没有"。第二步:编出 $1-1$ 的口述应用题,理解 $1-1=0$ 的意思。第三步:用其他的10以内的自然数,继续编等于零的口述应用题,并用算式表示。第四步:引导幼儿比较这些等于零的算式的异同点,如 $1-1=0$、$2-2=0$、$4-4=0$,接着让幼儿想一想,讲出一系列答案是零的算式,在比较的基础上得出结论:一个数减去一个与它相同的数,结果都是零。

3. 学习列式运算,并掌握初步的运算规律

第一步:借助口述应用题,利用表象,引导幼儿学习10以内数的加减运算。第二步:利用口述应用题,帮助幼儿学习加法的交换规律。如"1只黄花,2只红花,一共有几只花?"与"2只红花,1只黄花,一共有几只花?"然后,列出相应的算式:$2+1=3$,$1+2=3$。并引导幼儿进行比较,得出规律,即加号前后的两个数交换位置,结果是一样的。第三步:在掌握交换律的基础上,可引导幼儿进一步掌握一个算式的三个数,通过变换位置可以排出两道加法和两道减法算式的规律。

(三)列式加减运算的教学范例

教学活动案例1

活动名称:10以内加减(大班)

活动目标

1. 能口头列出10以内数的加减算式,理解加减的意义。

2.培养幼儿的可逆性思维能力。

活动准备

教学用的列式图、纸、笔若干。

活动过程

1.理解图意,看图列式。

(1)教师出示一张图片,展开讨论:"图片表达的是什么意思?""根据图意是否可以列一道算试题?"

(2)幼儿说出算试题,教师出示算试题。

(3)理解数字符号"+、-、="所表示的意义。

2.幼儿操作,加深理解。

(1)幼儿观察剩下的4张图片,看清图意,自己列算试题。

(2)练习后,和老师一起核对答案,理解加减的意义。

(3)教师小结:每道算试题都有3个数字,根据这3个数字,你能发现数字之间的秘密吗?

(4)师幼共同得出结论:根据3个数字,可以编四道算试题,其中两道是加法,两道是减法。

3.游戏:买杯子。

(1)交代游戏名称、玩法、规则:每人抽一张数字卡片,作为购物用的钱。按钱上的数字去买杯子,杯子上算试题得数与钱(卡片)上的数字相同,才可以去购买。在规定时间内谁购买得多而且对的,谁就获胜。

(2)游戏,复习口算加减试题。

(安徽省芜湖市安徽师范大学附属幼儿园杨红雨老师提供)

教学活动案例2

活动名称:破译电话号码(大班)

活动目标

1.通过互留电话号码,帮助幼儿复习10以内数的加减法,以提高幼儿的运算能力。

2.让幼儿在"朋友录"的记录中,体验伙伴之间的友情。

活动准备

幼儿知道自己家的电话号码,练习纸、笔若干。

活动过程

1. 开始部分:引起兴趣。

教师:小朋友们马上要毕业离开幼儿园,老师会很想你们,你们会想我和小朋友们吗? 幼儿回答。

教师:你会用什么方法想老师和小朋友呢?

教师小结:小朋友的方法都很好,我们选一个又快又能听到声音的办法。(打电话)

2. 游戏过程。

(1)出示一组试题:2+4,10−7,0+0,9−8,4−4,4−1,7−7,6+2。

① 教师:老师的电话号码是藏起来的,藏在哪里呢?

② 让幼儿破译电话号码:63010308。

③ 当场打电话进行验证。

④ 对电话号码进行分析(有几位数、有几个相同的数字、排出的试题是否一样)

重点:相同的数字可以排出不同的算试题。

(2)教师:出示一个电话号码(87087429)。

让幼儿根据号码编试题。

提示:① 电话号码有几位数,就要排几道试题。② 一样的电话号码,可以排不同的试题。

3. 根据电话号码编试题。

幼儿根据自己家的电话号码编试题(操作),并与同伴交换,破译电话号码。

(1)老师出示大纸条:让幼儿把自己家的电话号码编试题,并贴在自己的名字旁(全体)。

(2)请幼儿与同伴交换纸条,破译同伴的电话号码。

(安徽省芜湖市安徽师范大学附属幼儿园杨红雨老师提供)

▶阅读推荐◀

1. 林嘉绥、李丹玲. 幼儿园数学教育(第 2 版). 北京:北京师范大学出版社,1994

2. 张莉、韩楠楠. 武汉市幼儿园大班儿童加减运算能力的发展水平. 学前教育研究,2012(2)

▶思考与探索◀

1. 简述幼儿加减运算能力发展的一般过程和年龄特征。
2. 为什么幼儿学习减法要难于学习加法？
3. 简述幼儿学习自编口述应用题的特点。
4. 举例说明口述应用题与加减算式运算之间的联系和转换及其意义。
5. 联系幼儿的生活实际，试设计一则引导幼儿学习自编口述应用题的活动方案。

第八章
幼儿认识几何图形能力的发展与教育

【内容提要】：本章在讨论有关几何图形基本知识的基础上，重点讲述了幼儿认识几何图形的发展特点，并以此为依据提出了小班、中班和大班幼儿认识几何图形的教学目标、教学要求。

【学习目标】：通过本章学习，(1)了解有关几何图形的基本知识；(2)掌握幼儿认识几何图形的一般发展过程和年龄特征；(3)掌握不同年龄段幼儿认识几何图形及等分几何形体的教学目标和教学要求。

第一节 关于几何图形的基本知识

几何图形是对客观物体形状的抽象和概括。教幼儿认识几何图形是幼儿园数学教育的重要内容，它能帮助幼儿区分和辨认客观世界中形形色色的物体，促进其空间知觉能力和空间想象能力的发展，从而为幼儿升小学后学习几何形体奠定基础。学前期儿童认识的几何形体主要是一些基本的平面图形和立体图形。

一、平面图形

（一）三角形

在同一平面内，由三条线段首尾顺次连接所组成的图形叫"三角形"。如三角铁、三角尺、三角架等。

1. 根据边的长短分类

根据边的长短不同，可以将三角形分成不等边三角形、等腰三角形（含等边三角形)。用集合图表示,如图 8-1 所示。

2. 根据角的大小分类

根据角的大小不同,可以将三角形分成锐角三角形、直角三角形、钝角三角形。用集合图表示,如图 8-2 所示。

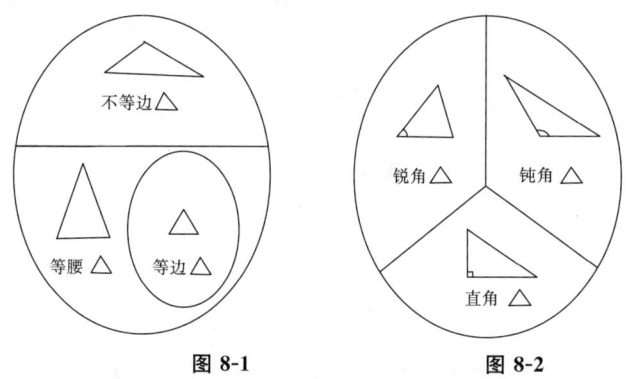

图 8-1　　　　　图 8-2

(二)四边形

在同一平面内,四条线段首尾顺次连接而成的图形叫"四边形"。如方桌面、窗口等。四边形可分为凹四边形和凸四边形。通常所说的"四边形"主要是指凸四边形,凸四边形又可以分为任意四边形、平行四边形和梯形。

1. 平行四边形

两组对边分别平行的四边形。长方形、正方形和菱形是特殊的平行四边形。

(1)长方形:有一个角是直角的平行四边形。长方形也叫"矩形"。

(2)正方形:有一个角是直角并且有一组邻边相等的平行四边形。

(3)菱形:有一组邻边相等的平行四边形。

2. 梯形

只有一组对边是平行的四边形。比较特殊的梯形有等腰梯形和直角梯形。如集合图 8-3 所示。

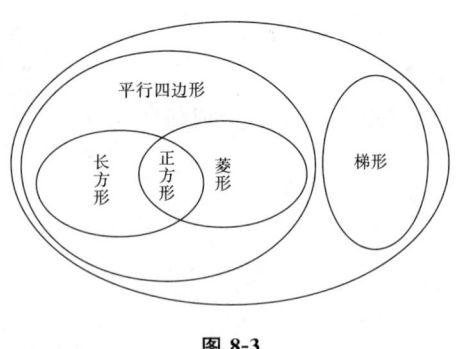

图 8-3

（三）圆形、椭圆形

1. 圆形

在同一平面内,到一定点的距离等于定长的点所组成的集合叫作"圆"。如碗口、套圈、铁环等。

2. 椭圆形

在同一平面内,到两定点的距离之和等于常数的点所组成的集合叫作"椭圆",如椭圆形镜面、卫星轨道等。这两个点叫作椭圆的"焦点",两点的距离叫作"焦距"。

圆形是椭圆形的特殊情况,用集合图表示,如图 8-4 所示。

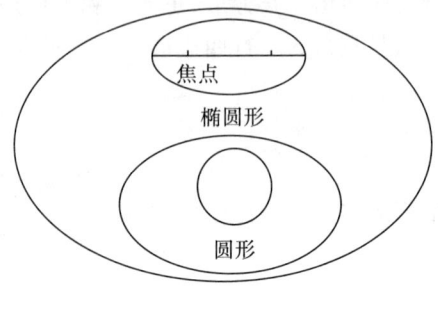

图 8-4

二、立体图形

（一）长方体和正方体

底面是长方形的直平行六面体叫作"长方体",如火柴盒、牙膏盒、长方积木等。

棱都相等的直平行六面体叫作"正方体",如玩具魔方、方积木等。用集合图表示，如图 8-5 所示。

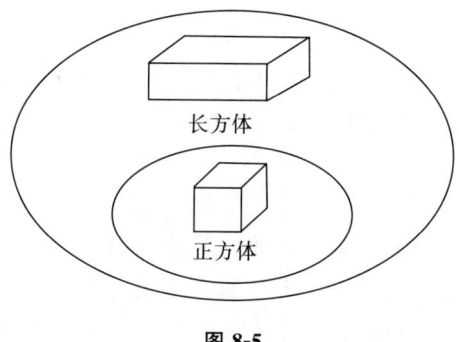

图 8-5

（二）圆柱体

以矩形的一边所在的直线为轴旋转一周形成的曲面所围成的几何体叫作"圆柱"，如圆木头、罐头等。旋转轴叫作圆柱的"轴"，上下的面叫作"底面"，侧部的曲面叫作"侧面"。如图 8-6 所示。

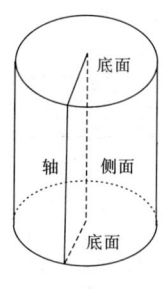

图 8-6

（三）球体

以半圆的直径所在的直线为轴旋转一周所形成的几何体叫作"球体"，如皮球、地球仪等。半圆的圆心叫作"球心"，球心与球面上任意一点之间的线段叫作球的"半径"。如图 8-7 所示。

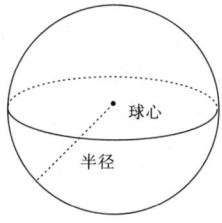

图 8-7

三、等分[①]

在日常生活中,幼儿常遇到一些等分问题。如等分一根线段、一个苹果、一个几何图形等。因此,在几何形体的教学中,简单的等分也应是让幼儿初步感知的一项经验。

所谓"等分",就是把一个整体分成几个相等的部分。等分的份数越多,每一份就越小。对幼儿,只要求学习简单的二等分和四等分。如将一个蛋糕分成相等的两块、将一个正方形分成一样大的四个小正方形。幼儿在学习等分的过程中不仅可以巩固已有的经验,如相关的"数"概念,也可以增强他们对整体与部分相互关系的理解,还可以为学习除法和分数积累感性经验。幼儿园教育中的等分主要包括三个方面的内容。

(一)等分平面图形

这里的平面图形主要是指上述提到的平面图形,它们都是轴对称图形(非特殊的平行四边形是中心对称图形)。以长方形为例,它的二分法和四分法如图8-8所示。

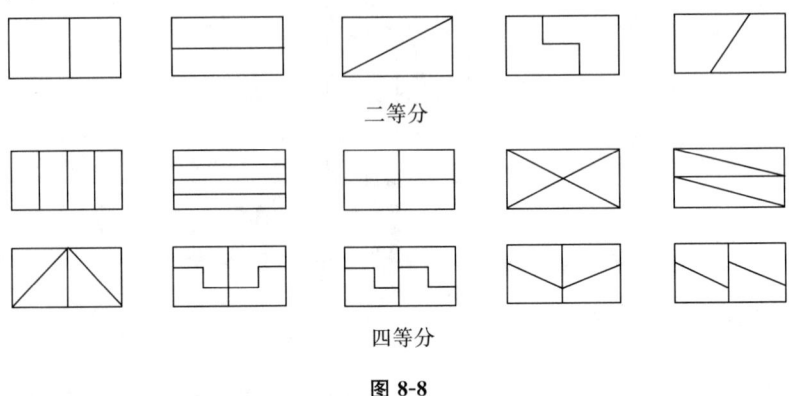

图 8-8

(二)等分几何形体

等分几何体可以参照等分平面图形的的方法进行。另外还可以从几何体的厚度中去等分。以圆柱体为例,以其厚度等分,则如图8-9所示。

---

① 金浩.学前儿童数学教育概论.上海:华东师范大学出版社,2000

第八章 幼儿认识几何图形能力的发展与教育

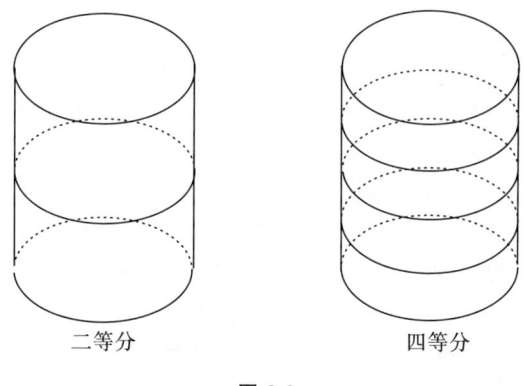

二等分　　　　　　　　四等分

图 8-9

(三) 等分规则实物

比如,把一个苹果分给两个小朋友,把一块圆饼分给四个小朋友。教师在教幼儿等分规则图形时,要结合生活中的实物进行,从而赋予教学以生活化色彩。

第二节　幼儿认识几何图形能力的发展特点

一、幼儿认识几何形体的一般发展过程

对于幼儿来说,学习几何形体比学习数更易于接受。幼儿每天都生活在各种有形物体之中,在他们正式学习几何形体之前,早就与各种事物的"形"或"体"打交道了,幼儿就是在对各种物体形状的辨别中认识周围世界的。

儿童对形状的认识是从生活经验、从具体而熟悉的物体开始的。人在婴儿期就具有分辨所熟悉的物体外形的差异的能力,他们见到自己的奶瓶就手舞足蹈,见到妈妈就露出笑脸,见到陌生人就会紧张甚至啼哭。虽然这种辨别事物外形特征的能力与辨认几何形体的能力还不太一样,但它对后者的形成有促进作用。随着幼儿年龄的不断增长,他们不仅能认出自己的奶瓶,还能认出自己的玩具,进而在自己的操作探索中不断了解物体的特征,认识生活中的各种事物。

(一) 认识各种几何形体的难易顺序的发展

1. 先平面后立体

幼儿接触一个物体,首先是接触物体的表面,然后才过渡到接触整个物体的立体结构。认识平面是认识立体的基础。

2. 先拓扑图形，后欧几里得几何图形

在几何形体思维发展方面，皮亚杰和英海尔德（Piaget & Inhelder，1956，1967）认为，儿童对几何概念的理解是与其认识的发展水平分不开的，儿童的几何概念经历了"拓扑几何（Topology Geometry）、投影几何（Projective Geometry）、欧几里得几何（Euclidean Geometry）"三个阶段。其中，"拓扑"概念，在皮亚杰的《儿童的空间概念》中，主要是指图形的拓扑性质的直观意义，即图形拓扑在变换过程中保持不变的特性。这一发展阶段的儿童能分辨出封闭图形和开放图形，如能区分出乙和〇，但不能在圆形、三角形和正方形这些封闭图形中进行区分。投影几何主要是指确认一个物体或一条直线这样的概念不是根据它本身的特征而孤立地考虑的，而是和观察它的特定的视点有关，即从一个视点来看它将是怎样的。处在投影阶段的儿童能区分出直线图形和曲线图性，如能区分出□和〇，但在直线图形之间还不能进行区分。而关于欧几里德几何，按照近代德国数学家克莱因（Klein）的观点，是研究图形在一切运动下的不变性质和不变量的学科。它所讨论的一切图形性质以及图形之间的位置关系、度量关系，不论将其搬动到地球的任何地方都不会改变。此阶段的儿童能辨认出直线的欧氏几何图形，如能区分三角形和正方形。总之，儿童认识平面图形的难易顺序经历了先拓扑图形后欧几里德几何图形的发展过程。

儿童最初对形体的认识是拓扑性质的。儿童眼中的圆形、正方形、三角形与成人不同，三四岁的儿童画出的圆形、正方形、三角形都似〇形。而在认识欧氏图形时，儿童先认识圆形，后认识正方形、三角形、长方形、半圆形、椭圆形和梯形等。

这样的发展顺序主要受两方面的因素影响：一是与形体本身的复杂程度有关。克莱门茨（Cletnents，1998）认为，3～6岁儿童在辨认形状时会受到形状的倾斜度、纵横比和方向的干扰。以纵横比为例，几何图形的形状过宽、过窄都会影响幼儿的辨认。儿童辨认不同图形水平的差异与这些干扰因素有关，干扰因素越少，儿童越容易辨认。也就是说，形体本身越复杂，儿童越难辨认。在几种常见的平面几何图形中，圆形和正方形的干扰因素较少，而长方形和三角形的干扰因素较多。这可能是儿童辨认圆形和正方形的正确率高于辨认长方形和三角形的正确率的主要原因。二是与儿童的生活经验有关。圆形、正方形、三角形和长方形都是幼儿在生活中经常接触到的形状，比如圆饼干、小方巾、三角衣架及长方形桌子等；而幼儿在生活中不易接触到半圆、椭圆和梯形的物品。

3. 认识立体图形的难易顺序

幼儿认识立体图形的顺序可以参照其认识平面图形的顺序进行，如将球体和圆对应、正方体和正方形对应。

皮亚杰从两个层次研究了儿童几何概念的发展：知觉的层次和概念的层次。

皮亚杰让儿童触摸隐藏的实物,然后要求其在另一堆实物中指认出相同的或画出实物的外形。根据结果,他提出了儿童图形知觉发展的三个阶段:第一阶段(2~4岁):能分辨开放图形和封闭图形,但不能分辨欧氏图形。儿童的典型行为是用手顺着实物的四周轮廓摸,把手指穿入洞中分离它。这些对物体外围界限的知觉,注意其是否开放、封闭或分离,属于拓扑几何的性质。第二阶段(4~6岁):能辨认欧氏图形,即区分直线图形(正方形、长方形、平行四边形、菱形)和曲线图形(圆形、椭圆形)。第三阶段(7岁左右):具有逆向思考能力,能辨识直线形成的封闭图形。辨识图形是从某一固定参考点开始的,较有计划性和系统性。

对于概念层次的研究,皮亚杰让儿童仿画几何图形,结果发现了同样的规律,分四个阶段:第0阶段(3岁前):涂鸦阶段。第一阶段(3~4岁):能分别画出封闭图形、开放图形,能分辨两圆的内外关系、相交关系,但不能分辨不同的封闭图形(如画出的三角形、正方形和圆形都是不规则的封闭曲线)。第二阶段(4~6岁):能分辨直线和曲线图形。第三阶段(6~7岁):能正确地画出所有图形,具备了欧氏几何的形状概念。①

(二)从局部、粗糙的感知到完整、细致的辨认

荷兰数学家范希乐夫妇曾把儿童思维发展分为五个阶段:视觉期(Visualization)、分析期(Analysis)、非正式演绎期(Abstraction)、正式演绎期(Deduction)和严密期(Rigor)。其中,学前儿童的几何思维能力属于视觉期,主要是基于形状的整体视觉,即依据图形的外表轮廓来分辨图形,而不是根据图形的性质来判断。视觉的感知有利于对图形的探索。一些心理学的研究表明,儿童对几何形体的认识不是仅仅依靠视觉感知而实现的,而是通过视觉和触摸觉的联合作用,并借助语言表达来实现的。范希乐夫妇认为,动手操作对儿童早期几何思维的发展非常重要。皮亚杰和英海尔德(Piaget & Inhelder,1956,1967)也指出,空间表征是儿童通过动作和动作的内化过程得以实现的。可见,多种感官的共同参与能促进儿童准确地感知几何形体。

国外曾有研究者对幼儿感知形状时的手、眼运动作过研究,发现其存在着一个由局部到整体、由粗糙到细致的发展过程②。例如,3岁左右儿童用视觉感知几何形体的水平较低,往往只注意到图形的某一部分或个别特点;5岁左右儿童的视线才开始逐渐会沿着图形的外轮廓运动,并且注意到图形的典型部分,从而确保对图形的确切感知。再如,在触摸觉参与感知形体的发展过程中,3岁儿童

---

① 张俊.学前儿童科学与数学教育.苏州:苏州大学出版社,2001
② 黄谨.学前儿童数学教育(修订版).上海:华东师范大学出版社,2007

手的动作只是抓握物体;4 岁左右儿童才能用手掌和手指前部表面进行触摸,但尚不会用指尖触摸;而 5~6 岁儿童不仅能用两手相向或相反触摸物体,且开始用指尖触摸整个形体的轮廓。总之,儿童对几何形体的感知和辨认,需用动作、形象和语言符号等多种方式进行,其多种感官协同参与活动也存在一个逐渐发展的过程。

(三)形体的感知与词的联系的发展

幼儿从感知几何形体的外部特征到能用相应的词汇进行表达,要经历一个发展过程。丁祖荫(1985)的研究指出,幼儿从感知几何形体的外部形状到能用相应的词进行表达,其发展要经历配对——指认——命名的过程[①]。配对就是找出与给定的范例图形相同的图形;指认就是根据成人口述图形的名称,找出相应的图形;命名就是说出给定图形的名字。

丁祖荫以八种图形(圆形、三角形、长方形、正方形、半圆形、梯形、菱形、平行四边形)为内容,测查了各年龄班幼儿正确辨认形状的平均百分率,如表 8-1 所示。

表 8-1:各年龄班幼儿正确辨认形状的平均百分率(%)

正确率　　项目　年龄班	配对	指认	命名
小班	91.2	54.1	44.8
中班	99	74.8	71.2
大班	99.1	82.2	76.8
平均值[②]	96.4	70.4	64.8

从横向上看表可知,幼儿的配对的平均正确率最高,达到 96.4%;指认的平均正确率次之,达到 70.4%;命名的平均正确率最低,只有 64.3%。这是因为幼儿主要是依据感官进行配对的,只要能分辨出图形的轮廓,就能进行正确的配对,可以说,是一种对原图形的感知和模仿。指认需要幼儿理解成人的言语,把成人口中的词转化成图形表象,进而与给定图形进行对照,因此,能正确指认图形的幼儿经历了从理解词的意义到转化图形表象的过程。命名,是用抽象的词来表示图形。幼儿只有先听懂成人口中用来表示图形的词语,然后才能学会用词语表示这个图形,所以命名的平均正确率低于指认的平均正确率。从纵向来看上表,可以发现无论是配对、指认还是命名,儿童对几何的认知能力都是随年

---

① 丁祖荫.幼儿形状辨认能力的发展.南京师范大学学报(社会科学版),1985(3)

② 此栏原文没有

第八章 幼儿认识几何图形能力的发展与教育

龄的增长而增强的。

（四）图形与实物形状的联系的发展

列乌申娜经研究指出，幼儿对几何形体的认识要经历这样一个发展过程：几何形体与实物等同→几何形体与实物作比较→几何形体作为区分物体形状的标准。[1]

1. 几何形体与实物等同

即儿童将几何形体理解为日常的玩具或物体，并按照他们所熟悉的物体名称命名。如圆形叫作"太阳"、"盘子"；正方形叫作"手绢"；三角形叫作"红领巾"；圆柱体称为"奶粉桶"等。这反映了幼儿还没有建立起几何图形与实物之间的抽象概括关系，没有达到正确指认和命名几何形体的水平。

2. 几何形体与实物作比较

即在教育的影响下，幼儿对图形的知觉得到改善，他们不再把图形与物体等同起来，而是比较它们。如圆形像"盘子"、三角形像"小红旗"等。这种比较性的称呼不仅是在幼儿正确认识和掌握了几何图形名称的基础上发展起来的，而且是从形体出发对照实物形状做出比较的结果。

3. 几何形体作为区分物体形状的标准

即幼儿能将几何形体作为样板（标准），按照样板来区分或选择物体。如说出大盘子、小盘子是圆形的，皮球、苹果是球体的，或者按照形体选择出相应的物体。这时，幼儿是从客观物体出发，以几何形体为标准，确定物体的形状的，它既不是混同也不是比拟，而是将几何图形运用到实际生活中去的表现[2]。

幼儿思维发展有一个从直觉行动思维过渡到具体形象思维，再发展到抽象逻辑思维的过程。在学前期，幼儿的具体形象思维占主要地位，所以，我们在教学中要运用实物教具，且让每个幼儿都有实物。教师用语言指导幼儿，让幼儿自己去摸摸、看看、滚滚、做做、玩玩，让幼儿在愉快的玩耍中概括出某一形体的名称和基本特征。这样，不仅能使幼儿理解和掌握有关图形的知识，也有利于发展他们的空间想象能力。

---

[1] ［苏联］列乌申娜. 学前儿童初步数概念的形成. 曹筱宁等译. 北京：人民教育出版社，1982

[2] 林嘉绥、李丹玲. 学前儿童数学教育. 北京：北京师范大学出版社，1994

二、幼儿认识几何形体的年龄特征

(一)3~4 岁

1. 圆形、正方形和三角形的正确识别

这个年龄段的幼儿不仅能对圆形、正方形和三角形进行配对和指认,而且还能正确说出这三种图形的名称(命名)。在此基础上,3~4 岁的幼儿还能按照图形找出他们周围生活中的相应物品。

2. 平面图形的配对能力

一些研究证明,此阶段的大多数幼儿对圆形、正方形、三角形、长方形、半圆形、椭圆形,甚至梯形、菱形和平行四边形,都能按照范例找出相同的图形,成功率在 80% 以上(菱形为 78.2%),有的高达 98%。

3. 易把几何图形和实物相混淆(略)

4. 拼图能力

在教师的引导下,已能运用一些图形进行拼图,并以之表示物体,进行表征活动。

(二)4~5 岁

1. 扩大了平面图形的认知范围

能正确认识长方形、半圆形、椭圆形和梯形。

2. 能感知理解平面图形的基本特征

平面图形的基本特征是图形中的角和边,用角和边的数量就能区分平面图形。如正方形的基本特征是 4 个角、4 条边,4 个角一样大、4 条边一样长;长方形也有四个角和四条边,但两条边长、两条边短、两条对着的边一样长;三角形有 3 个角和 3 条边。而且它们都是封闭的图形。

3. 能对平面图形进行比较

能比较出图形的相同点与不同点。如能对正方形和长方形进行比较,能对椭圆和圆形进行比较。

4. 能初步理解图形守恒

4~5 岁幼儿能够逐步做到不受图形大小、颜色和摆放位置的影响,正确进行辨认和命名。如幼儿能从许多不同图形中将不同颜色、不同位置的三角形都挑选出来,并能够说明其原因:"它们都有 3 个角和 3 条边。"

5. 能初步感知理解平面图形之间的关系

4~5 岁幼儿对平面图形的初步感知与理解主要表现为,幼儿能对他们所能辨认的图形进行简单的分、合、拆、拼等转换。如长方形可以二等分为两个长方

第八章 幼儿认识几何图形能力的发展与教育

形或两个三角形,也可以分为四个长方形或四个三角形。

6.具有较高的平面图形拼图能力

4~5岁的幼儿对使用平面图形拼搭物体表现出很高的兴趣,且有一定的想象能力。

(三)5~6岁

1.能理解图形的典型特征和复杂关系

大班阶段的幼儿基本上能理解图形的典型特征,并已在头脑中形成某种图形的"标准样式",从而能进行正确的判断。还能进一步理解图形之间的较复杂的关系。例如长方形可以由4个小长方形或三角形拼成,也可以由1个梯形和两个三角形、或1个正方形和4个三角形合成等。

2.具有初步的抽象思维能力

另外,国外有研究资料表明,大班幼儿可以在一定的抽象水平上概括图形之间的关系。如正方形、长方形、梯形、菱形、平行四边形等,可以概括称之为四边形,因为这些图形都有4个角和4条边。

3.认识基本的立体图形

这一阶段的幼儿还能认识一些基本的立体图形(包括球体、圆柱体、正方体、长方体),做到正确的命名,并知道他们的基本特征。例如,正方体有6个面,都是正方形,且一样大,把它放在桌面上,不管怎么放,都不能滚动;圆柱体的上下两个面是一样大的圆形,中间上下一样粗,把它放在一个平面上,会前后滚动,像一根柱子一样。

4.把几何形体作为区分实物形状的标准

幼儿已能把几何形体作为区分或选择实物形状的标准。例如知道大盘子、小碟子都是圆形的,而皮球、苹果、小玻璃珠子都是球体形的。

5.认识到图形的守恒性

能不受图形摆放的位置、图形的大小、图形的颜色等变化的影响而正确地辨认图形。例如,三角形的物体无论怎样放,儿童都能识别出它是三角形;知道蓝色的盘子和红色的盘子都是圆形的,等等。

第三节　幼儿认识几何形体的教学

一、认识几何形体的教学

(一)小班幼儿认识几何图形(平面图形)的教学

1. 小班幼儿认识几何图形的教学目标

(1)初步认识圆形、正方形和三角形,看到图形能说出名字,并能按名字找出图形。

(2)能正确地配对和指认各种图形。

(3)能不受图形颜色、大小、摆放的位置的影响,对圆形、正方形、三角形进行初步分类。

2. 小班幼儿认识几何图形的教学方法

(1)引导幼儿注意观察、比较物体的不同形状。在实际生活中,物体都是以不同的形状展现在我们面前的。引导幼儿观察这些事物,有利于幼儿辨别形状,且有利于幼儿形成初步的几何图形概念。

教师引导幼儿观察时,注意让幼儿辨别大小、颜色、摆放位置不同的物体形状。在此基础上引导幼儿感知几何形体,比较圆形、正方形和三角形的不同之处。如头巾、手帕、红领巾等。

(2)用多种感官的协同作用感知圆形、三角形和正方形。如可以看、摸、摆(用小棍)这几种图形,也可以模仿或拓印。如教师把画好的图形给幼儿,另给一张纸,让幼儿拓印,使其在操作中感知图形。

此外,教师在运用观察、触摸的方法让幼儿感知图形的起初阶段,应尽量选择生活中接近平面图形的物体。让幼儿从实物出发感知图形,然后再使用标准的图形。例如,让幼儿认识圆形时,教师可以出示塑料圆盘子,让他们看一看、摸一摸(边缘和面),然后在此基础上出示标准圆形。这样既贴近幼儿的生活,又能让他们积累感性经验。

(3)利用手工活动折叠、剪贴圆形、三角形和正方形。折纸和剪贴活动可以相继进行。例如,老师可以拿出一张正方形的纸教幼儿怎样折出三角形,然后沿线剪开并把这些三角形贴起来。在操作过程中,还可以让幼儿数数剪出来几个三角形。

(4)玩一些求同游戏。求同游戏就是引导幼儿挑选出具有共同属性的图形的一种活动。如找圆形物体或图形,也可找三角形或正方形。还可以准备一些数量在3以内的图形,引导幼儿数数有几个。

(5)给圆形、三角形和正方形涂画,引导幼儿把图形和具体实物的形状联系、对应起来。

圆形——可以表示太阳,即太阳是圆的。

正方形——涂画手帕,即手帕是正方形的。

三角形——涂画红领巾,即红领巾是三角形的;把小房子的屋顶涂上颜色,即屋顶是三角形的。

3. 小班幼儿认识几何图形的教学范例

教学活动案例 1

活动名称:圆圆和方方(小班)

活动目标

1. 能了解圆圆、方方的特征。
2. 体验共同交流、分享的快乐。

活动准备

1. 布置像家一样的教学环境,其中有像圆圆、方方的东西。
2. 制作相应的多媒体教具。
3. 幼儿自编图形宝宝儿歌的操作图片。

活动过程

1. 说说圆圆的图形宝宝。

出示多媒体教具,幼儿看看并说说图形宝宝的特征及其相关物品。

(1)教师:老师带你们去图形宝宝家玩(以开火车的形式),好吗?

(2)(师生做敲门状)出示图形宝宝,说说它的特征。

教师:是谁来了?(圆圆)圆圆长得什么样?(用动作表示圆圆的)

(3)让幼儿说说圆圆的东西。

教师:哪些东西和圆圆宝宝长得很像(轮胎、皮球、呼啦圈……)?还可以启发幼儿说说现实环境中有哪些东西是圆的。

(4)教师引导幼儿看多媒体教具。小结:我们帮圆圆找了这么多的朋友,圆圆说谢谢你们! 其实圆圆还有许多朋友,以后我们再帮圆圆找。

2. 找找方方的物品。

出示多媒体教具,幼儿找找并说说方方的特征及相关物品。

(1)(师生再次做敲门状)出示方方的多媒体教具,说说它的特征。

教师:它是谁呀?(方方)幼儿与方方打招呼。

教师:方方长的是方方的(边讲边做方方的动作),并请幼儿一起做方方的动作。

(2)激发幼儿在周围寻找长得像方方的东西。

教师:方方听说你们刚才给圆圆找了许多朋友,它说"我也没有朋友,我一点也不开心",怎么办呢?

幼儿讨论片刻。

(3)幼儿帮助方方在周围找朋友。

(4)师生一起检查后,老师小结:这下方方该高兴了,你们帮它找了许多和它长得像的朋友,谢谢你们。你们辛苦了,快坐下休息一下。

(5) 此时,老师的话刚说完,屏幕上立刻出现⊂⊃的图片。教师做出吃惊状:这像什么?(眼睛)教师做出明白的样子:噢,原来是看看,以后小朋友看到这两个像眼睛的图就知道是要我们看看了,明白了吗?

(6) 教师带幼儿做随意看看的动作:看看我们的身上有什么?(圆圆的纽扣)抬头看看有什么?(圆圆的灯、方方的窗户)

3. 说说讲讲图形儿歌。

欣赏图形宝宝"歌",激发幼儿的兴趣。

(1) 教师:你们来了,图形宝宝真开心,它们想给你们表演节目呢,看,谁先表演了?(出示圆圆的"歌"多媒体教具)

(2)

儿歌:"看看圆圆,皮球圆圆。"

(3) 教师:方方也来看表演了(出示方方的"歌"多媒体教具,方法同上)

儿歌:"看看方方,桌子方方。"

(4) 幼儿在教师提供的各种方形、圆形的事物图片中,找一张贴上去。

(5) 自由表演图形宝宝的"歌"。

如: ①

(二) 中班幼儿认识几何图形(平面图形)的教学

1. 中班幼儿认识几何图形的教学目标

(1) 引导幼儿主动观察各种形状的物体。

(2) 引导幼儿感知和认识长方形、梯形、椭圆形和半圆形等图形的基本特征。例如,长方形的特征是:4个角,4条边,2条边长,2条边短,相对的2条边一样长,是一个封闭的图形。

(3) 能在日常生活环境中寻找出与图形相似的物体。

(4) 能够通过感知和观察正确辨认和命名长方形、梯形、椭圆形和半圆形等图形;能逐步不受图形颜色、大小和摆放位置的影响而正确地辨认图形。

(5) 初步感知理解图形之间的简单关系。如一个长方形可以分成2个长方形或4个小正方形、2个大三角形、4个小三角形等,并能用图形进行自由拼搭。

---

① 陆磊.幼儿数学优化教程——新课程背景下3~6岁幼儿数学活动设计.上海:上海古籍出版社,2006

2. 中班幼儿认识几何图形的教学方法

(1) 通过图形之间的比较来认识图形。通过对图形的观察和比较，让幼儿区别不同图形的特征，从而认识新的图形。该活动应在幼儿已经认识一些图形的基础上进行。通过找出两个相近图形的相同点与不同点，使幼儿在比较中认识新图形的特征，知道图形的名称。这种方法多用于中班幼儿认识新图形的教育活动。

例如，认识长方形，可以把长方形和已经认识的正方形进行比较。将长方形和正方形两张图进行重叠比较（长方形的宽与正方形的边一样长，长方形在下面，正方形重叠在上面），这样可以明显看到长方形有两条相对比较长的边，这是长方形的一个主要特征。这时再让幼儿比较长方形和正方形的相同点（都有4条边和4个同样大的角）和不同点（正方形的4条边都一样长；长方形是2条边长、2条边短），从而使幼儿感知和认识到长方形的基本特征。也可以用同样的方法，通过与圆形的比较来认识椭圆形及其特征。

(2) 让幼儿感知和认识图形的基本特征，并逐步引导其实现图形守恒。在幼儿充分获得对图形的感知和学会命名之后，应进一步引导幼儿认识图形的基本特征。这是中班图形教育的一个重要任务。幼儿对图形基本特征的认识，是对图形认识的进一步抽象概括。教幼儿感知和认识图形，应告诉幼儿图形的边在哪，图形的角是什么，让幼儿数一数有几条边、几个角，它们是不是一样长等。然后再让幼儿观察不同大小和颜色的同一种图形，分别数它们的边和角的数量，从而巩固幼儿对图形基本特征的理解，加深幼儿对图形的感知与认识。

图形守恒是指人能够不受图形大小、颜色、摆放位置与形式的影响，正确辨认和命名图形。例如，教师为每个幼儿提供不同颜色、不同大小的图形（先从提供两种图形开始），让幼儿对图形进行操作分类，然后引导幼儿对图形操作分类的结果进行讨论。在讨论中，教师应不断向幼儿提出启发性的问题，引导幼儿思考并能够正确地说出分类的理由。例如，教师取出1个钝角三角形和1个等腰三角形，可以问幼儿"这两个形状看上去不一样，不只是大小不一样，它们的样子也不一样，你为什么把它们分在一起呢"等类似的问题，引导幼儿根据图形的基本特征确定其名称，得出"它们都有3条边、3个角，所以都是三角形"的结论。这样，就能使幼儿逐步达到不受外部因素（颜色、大小、摆放的形式与位置）的影响而正确辨认图形的目的。

(3) 通过对图形的分割与拼合，让幼儿感知认识图形之间的关系。感知图形之间的简单关系是对已知图形的进一步认识，它能帮助幼儿理解整体与部分之间的关系，提高幼儿思维的灵活性。

幼儿对图形之间关系的理解与认识，主要是通过对图形的分割和拼合进行的。教学步骤应是先分后合，方法可先由教师讲解演示，说明如何分合图形，引起幼儿操作的兴趣后,再引导幼儿进行操作练习;也可先启发幼儿自己尝试、探索如何分合图形,教师再对发生困难的幼儿做必要的解释或示范。重点是让幼儿理解一种图形和其他图形之间的关系,并让幼儿感受到整体可以分成部分,部分合起来还是整体,整体大于部分,部分小于整体的道理。例如,教师先告诉幼儿,一种图形可以把它分成另外两个一样大的图形,让小朋友试试看。然后,教师鼓励幼儿试着将一张正方形的纸分成两个一样大的长方形,可以先问幼儿怎样分,再让幼儿试着将两个长方形拼合起来,看其是否还是与原来形状相同的正方形。最后,引导幼儿讨论操作结果,明确两种不同的分割方法都可以使正方形变成两个一样大的不同图形,并引导幼儿运用合、并的方法来验证结论的正确性。

在上述操作活动中,教师还可鼓励幼儿自己探索长方形、圆形等图形的二等分、四等分方法,可以发给幼儿每人4块同样大的三角形,让他们探索拼出正方形、长方形和梯形。

(4)在日常生活中引导幼儿观察和辨别各种形状的物体,并把观察到的物体形状画下来,然后告诉老师和小朋友。

此外,也可在日常生活中寻找与图形相似的物体。教师积极引导幼儿在周围环境中,运用已经掌握的几何图形知识,寻找与几何图形相似的物体或物体的某一部分。例如,在日常生活中,教师可以让幼儿在教室里寻找(可以事先准备一些物品,也可以不专门准备物品,让幼儿随机寻找),看看哪些东西像什么形状,如像圆形的物品有圈套、飞盘、盘、圆盒底、杯口等,类似正方形的物品有玻璃、手帕、方毛巾等,类似三角形的物品有三角板、三角形的旗子、三角铁、三角衣架等。

教师可以组织幼儿到整个幼儿园、幼儿园周围、社区或其他地方,去观察寻找什么东西像什么形状。这种寻找活动对幼儿来说较为困难,教师不要急于让幼儿回答问题,可事先向幼儿交代观察的任务,如"请小朋友回家找找看,你们家里有哪些东西像正方形,明天告诉老师和小朋友"等,让幼儿带着目的去寻找、发现和探索。

(5)在游戏和操作活动中加深幼儿对图形的认识。让幼儿不断感知和认识几何图形的游戏与操作活动,在幼儿园的图形认知活动中是最常用的方法。

① 用玩具进行的图形游戏。如图8-10的图形镶嵌游戏。

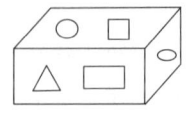

图 8-10

② 涂色活动。按教师的口述或范例,幼儿在不同图形上涂上自己喜欢的

颜色。

③ 寻找图形。教师说出图形名称与特征，调动起幼儿的兴趣后，再找出相应的图形。如图 8-11 所示，教师可以让幼儿找找图中的三角形。

图 8-11

④ 拼图活动。教师为幼儿提供各种图形，让幼儿按照范例图示进行拼图。幼儿自由拼图，是一项十分有益的活动，它不仅能加深幼儿对图形的认识，帮助幼儿理解图形之间的关系，而且也能启发幼儿的想象力。例如，幼儿经常玩的七巧板。如图 8-12。

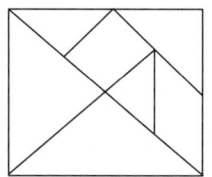

图 8-12

⑤ 折叠活动。教师发给每个幼儿一些简单的几何图形纸（如正方形、长方形、三角形等），让幼儿折叠分割成各种各样的几何图形，以加深幼儿对图形之间关系的理解。

（6）在绘画、手工活动中加深幼儿对图形认识。绘画是幼儿非常喜爱的活动，幼儿可以在绘画中运用已掌握的图形知识，创造性地表达对周围环境及事物的认识。还有利于发展幼儿的空间想象力。

折纸、粘贴画和编织物品等手工活动，更能起到帮助幼儿巩固和加深理解图形之间关系的作用。

幼儿在绘画活动、粘贴活动、折纸活动及泥工活动中能绘制出各种各样的图形，这些活动能让幼儿更充分地感受与体验到图形的特征。

（7）在建构操作活动中，教师要注意引导幼儿感知不同形状的物体。搭积木是幼儿最常见、最喜欢的一项活动。积木有的很大，有的较小。例如，可以利用雪糕条棍，截掉其两头半圆部分，就成为长方形的木条，收集多了可以作为微型积木，拼出各种图形。

(8)教师在为幼儿提供游戏材料时,应尽量提供多种图形。

如纸的提供,教师习惯上多是提供长方形,应提供多种几何形状的纸,如半圆形、梯形、椭圆形、正方形等,让幼儿在使用它们的过程中逐步认识各种图形。另外,提供的其他材料也可以是多种形状的,如泡沫塑料等。

3.中班幼儿认识几何图形的教学范例

教学活动案例 1

活动名称:半圆形(中班)

活动目标

1.认识半圆形。

2.能辨认出含有半圆形的物品。

3.培养幼儿对各种图形的兴趣,体验游戏的快乐。

活动准备

1.教具:圆形、三角形、正方形纸片若干。

2.学具:图形纸片、作业单(见附图)若干,橡皮泥、彩笔等若干。

活动过程

1.预备活动。

游戏:切西瓜。幼儿牵着手边走边念儿歌(切,切,切西瓜,一个西瓜切两半)。当念到"一个西瓜切两半"时,教师在两幼儿牵手处,做切西瓜的动作。两幼儿立刻松手,并朝相反的方向奔跑,谁先回到刚才站的地方,谁就获胜。游戏可反复进行。

2.集体活动。

(1)复习圆形。

创设情境。教师:小熊一家的新房盖好了,它们的窗户是圆形的,老师这里有几张图形纸片,哪个形状的纸片像小熊家窗户的形状呢?

幼儿从几种图形纸片中选出圆形纸片。

(2)学习半圆形。

继续创设情境。教师:小熊家的窗户由两扇一样大的玻璃组成。请小朋友一起帮小熊把窗玻璃分好吧!教师和幼儿一起将圆形纸片平分为两半。

小结:圆形的一半就是半圆形。

(3)生活经验讲述。教师:生活中有哪些物品的外形像半圆形?

3.游戏活动。

(1)游戏"找找,说说"。教师出示各种各样的几何图形,请幼儿辨认出半圆形。

(2)游戏"看谁举得对"。每位幼儿各拿一种图形,当教师说:"半圆形宝宝在哪里?"拿半圆形的幼儿就将图形举起来。可反复变换图形进行游戏。

4.分组活动。

第一组:寻找半圆形。找出作业单(见附图)中的半圆形,并给半圆形涂色。

第二组:做做玩玩。用橡皮泥和其他辅助材料做半圆形的物品。

第三组:游戏"分分家"。请幼儿把"几个图形组"中的各种图形分类,并做标记。

第四组:图形变半圆形。幼儿尝试用折叠的方法把图形变成半圆形。

5.交流小结,收拾学具。

活动延伸

1.在美术区提供半圆形纸让幼儿进行折、画、剪等。

2.在建筑区提供半圆形纸板、积木等。

活动提示

1.教师在演示教具时,可有意识地引导幼儿:一个圆形可以分成两个一样大的半圆形,两个一样大的半圆形合起来又成了一个圆形。

2.通过操作活动,帮助幼儿区分圆形、半圆形。

生活中的教学

家长和孩子一起玩"跳房子"的游戏,房子可以画成正方形、长方形、半圆形。当遇到半圆形时,学小动物叫。①

附图:

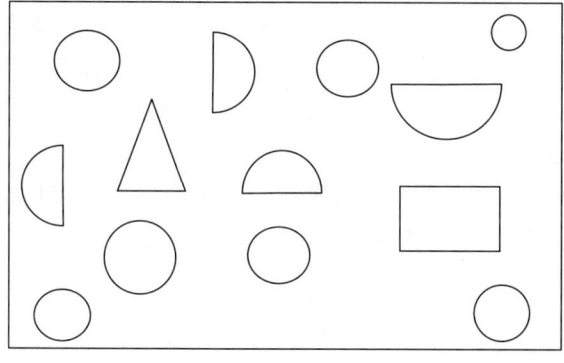

---

① 廖丽英、范佩芬.蒙氏数学教师用书(亿童幼儿园数学教育课程).武汉:湖北美术出版社,2005

(三)大班幼儿认识几何图形的教学

1. 大班幼儿认识几何图形的教学目标

(1)进一步理解、体验平面几何图形之间的关系。

(2)引导幼儿感知球体、圆柱体、正方体和长方体,能正确说出图形的名称和基本特征(如球体,不管从什么方向看都是圆的,把它放在桌面上,可以向任何方向滚动),能从周围环境中找出相似的物体。

(3)引导幼儿通过探索区分平面图形和几何体,知道平面图形有长短、宽窄之分,在一个平面上;知道几何体有长短、宽窄和高低(厚薄)之分等。

2. 大班幼儿认识几何图形的教学方法

大班的平面图形教学方法可以参照中班的方法进行。除此之外,认识基本的立体图形也是大班教学的主要任务。下面介绍认识立体图形的教学方法。

(1)通过观察、触摸认识立体图形的特征。例如,让幼儿认识球体的时候,教师可以准备篮球、足球、乒乓球等,让幼儿看一看、摸一摸、滚一滚,从而让幼儿了解球体的特征。

(2)通过比较认识平面图形、立体图形。例如,在幼儿学习认识正方体时,老师可以带领幼儿先复习正方形的特征,然后再引入正方体,引导幼儿把正方形放在正方体的每个面上(正方形与正方体每个面一样大),使其发现正方形与正方体的面能完全重合。教师还可带领幼儿数一数正方体的 6 个面,每个面是一样大;有 12 条棱,棱都一样长,正方体不能像球体那样滚动。再如,认识长方体时,教师可以将正方体与长方体作比较,使幼儿认识到长方体和正方体都有 6 个面,都有长、宽、高,但是正方体的 6 个面都是一样大的正方形,而长方体有 4 个面是长方形,还有 2 个面可以是长方形,也可以是正方形。

(3)通过泥工、粘贴和建筑游戏等活动加深对立体图形的认识。如图 8-13,两个圆和一个长方形可以粘贴成一个圆柱体;图 8-14,几个小正方形可以粘贴成一个正方体。

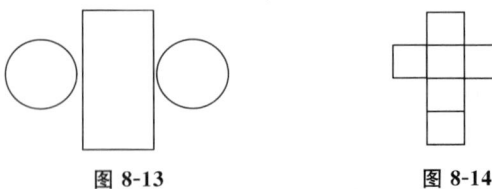

图 8-13　　　　　　　　图 8-14

3. 大班幼儿认识几何图形的教学范例

教学活动案例 1

活动名称:三角形碰碰乐(大班)

活动目标

1. 通过游戏,感知图形拼搭与组合的变化,理解图形之间的关系。
2. 遵守游戏规则,体验合作游戏的乐趣。

活动准备

1. 幼儿已经具有用三角形拼搭图案的经验。
2. 幼儿人手一个等腰直角三角形纸片。
3. 记录用的小等腰直角三角形纸片。
4. 四种图形的打底板、陈列板等。

活动过程

1. 交流已经拼搭过的三角形图案,引起参与游戏的兴趣。

(1)教师:还记得我们用三角形玩过的拼图游戏吗?来看看我们都拼出了哪些图形。

(2)教师小结:原来三角形和三角形不同的地方碰在一起能拼出这么多有趣的图形来。

2. 幼儿尝试新游戏,感知用不同方法拼搭组合三角形的变化。

(1)介绍规则。

重点解释什么是边与边、角与角完全碰在一起。

(2)两个三角形碰碰乐。

① 幼儿依据儿歌要求进行拼搭。

② 幼儿分享交流拼搭的结果,并用小三角形纸片进行记录。

③ 教师小结:两个三角形碰一碰,能够拼出一个大一点的三角形,还能碰出一个不一样的正方形和平行四边形,真有趣!

(3)四个三角形纸片碰碰乐。

① 四位幼儿合作拼搭。

② 幼儿分享交流结果,并用小三角形纸片进行记录。

③ 教师依据幼儿拼搭的情况提出第二次拼搭的要求(新图形、不一样的拼搭方法)。

④ 教师小结:四个三角形用不同的拼法可以拼出不同的图形,同一种图形也可以有不同的拼法。

(4)16个三角形碰碰乐。

① 感知三角形的总数。教师出示4个图形底板让幼儿猜测可能出现的结果。

② 幼儿自由合作选择图形,尝试拼搭。

③ 教师验证结果并小结:原来16个三角形只要用不同的拼法就能正好放进这四种图形里。

活动延伸

1. 教师出示另一种三角形,让幼儿将其与本次活动中的三角形比较,发现不同。

2. 教师提问:如果用这个三角形来碰的话,又会出现什么样图形来呢?我们再来试一试,好吗?

（上海市秋月枫幼儿园王琼老师设计）

教学活动案例2

活动名称:认识球体(大班)

活动目标

1. 能了解球体的基本外形特征,能区分出圆形和球体。
2. 能识别出生活中的球形物体。

活动准备

1. 给幼儿分组,每组幼儿一只小筐子,里面有若干玻璃球、乒乓球,一个篮球和一个足球。
2. 给每组幼儿准备一只筐子,里面有若干硬币。
3. 活动环境布置:老师在一个区域放上弹球、皮球等球状物体及饼干、硬币、光盘等圆形物体。

活动过程

1. 摸一摸。

（1）教师出示一个乒乓球或一只篮球,并分别向各个方向推动球,使幼儿发现球能滚动。

（2）幼儿从一只筐子里拿出玻璃球、乒乓球、篮球或足球,看一看、摸一摸、动一动。

总结:像玻璃球、乒乓球、篮球和足球这样的物体是球体,在桌面上,它们能朝各个方向滚动。

2. 比一比。

（1）幼儿自由探索,比较硬币和球体的不同。

（2）幼儿探索之后,教师对幼儿的发言进行总结,并进一步引导幼儿探索。利用垒高活动形式,让幼儿发现因为球形物体能朝各个方向滚动,所以不易垒高,但是圆形物体可以垒高。

总结:无论从哪个方向看球形物体,它都不是平的,而是凸出来的;圆形物体有两个面是平的,从侧面方向看,它像一条线;球形物体能朝任何方向滚动,圆形物体平面朝下时,就不能滚动。

3. 找一找。

(1)让幼儿分组比赛,到指定区域去找生活中的球状和圆形状物体,将之分别放在两只筐中。

(2)教师引导幼儿说出自己分类的理由。例如,光盘不能向各个方向滚动,因为它是圆形。

总结:生活中有很多球形物体。鼓励幼儿自己去探索、发现。

活动延伸

串一串。

串窗帘:教师给幼儿提供两种不同大小的珠子(大珠子为红色,小珠子为蓝色),指导幼儿进行模式串珠。如可以按照"大、小、小"的模式串珠,也可以按照"大、大、小、小"的模式串珠。让幼儿在操作过程中进一步感知球体的特征。

(上海市秋月枫幼儿园王琼老师设计)

二、几何形体等分的教学(中、大班)

(一)等分的教学目标

1. 掌握基本的等分技能

教师要让幼儿理解等分几何图形就是把一个图形分成几小块同样大小的图形。例如,图8-15的分法就不是等分,而图8-16的分法是等分。

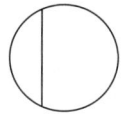 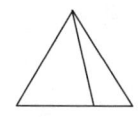 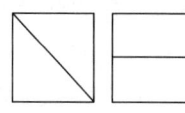

图8-15　　　　　　　　　图8-16

2. 理解几何形体的部分与整体、部分与部分之间的关系

没等分之前的图形是"整体",等分之后的小图形是"部分",整体大于部分,几个部分拼起来可以构成一个整体。

3. 学会等分生活中一些基本的规则实物

例如,指导幼儿等分橘子、绳子、豆腐干等。

(二)等分的教学方法

1. 讲解演示

幼儿刚开始学习等分时,教师应选择同样的教具2份。如用两张长方形纸重叠比较。第一步,让幼儿观察并知道这两张长方形纸是一样大的;第二步,教师把其中一张长方形纸进行等分对折后,用剪刀剪开,分成2份(或4份);第三步,教师把等分后的2份(或四份)教具进行重叠,验证一下是否一样大。幼儿看到是一样大(小),教师再告诉幼儿,把一张纸分成一样大(小)的2份,就是二等分(或分成4份一样大小的,为四等分);第四步,教师把等分后的每一份与原来的一份(即与被等分的一样大的另一份)进行重叠比较,让幼儿知道等分后的每一份比原来一份小,原来的一份比等分后的每一份大。

2. 操作练习

在教师进行讲解之后,幼儿可以进行操作练习。幼儿可以通过下列方式进行等分。

(1)折纸。把图形纸进行对折,然后再对折,再把纸打开,通过折痕观察折出的形状,体验整体与部分的关系。然后幼儿可以用剪刀沿着折痕把图形剪开,观察和比较部分与部分之间的关系。

(2)拼搭活动。如教师为幼儿提供一定数量的同样大的三角形、长方形,或者其他同样大的不规则图形,让幼儿拼搭长方形。

(三)等分的教学范例

教学活动案例 1

活动名称:帮狗熊妈妈分巧克力(大班)

活动目标

1. 在尝试性的操作活动中了解二等分的方法,体验数量的守恒。
2. 培养幼儿探索的兴趣,发展思维的灵活性。

活动准备

4cm×3cm 长方形格子纸若干张,剪刀 1 把,水彩笔若干支,狗熊妈妈、哥哥、弟弟头像各 1 个。

活动过程

1. 第一次分巧克力。

了解简单的二等分,体验数量的守恒。

教师:狗熊妈妈遇到难题了,她想将一大块"巧克力"分给哥哥和弟弟吃,可是不知道怎么分,你们愿意帮助她吗?出示长方形格子纸:这块"巧克力"是什么样子的?

请幼儿将长方形的"巧克力"分成一样多的两份。提示幼儿:每一个格子不能剪坏。

师幼共同验证:哥哥和弟弟吃得是否一样多。

第八章 幼儿认识几何图形能力的发展与教育

小结:比较狗熊哥哥和弟弟吃的"巧克力"是不是一样多,可以从形状、格子的数量去比较。

2.第二次分巧克力。

尝试用多种方法进行二等分,进一步体验数量的守恒。

教师:还有不同的分法吗?狗熊妈妈要看看谁的方法最多。幼儿再次尝试。教师提示幼儿可以先试着用笔画一画,再剪。

师幼共同验证两份"巧克力"的数量是否一样多。

小结:狗熊妈妈说小朋友真聪明,想出许多不一样的方法,都能把"巧克力"分成数量相等的两份。

附:巧克力样纸如下图所示。

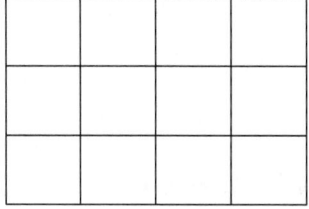

(上海市天山幼儿园王靖老师设计)

▶ 阅读推荐◀

1.弗·格·日托米尔斯基、勒·恩·舍夫林.幼儿几何启蒙.凌安荣译.长沙:湖南人民出版社,1998

2.常宏.3~6岁儿童平面几何图形组合能力的发展研究.华东师范大学硕士学位论文,2009

3.焦丽梅.图形形状对4~7岁儿童大小知觉的影响.天津师范大学硕士学位论文,2004

▶ 思考与探索◀

1.谈谈您对幼儿认识几何图形的一般发展过程的理解。

2.举例说明如何根据幼儿认识几何图形的年龄特征开展小班、中班和大班的教学活动。

3.举例说明如何对中、大班幼儿进行几何形体等分的教学。

4.如何通过同伴互动促进能力较弱的幼儿对几何图形的认知?

5.如何在区角活动中渗透几何图形知识?

第九章
幼儿物理量概念的发展与教育

【内容提要】：本章在介绍量、量的排序、量的守恒、测量与自然测量等有关物理量的基本知识及幼儿物理量概念发展特点的基础上，从教学目标的设定、教学方法的选用和教学活动案例分析等方面探讨了幼儿园如何开展幼儿认识物理量的教学，以期对理论学习者和实践工作者有一定的启发意义。

【学习目标】：通过本章学习，(1)理解幼儿物理量概念发展的一般过程和年龄特征；(2)掌握幼儿园物理量教学的目标和方法。

第一节 物理量的基本知识

一、量

量及量的关系是数学研究的对象之一。认识常见的物理量是幼儿园数学教育的内容之一。

量是指客观世界中物体或现象所具有的可以定量区分或测定的属性。"量"和"数"关系密切，"量"的测定结果可以用"数"来表示，所以，我们常常把"数"和"量"连在一起说成"数量"。

量可以分成不连续量和连续量两种。不连续量，也叫"分离量"，是指表示物体集合元素多少的量，可以用个数数出。如，盒子里有多少块积木、活动室里有多少个小朋友等；连续量，也叫"相关量"，是指表示物体属性的量，不能用个数数出。例如长度、面积、体积、重量等。

幼儿初步认识的是一些生活中常见的量，如多少、大小、长短等。

二、量的排序

（一）排序及其类型

1.排序的含义

排序,是指将两个以上的物体按照某种特征上的差异或一定的规则排列成序的活动。排序是一种建立在比较基础上的思维活动,是一项反映幼儿思维判断和推理能力发展的重要活动。幼儿排序能力的发展,主要表现在对物理量的排序方面。

排序活动有助于幼儿学习计数,有助于幼儿掌握数的序列,建立起数序概念;有助于幼儿加深对数学知识的认识,理解抽象的"数"概念,促进幼儿思维能力的发展。

2.排序的类型

在学前阶段,排序活动是幼儿学习"数"概念、认识数序及物体量的重要方法之一。排序活动一般可以分为两种:①

（1）按次序规则排序。它包括:一是按物体量的差异次序排序,即按照物体的高矮、粗细、大小、长短和宽窄等排序。如把木板按从宽到窄的顺序排列。二是按物体数量多少的次序排序。如将圆点卡片或数字卡片,按从多到少或从少到多的次序进行排序。

（2）按特定规则排序,即按物体的颜色、形状或其他人为指定的规则等排序。如将卡片按颜色从深到浅的顺序排序,按"两个红色雪花片,一个绿色雪花片"的规则排序,按一个三角形、一个圆形、一个正方形的规则排序(如图9-1)。

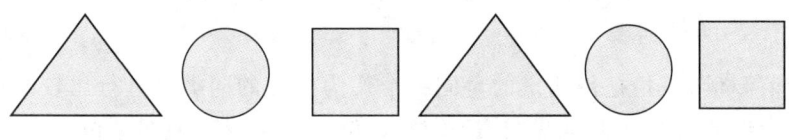

图 9-1

（二）物理量序列的基本特征

• 排序中的可逆性。是指从两个方向排次序,也就是将物体按一定量的差异排列成递增或递减的顺序。如从短到长、从长到短等。

• 排序中的传递性。可理解为如果B比A长,C比B长,那么C就比A长。在比较中,C没有与A直接比较,而是通过B这个中介将关系传递过去。所以

---

① 黄瑾.学前儿童数学教育(修订版).上海:华东师范大学出版社,2007

序列中各对象之间均可用传递的方法,判断它们之间量的关系。

• 排序中的双重性。是指在按等差关系排列的物体序列中,确定其中任何一个具体元素的位置时,知道它的量比前面一个元素大,比后面一个元素小。如三支等差为1cm的铅笔序列,中间的一支比前面一支短,比后面一支长。

序列的这三种特性实质上反应的就是思维的抽象能力和推理能力。思维上的这三种能力在幼儿期是逐渐发展起来的,甚至有的思维能力直至幼儿晚期才开始发展。但是,如果我们在对不同年龄幼儿的排序教育中,注重量的可逆性、传递性和双重性的教育,将有助于促进幼儿思维能力的发展。①

三、量的守恒

量的守恒,是指物体的量(长度、面积、容积、数量等)不因物体外部特征或排列形式的不同而发生变化。幼儿受年龄和思维抽象能力发展所限,往往在量的比较中容易受到外在形式、视觉判断等方面的干扰而不能正确地意识到物体的量。因此,帮助幼儿在量的比较中体验量的守恒是一项很重要的内容。尤其是在比较所呈现的物体量的特征方面,可以通过变换图式和添加干扰因素等方式来帮助幼儿感知和体验量的守恒。

量的守恒主要包括:一是非连续量的守恒,即在"数"概念教育部分所谈及的数量守恒;二是连续量守恒,例如,大小守恒、长度守恒、面积守恒、重量守恒、容积守恒等。

四、量的测量

(一)测量

所谓测量,是指把待测定的量同一个作为标准的同类量进行比较的过程。用来作为计量标准的量,叫做"计量单位"。例如:用厘米作计量单位测定桌子的长和宽的过程就是计量。用一个计量单位来计量某一个量,所得的数值叫作这个量的"量数"。同一个量,用不同的计量单位来计量,所得的量数不同。例如,桌子的长用厘米来计量,所得量数是80,用分米来计量就是8。

常用的计量方法有两种:一种是直接计量法,是指把待测定的量直接与计量单位比较而得出量数的方法(如用米尺量桌子的长度);另一种是间接计量法,是指直接计量与待测定量相关的量,并使用公式进行计算才能得到结果的方法。例如,计算桌子的面积,先量桌子的长和宽,再使用面积公式求出桌子面积。

---

① 林嘉绥、李丹玲.学前儿童数学教育.北京:北京师范大学出版社,1994

（二）自然测量

根据皮亚杰的理论，量和数具有同构性，只是幼儿对量的认识要略晚于对数的认识，测量能力要到 8～11 岁才完成发展，因为把连续的整体分成互相替换的单位要比数出已经分开了的元素的个数困难得多。因此，幼儿初步学习直接测量，不能使用常用的计量单位，所以，要学习自然测量。

所谓自然测量，是指利用自然物（如图书、小棒、绳子、瓶子等）作为量具来直接测量物体量的测量方法。如测量物体的长短、高矮、粗细、轻重等，或以目测大小，以步测远近等。

幼儿在自然测量的过程中要用两种逻辑方法：首先，幼儿要把量的整体划分为若干个小单元，知道整体是由若干个部分组成的；其次还有一个逻辑相加，进行易位和替换的过程，即把每次测量的一部分和另一部分连接起来，从而建立测量单位体系。如测量绳子的长度，是通过移动小棒来进行的，测量的结果是一个被测得量与作为测量单位的量之比的抽象数。可见，通过自然测量可以使数和量之间密切结合，加深幼儿对"量"概念的理解，初步培养幼儿解决简单实际度量问题的兴趣和能力。

幼儿掌握测量技能是有一定难度的。中班以前的幼儿的测量是一种"目测"，即通过感觉来比较量的差异；中班以后，幼儿才学会简单的自然测量技能。

第二节　幼儿物理量概念的发展

一、幼儿认识物理量发展的一般过程

（一）从明显差异到不明显差异[①]

在心理学里，知觉的恒常性是指当知觉的条件在一定范围改变时，知觉映像仍保持不变。幼儿对物理量知觉的恒常性是在其积累经验的过程中形成和发展起来的。国外有关研究证明，儿童的恒常性约在 1 岁末就形成了。虽然幼儿在实际生活中已逐渐积累了对有关物体量的认识，但这种认识在早期却常带有很大的局限性，表现为缺乏分化和不够精确：3～4 岁的幼儿往往只能够感知和区分量的明显差异，比如在差异明显的变量中辨别区分出最大的（最长的）或最小的（最短的）。随着其年龄的增长，幼儿才逐渐能认识和区分差异不太明显的量，

---

① 金浩.学前儿童数学教育概论.上海：华东师范大学出版社，2000

能够根据物体量的差异进行数量在 10 以内的正、逆排序。其认识和区别量的精确性也有所提高。

(二)从绝对到相对①

幼儿在感知、区分量的特征的过程中还有一个重要的特点——对量的理解缺乏相对性。对长和短、大和小、宽和窄及其他变量,都只有在比较中,在对比两个物体的基础上才能理解和区分。但是,幼儿最初对这些量的认识表现出绝对性,他们常常把所掌握的具体物体量的特征(如大小、长短等)都看成完全绝对的。

列乌申娜在《学前儿童数概念的形成》一书中曾引用了两个 3 岁幼儿的争论:"就是我们家的狗大"、"不,我的汤米(狗名)大"……由此可见,在幼儿感知、区分量的进程中,对量的相对性的认识是比较困难的。4~5 岁幼儿还缺乏对物体量守恒的认识,如他们不易判断改变了摆放形式但等长的两个物体的长度。只有当幼儿从对两个物体的选择和比较逐渐过渡到对三个或更多物体的选择和比较时,才能逐步理解量的相对性。

(三)从模糊、不精确到逐渐精确②

文格尔曾经在《学前儿童知觉的形成》一书中写道:"语言在知觉发展中的作用在于把语言背后的逻辑成分引进知觉过程,在于思维活动和范畴对知觉活动及其结果的影响。"可见,语言或准确的词汇能给予知觉过程以巨大的影响。同样,在幼儿学习初步数学知识过程中,第二信号系统起着决定性的作用。列乌申娜曾指出:"只有在有语言的情况下幼儿对于各种不连续和连续量的感性知觉才是清晰的、分化的。"③虽然幼儿在生活中已经积累了关于物体大小或长短的不同经验,且能区分它们,但有时还不能用准确的词语来表达它的意义。如 2~3 岁的幼儿大部分对不同大小的物体能做出正确反应,能按照成人的语言指示选择出大的或小的物体,但尚不能用正确的词语表示。3~4 岁的幼儿能够正确区分物体的大小、长短等,也能用相应的简单词语表示,但常常将"大"或"小"这两个词作为代替长度等其他变量的通用词(如把粗铅笔说成是大铅笔;把长的毛巾说成是大的毛巾等等)。4~5 岁幼儿感知物理量的能力有了进一步的提高,能认识物体的粗细、轻重、厚薄、宽窄等,并能用相应词语表示。

---

① 金浩.学前儿童数学教育概论.上海:华东师范大学出版社,2000
② 金浩.学前儿童数学教育概论.上海:华东师范大学出版社,2000
③ [苏联]列乌申娜.学前儿童初步数概念的形成.北京:人民教育出版社,1982

二、幼儿认识物理量的年龄特征

(一) 2岁左右

学前儿童感知大小的能力发展较早。大部分2岁左右儿童能正确感知和判断不同大小的物体，能按照成人的语言指示选择大的或小的物体，但尚不能用准确的词表述这些物体。

(二) 3～4岁

第一，幼儿能正确区分物体大小和长短的差异，也能使用一些简单的词语表述相应的量，如"我抱着一个大娃娃"。并且感知物体大小的准确性有所提高，也初步具有了量的知觉恒常性。他们能判别大小差别不太明显的一组物体中最大或最小的物体；能正确辨别远处物体的大小和处在不同位置物体的大小。

第二，该年龄段的幼儿往往把"大"或"小"这两个词作为表示物体各种长度的通用词。例如，他们往往把长的、高的、宽的、粗的物体称为大的；把短的、矮的、窄的、细的物体说成小的。

第三，该年龄段幼儿的重量感知能力有了初步发展，能区分具有明显轻重差异的两个物体，并进行一定的表述。幼儿可以通过用手掂量两个颜色、形状、体积相同但重量不同的物体来区别出"一样重还是不一样重"，但对差异大的物体易于辨别，对差异小的，则有困难。幼儿还不能运用"轻"、"重"等词语表述自己的感受，而是较多运用"这里面沙子多"、"这里面水少"等具体词语表述。

(三) 4～5岁

该年龄段的幼儿感知物体量的精确性有了很大的提高。

第一，对不同大小的物体能够依次作出区分和排列。

第二，能从一组物体中找出相同大小的物体。通过对一组物体进行逐个比较和分析，最终做出选择，从而判别出"一样大"或"一样小"的物体。

第三，能比较精确地区分物体的高矮、粗细、厚薄、长短等，并能使用相应的词语表述。

第四，能按递增或递减的顺序进行6以内简单的量的排序，且主要依靠感知和试误而不是依靠逻辑关系来认识物体量的关系。

第五，对轻重的判断的精确性有了明显的提高，从若干不同重量的物体中辨别出同样重量物体的正确率、对轻重差异不大的物体的准确判别能力，以及使用"轻"、"重"等词表述自己感受的能力，都有了大大提高，还基本具备了感知轻重相对性的能力。

第六,虽然能判断相等量,但尚不具备对摆放位置或盛放装置发生改变的物体量的守恒判断能力。

(四)5～6岁

第一,在正确认识物体大小、长度的基础上,能理解到量的相对性。即五六岁的幼儿能够认识到物体的大小、长短、宽窄等都是相对的、有条件的。例如,对蓝(最短)、红(较长)、黄(最长)三块不同长度的积木进行比较。若教师问:"请小朋友们想一想,这块红积木是长呢?还是短呢?"有的幼儿回答:"它又是长的,又是短的。"有的说:"红积木和黄积木比,它短;要是和蓝积木比,它就长了。"

第二,逐渐能在逻辑上理解量的可逆性和传递性。如能够完成数量在10以内的正排序和逆排序,并能较明确地说明进行传递性判断的理由。

第三,能够理解物体在长度、面积和容积等方面的守恒。当物体的外形、摆放位置等发生变化时,幼儿仍可正确判断物体量的不变性。例如,同样多的两份沙子,当它被倒进粗矮杯子或倒入细高的杯子时,幼儿知道沙子还是一样多。一块球体的橡皮泥,当它被搓成圆柱体,或压扁时,幼儿知道橡皮泥和原来的还是一样多。

第四,该年龄段的幼儿具备认识物体重量与体积之间关系的能力。5岁幼儿判别轻重差异的精确性有了较大提高,并能准确理解和运用"轻"、"重"词语。同时,6岁幼儿已具备了认识物体重量和体积之间关系的能力,如认识到体积小的物体可以比体积大的物体重;体积一样大,但制作材料不同的物体,重量可能不一样。这是学前末期幼儿思维可逆性发展的重要表现。

三、幼儿排序能力的发展

如前所述,排序就是将两个以上的物体,按照某种特征上的差异或规则进行有序排列。对学前儿童来说,排序比分类难度更大,排序需要幼儿能连续比较并区分物体之间的差异,同时能协调物体之间的关系;而分类只需要幼儿辨别和确定一个物体是否具有某一属性,以便将其划入某一类别中。所以说,排序活动较复杂,对学前儿童要求较高。

(一)幼儿排序能力发展的一般趋势

对不同的对象进行排序,对幼儿来说有难易之分、先后之别。我国心理学界曾有人用积木、小棍、圆点卡片、填字卡等对幼儿的大小、长度、数量、数序等排序能力做过初步实验研究。研究结果表明,幼儿对物体大小、长短的排序能力早于

第九章 幼儿物理量概念的发展与教育

对实物数量的排序能力,对实物数量的排序能力又早于对抽象的数字的排序能力。① 这一发展趋势是符合学前儿童从直接感知到形象表征,再到抽象概念的认知发展规律的。

因此,幼儿园数学教育中的排序教学,应从大小、长短、高矮等具有直观形象的连续量开始,而不应从数序开始,以连续量的排序活动促进幼儿对序列概念和数序的理解。

(二)幼儿排序能力发展的年龄特征

1.幼儿排序数量的年龄特征

幼儿的排序能力与所排序物体的数量有关。如幼儿用小木棍进行长度正排序,在未接受排序教育的3岁幼儿中,有70%可以完成3根木棍的排序,但对5根和10根小棍的排序,没有幼儿可以完成。4岁幼儿中,有80%可以完成3根木棍的排序,35%可完成5根的排序,但对10根木棍的排序,没有幼儿可以完成。5岁幼儿可100%完成3根木棍的排序,对5根和10根木棍的排序,则分别有80%和55%的人可以完成。6岁幼儿可100%完成3根与5根木棍的排序,对10根木棍的排序,也有90%幼儿可完成。②

2.幼儿排序能力发展的年龄特征

如以小木棍的长度排序为例:①3岁幼儿在完成排序任务时,活动带有很大的游戏性、任意性和不稳定性。例如,要求某3岁幼儿完成3根小木棍由短到长的排序任务,在成人不断重复提出任务后,他先拿起一根小木棍,放在眼前,又抓起另外两根,任意把它们排在第一根小棍的旁边,却不按长短排列,也没有基线。然后坐好,看着成人,表现出特别高兴的样子。②4岁幼儿对排序任务的目的性认识有所提高,游戏性特征减少,但常使用分组比较的方法排序,组与组之间是孤立的,还不能配合成一个序列。而且,只有少数幼儿能注意到排序的基线,排序过程中试误的次数较多,注意的广度与稳定性也表现出不足。如,在进行5以内的排序时,幼儿将5根小木棍任意分为3根和2根两组,每组分别按照长短依次排好,然后将两组木棍并拢,完成排序任务。这表明该阶段幼儿还没有认识到在排序过程中应当注意物体的基线问题。③5岁幼儿排序动作的协调性、灵敏性有了很大提高,注意的广度和稳定性也有了发展,且在排序中能够注意物体下部的基线,并主动改正错误。幼儿在进行5以内的排序时不仅试误次数减少,部分幼儿还能够用目测方式排序。在进行10以内的排序时试误次数较多,但大部

---

① 刘范等.在国内九个地区3~7岁儿童数概念和运算能力发展的初步研究.心理学报,1979(1)

② 林嘉绥、王滨.3~6岁儿童掌握长度排序的初步探讨.学前教育研究,1989(5)

分幼儿会注意排序对象的基线,并能主动改正排序过程中出现的错误。④6岁幼儿在进行 10 以内的排序时,目测能力显著提高,试误次数明显减少。部分幼儿还能自觉运用简便方法完成排序任务。如某幼儿在进行 10 根铅笔的排序时,先将所有铅笔一端对齐,再依次从中拿出最长的一根,排列成为一个序列,从而完成排序任务。①

3. 幼儿四种排序能力的发展特点

· 正排序。

3~4 岁幼儿能够完成 3 以内的正排序,4~5 岁幼儿能够完成 5 以内的正排序,5~6 岁幼儿能够完成 10 以内的正排序。

· 逆排序。

3 岁幼儿不能进行逆排序,4~5 岁是幼儿逆排序能力迅速发展的时期。例如,对 5 根铅笔的逆排序,3 岁幼儿无人能完成,4~5 岁幼儿有 75% 的人能完成。

· 传递性。

皮亚杰认为,要使次序化活动获得成功,幼儿必须具有理解"传递"关系所必需的心理学结构。传递关系也是简单的推理过程,可理解为因为 $A>B,B>C$,所以 $A>C$。

5 岁前的幼儿认识排序的传递性是很难的。虽然他们能够依靠直观感知说出正确的结果,但不理解其中的传递关系。例如,3~4 岁的幼儿对 3 根小棍的排序,能正确说出第 1 根比第 3 根长的人数达到 50% 左右,但其中 85% 左右的人不能说出理由,往往以"我动脑筋想出来的","爸爸教我的"作答。幼儿在 5~6 岁这一时期能明确表述理由的人数平均可达 50% 左右。例如,一个 5 岁幼儿说:"刚才比较过了小蓝棍和小红棍,是小蓝棍短,小红棍长,小黄棍比小红棍还长,所以小黄棍比小蓝棍长。"可见,5~6 岁幼儿是认识传递性的较好时期。

· 双重性。

幼儿在认识三个依次排列木棍的长短关系后,就能知道中间的木棍比前面一根长比后面一根短。这就是量的双重性。

幼儿对排序中的双重性的理解发展较慢。5 岁以前不能理解双重性,学前末期的幼儿可达到初步理解。考查幼儿认识排序双重性的能力时,应当以幼儿能否口头回答理由为依据。例如,将一排排列成序的小棍中的一根拿掉,然后让幼儿放到正确的位置。结果发现,3~4 岁的幼儿极少能正确完成,且不能说出理由;有 40% 左右的 5~6 岁幼儿能完成,并能说出理由。这说明,学前末期的幼儿存在学习双重性的可能,通过教育引导,幼儿是可以初步理解的。

---

① 林嘉绥、王滨. 3~6 岁儿童掌握长度排序的初步探讨. 学前教育研究,1989(5)

第九章 幼儿物理量概念的发展与教育

第三节 幼儿认识物理量的教学

一、幼儿物理量比较的教学

比较是思维的一个过程,是依据物体之间的某些属性建立联系的过程。例如,区别两张卡片的大小,幼儿首先需要对它们进行比较,从大小这一物理属性上把两张卡片联系起来考虑,才能做出判断。在这种比较的过程中,幼儿会进行较为复杂的分析和综合活动。因而,比较物理量能促进幼儿思维的发展。乌申斯基说:"比较是一切理解和思维的基础。"

(一)幼儿物理量比较的教学目标

1. 小班

(1)学会用观察、比较的方法区分大小、长短、高矮差别明显的两个物体,会正确运用大小、长短等词表述比较的结果。

(2)学会用一一对应的方法比较两组物体的多少。

(3)能从三四个大小、长短、高矮等差别明显的物体中找出并说出最大的(最长的、最高的)和最小的(最短的、最矮的)物体。

2. 中班

(1)学会比较两个物体在宽窄、粗细、厚薄、轻重等方面的不同,并能正确使用"宽窄"、"粗细"、"厚薄"、"轻重"等词。

(2)能借助第三个物品(假定的尺寸)比较两个物品的大小、长短、高矮、宽窄等。

(3)能从五六个大小、长短、高矮、粗细、厚薄、轻重不同的物体中找出等量的物体。

3. 大班

(1)能从10个左右大小、长短、高矮、粗细、厚薄、轻重不同的物体中找出最大(最……)、最小(最……)和等量的物体。

(2)能够借助假定尺寸确定物体的大小、长短、宽窄、高矮和液体、颗粒物体的容积的多少。

(二)幼儿物理量比较的教学方法

1. 充分运用各种感官感知、比较物体量

苏联著名幼教专家列乌申娜认为"感觉过程是儿童认识事物和现象的质量特征的基础"。幼儿最初对物体量的认识不是用测量的方法,而是用各种感官感知量,在视觉、触摸觉、运动觉等分析器的作用下,以及它们的联合活动中体验物体在大小、长度、重量等方面的物理特性。因此,成人应充分利用身边的环境为幼儿提供充足的操作材料,让幼儿在感知活动中看、摸、操作,从而体验和比较物体的物理量。

(1)运用视觉比较。幼儿在认识物体的大小、长短、厚薄、粗细、高矮等特征时,可以让幼儿用视觉观察比较。例如,教师出示一大一小两个皮球,让幼儿看看,问他们哪个大、哪个小,还是一样大小。再如,教师教幼儿认识轻重时,开始也可出示两块形状、材料一样而大小不同的积木,问幼儿哪个轻、哪个重,还是一样轻重。

(2)运用触摸觉比较。教师可以让幼儿用双手抱球,仔细地抚摸,感知到球外形大小的不同,其所占据的空间就会不同;也可以让幼儿用拇指、食指等触摸自己的单衣和滑雪衣等物,感知其厚与薄的区别;还可以让幼儿不用眼睛看,只用手摸,在布袋里摸出粗的或细的小棒、长的或短的小棒等,同时用正确的词语表述。

(3)运用运动觉感知比较。运动觉感知比较主要用于认识物体的轻重。可让幼儿用手掂一掂或提一提两个不同的物体,如一小块铁和一大堆棉花,使幼儿知道不一样的物体,大的不一定重,小的不一定轻。

2.创设丰富的活动,给幼儿提供感知比较物体量的机会

首先,在提供感知材料时,应当根据不同的教学要求,选择比较的对象,突出某种需要比较的物理量。如幼儿认识物体的高矮时,应该选择粗细相同但高矮不同的物体作为比较材料。同时还应当考虑到幼儿的年龄差异,通常应当以幼儿能做出区别为准。为小班幼儿提供的材料,其量的差异程度应比较明显;为中、大班幼儿提供的比较材料,则可适当减小其差异程度。

其次,在进行具体的物理量比较活动中,教师应当为幼儿提供学习、运用多种比较方法的机会:

(1)运用重叠并放法比较物体量。重叠并放比较法是指依次把一个(组)物体重叠或并放在另一个(组)物体上,形成两个(组)物体之间一对一的对应关系,从而进行量或数的比较的方法。

例如:将一张红色正方形的卡片重叠在一张蓝色正方形的卡片上,比较它们的大小是否相同。又如(图 9-2):将两组不同的动物卡片并列放在一起进行比较。

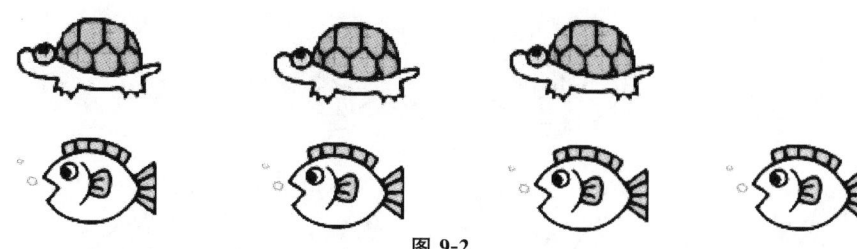

图 9-2

在进行比较时,应提醒幼儿注意重叠或并放物体时应该一端对齐。如比较长短时,比较对象的一端应对齐;比较大小时,应将大的物体放在下面,小的物体重叠在上面,以便分辨其不同。

(2)运用不同形式进行比较。包括单排比较(如图 9-3)、双排比较(如图 9-4)和不同排列形式的比较(如图 9-5)。

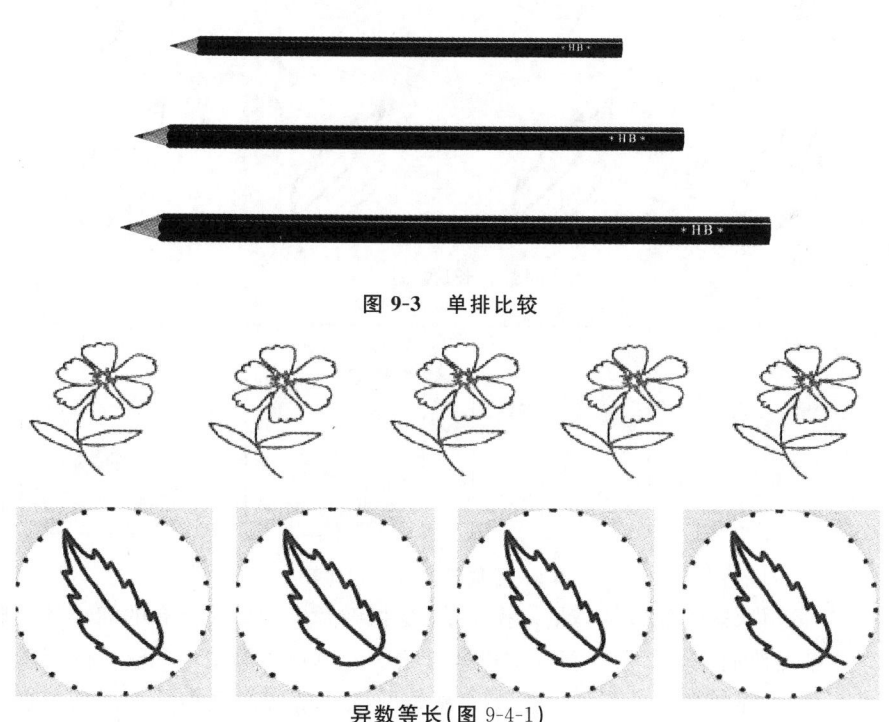

图 9-3　单排比较

异数等长(图 9-4-1)

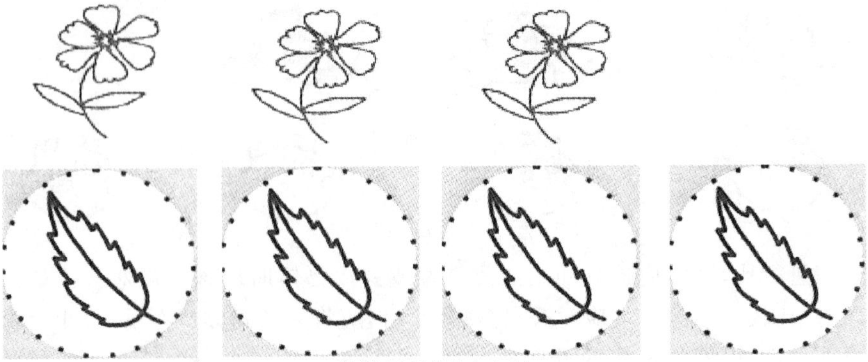

异数异长(图 9-4-2)

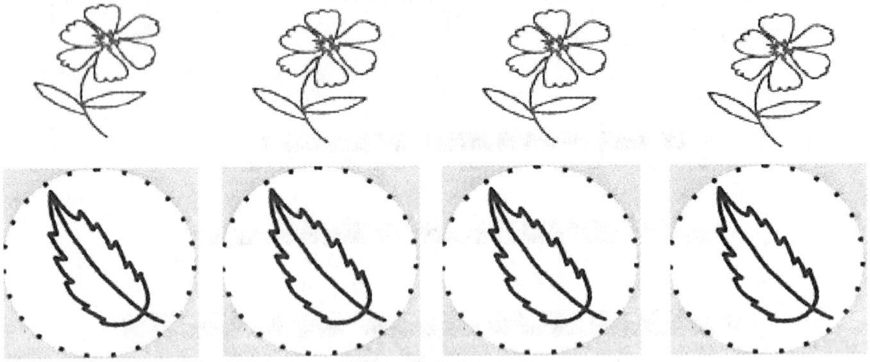

同数异长(图 9-4-3)

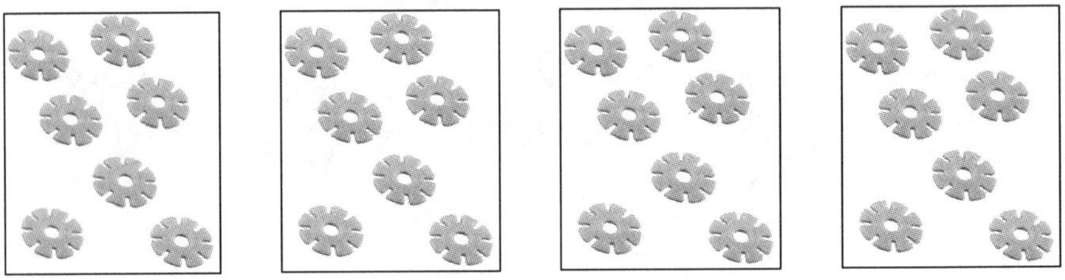

图 9-5　不同排列形式的比较

(3)运用探索法比较物体量。探索法,是指教师针对幼儿已有的知识和经验引导和启发他们探索并获得新的知识的方法。它既可以调动幼儿学习的积极性与主动性,又能够培养幼儿的自主探索精神及独立解决问题的能力。其方法是启发性的提问。提问的方式有多种,如正面提问、反面提问和追问等。幼儿比较两根木棍长短时,可以问"哪个长？哪个短？还是一样长？"在幼儿对量的守恒做出判断后,可以进一步追问"它们的颜色不同,摆的位置也不同,为什么还是一样多呢？"

(4)运用寻找法描述物体量。寻找描述比较法,是指引导幼儿在日常生活环境或教学情境中寻找物体量及其关系,或在直接感知的基础上按照要求寻找相应实物的一种方法。它有助于幼儿巩固对物体大小、长短等物理量特征的认识。主要包括以下三种:

在准备好的环境中寻找。教师在组织教学活动时,可以事先布置好环境、准备好比较对象,以引导幼儿寻找并比较。例如,事先在桌子上摆放一些大小不同的积木,让幼儿用观察或触摸的方法寻找并描述积木的特征,找出并说出哪块积木大、哪块积木小。

在现实环境中寻找。对幼儿而言,周围的现实环境是其获得初步的物理量感性经验的源泉。这一环境不仅包括自然环境,也包括社会生活环境。可以让幼儿在教室里或同伴身上寻找和描述,如找出柜子和椅子哪个高哪个矮、脖子和手指哪个粗哪个细等。

运用记忆表象寻找。教师可以启发引导幼儿运用已有的知识和经验,凭借记忆寻找和描述。这种方法既可以满足幼儿的好奇心,还能够培养幼儿观察、分析和综合的能力。例如,回忆植物园里树木高、花草矮,家中的棉被厚、桌布薄,城市里马路宽、巷子窄等。

(5)运用游戏法巩固对物体量的认识。教师可以利用各种形式的游戏,让幼儿练习判别物体的大小和长短等物理量的特征。例如,竞赛性的游戏,让幼儿按照提示卡上的要求从所给物品中找出最大的、最小的、最长的、最短的……看谁找得又快又准;又如"说反词游戏",教师与幼儿之间或幼儿同伴之间通过说相反的词,来提升幼儿对"大小"和"长短"等概念掌握的熟练程度和思维的敏捷性。如教师或同伴说"高",幼儿说"矮",幼儿说"大",教师或同伴说"小"等。

这种练习一般在幼儿初步认识了物体的大小、长短等基本特征后使用,多在中、大班进行。

(三)幼儿物理量比较的教学范例

教学活动案例1

活动名称:游戏"我和娃娃在一起"(小班)

活动目标
1.学习用重叠对应的方法,比较两种物体的多、少、一样多。

活动准备
1.玩具娃娃4个,椅子4把,娃娃用的帽子3顶,红花2朵。
2.每人一个小盒,内装红圆片5个、绿圆片3个。

活动过程

1. 教师出示4个娃娃和4把椅子,请个别幼儿让每个娃娃坐一把椅子,并要求幼儿回答:娃娃和椅子比,是一样多还是不一样多,为什么(幼儿能说出她们都有椅子坐等意思即可,不必要求说出都是4个的数目,因为小班幼儿学习比较物体多少的目的在于学习对应,感知数量,为学习计数、认数做准备)。最后教师应强调:娃娃和椅子是一样多的,因为每个娃娃都有1把椅子坐。

2. 教师又出示3顶帽子,请个别幼儿把帽子戴在娃娃头上,然后回答:娃娃和帽子是不一样多,还是一样多,哪个多,哪个少,为什么。最后教师应强调:娃娃和帽子是不一样多的,娃娃多,帽子少,因为还有娃娃没有帽子戴。

3. 教师再出示两朵红花,请幼儿回答:娃娃和红花是不一样多,还是一样多,哪个多,哪个少,为什么。教师最后强调的问题同上。

4. 让全体幼儿各自从盒中先取出红圆片,从左至右摆成一排,再把绿圆片放在红圆片上面,1个红圆片上面放一个绿圆片。然后回答:红圆片和绿圆片是一样多,还是不一样多,哪个多,哪个少,为什么。[①]

教学活动案例2

活动名称:称一称(大班)

活动目标

1. 感知比较2～3样物体的轻重。
2. 会自己选择和操作物体。

活动准备

幼儿每人1把多用尺、大回形针、蜡笔、不同大小塑料图形片、一样大小的橡皮泥若干,天平秤1台。

活动过程

1. 做一做。幼儿将6只大回形针两两相连,分别挂在多用尺的中间和两端,制成一杆秤。

2. 掂一掂。幼儿轮流将塑料图形片或橡皮泥在两只手中掂一掂,说说哪块重、哪块轻,还是一样重。

3. 捏一捏。幼儿将橡皮泥捏成与图形片相仿的形状和大小。

4. 称一称。幼儿用多用秤轮流称大小不同的塑料图形片和橡皮泥,比较它们的轻重,谁最轻,谁最重。

---

① 林嘉绥、李丹玲. 学前儿童数学教育. 北京:北京师范大学出版社,1994

第九章 幼儿物理量概念的发展与教育

活动建议：

1. 让幼儿知道一样大小的东西不一定一样重。例如，一样大小的橡皮泥块比塑料片重。

2. 可以让幼儿把在自制秤上称出的结果再用天平秤称量。

3. 可启发幼儿思考：要使轻的一头变重或重的一头变轻，应该用什么方法。①

二、幼儿物理量排序的教学

（一）幼儿物理量排序的教学目标

1. 小班

（1）能按物体的外部特征（如形状、颜色等）或量的差异特征（如大小、长短、高矮等）进行3个物体的正排序；

（2）能按特定规则进行3个以内物体的排序。

2. 中班

（1）能按物体量的差异（如高矮、长短、厚薄等）进行5个以内物体的正、逆排序。

（2）能按特定规则进行5个以内物体的排序。

3. 大班

（1）能按物体量的差异（如高矮、长短、厚薄等）进行10个以内物体的正、逆排序。

（2）能按特定规则或自主确定的规则自由进行5个以内物体的排序。

（3）初步理解依次排列物体之间的传递性和双重性关系，并能正确说明理由。

（二）幼儿物理量排序的教学方法

1. 为幼儿提供丰富的具有序列性特点的活动材料

教师除了在教学中为幼儿准备充足的操作材料外，还应该在幼儿自由活动的环境中投放一些含有顺序特点的活动材料，如套娃、套塔、长短不一的插棍，以及教师自制的一些序列材料等，以便让幼儿在各项活动、游戏中学习排序。

2. 为幼儿创设多样的排序活动

教师在引导幼儿进行排序时，要注意以下几个要点：

---

① 张慧和、张俊. 幼儿园数学教育. 北京：人民教育出版社，2004

(1)首先要通过示范让幼儿感知体验排序活动。例如,学习按物体颜色特征排序时,教师拿出蓝色、红色雪花片各3枚,在比较两种雪花片的颜色不同后,用绳子边穿雪花片边告诉小朋友:"现在老师把这些雪花片穿在一起,我先穿一枚蓝色雪花片,再穿一枚红色雪花片,红色雪花片穿完了又穿一枚蓝色雪花片,再穿一枚红色雪花片,就这样一枚蓝色的一枚红色地穿下去。"示范结束后,请幼儿将自己的雪花片按照教师的样子穿成一串。

(2)要向幼儿说明排序的基本要领,如明确排序的方向、起始线、排序的规则等。

明确排序的方向。有的物理量只能竖向排列,如高矮;有的物理量只能横向排列,如长短;有的物理量既可以竖向也可以横向排列,如大小、宽窄、粗细等。因此,在排序活动开始前,应向幼儿说明排序的方向,是横向排列还是竖向排列等。

明确排序的起始线。部分物理量的排序需要在同一起始线上进行,才可以保证其正确性。如高矮排序时,应告诉幼儿注意按下端基线对齐;长短排序时,应注意按左端或右端对齐等。

明确排序的规则。在排序活动开始之前应当制定好排序规则。如在按大小排序的活动中,教师应说明是按递增(先排最小的,然后一个比一个大地排),还是按递减(先排最大的,然后一个比一个小的排)的顺序进行排列。幼儿也可以自定或同伴互定或小组共定排序规则。

(3)要注意为幼儿提供独立地进行多角度排序活动的机会。幼儿具有一定的排序经验之后,教师应当为幼儿创造独立、自由、多角度排序的条件与环境。在集体教学活动中,要留给幼儿自由、独立排序的时间;在活动区角中投放可供排序的小棍、雪花片、串珠等材料。在投放材料、创设环境的同时,教师还应当恰当、适时地引导幼儿根据自己的兴趣和想象从多个角度自定规则进行排序活动。

(4)启发幼儿探索并理解物体排序中的可逆性、传递性和双重性特征。幼儿园排序教学不仅在于让幼儿学会如何正确排列,更重要的是发展幼儿相应的思维能力。因此,教师应当有意识地使用启发、探索等方法引导幼儿理解序列中的三种关系。

首先,可以在幼儿进行各种排序活动的过程中或结束后,引导其结合排序的过程和结果进行讨论。如教师问大班幼儿:"你怎么知道红铅笔比蓝铅笔长呢?(传递性)""为什么你说10根排好的木棍,随便拿出一根都比前面一根长,比后面一根短呢?(双重性)"。教师问中班幼儿:"你第一次排的(从大到小)和第二次排的(从小到大)有什么不一样?(可逆性)"。

其次,可以在集体教学中以"探索序列中某种关系"为主题专门安排教学活动。例如,大班的一次探索双重性的集体活动,教师准备了5支长短不同的蜡

第九章 幼儿物理量概念的发展与教育

烛、5个大小不同的套娃、5块颜色和宽窄都不同的方形卡片,然后教师逐件出示教具,与幼儿共同讨论、探索物体量的双重性,从而促进幼儿推理能力的发展。

(三)幼儿物理量排序的教学范例

教学活动案例1

活动名称:按长短排序(小班)

活动目标

1. 能辨别5个以内物体的长短。
2. 在操作活动中,幼儿能体验到物体从长到短或者从短到长排列的顺序,尝试按物体的长短差异排序。

活动准备

教具:长短不一的小棒5根、标记图(有从长到短或者从短到长的标记)1张。

学具:第一、二组:长短不一的冰棒棍人手5根(或长短不一的铅笔5支),每人1张标记图;第三组、第四组:人手3张点卡(分别为1,2,3),每人三色花片1盘(数量分别为1~3,如:1红片、2蓝片、3黄片);第五、六组:手撕的纸条若干。

活动过程

1. 集体活动。

教师出示5根小棒,并做如下引导:这里有什么?它们有什么不同?哪根是最长的?哪根是最短的?用什么办法证明你说的是对的呢?(把两根放在一起比一比)比的时候,要把两根小棒靠在一起,一端对齐,这样就能看出哪根长,哪根短了。引导幼儿在5根小棒当中找出最长的,再用同样的方法在剩下的小棒中逐一找出最长的。教师再出示标记图说:谁会在红线上给这几根小棒排队?想想哪根小棒应该排在最上面?哪根小棒跟在它的下面?要把这几根小棒排得很整齐。教师一边排一边说:请什么样的小棒排在最上面?请什么样的小棒跟在下面?请个别幼儿在黑板上操作。教师说:请大家说说他是怎样给小棒排队的?(最长的,最短的)。引导幼儿从上往下观察,体验小棒一支比一支短;再从下往上看,体验小棒一支比一支长。

2. 小组活动。

第一、二组:给冰棒棍、铅笔排队。

教师:先把盘子里的冰棒棍、铅笔都拿出来,比比它们哪根长,哪根短;再把它们放在红线上排队,排好以后,说说你是怎么排的。

第三、四组:把相同的花片放在一起。

教师:看看盘子里的花片有什么不同,把相同的花片放在一起,数数每样有几个,再按数目的多少有顺序地送它们回"家"。然后再给花片送点卡,有几朵花片,送几张点卡。

第五、六组:先手撕五根长短各异的纸条,再排序,方向不限。

在小组活动中,教师注意观察,看幼儿是否按物体量的差异排序。

3. 活动评价。

教师展示幼儿将冰棒棍、铅笔、纸条进行排序的活动结果,请幼儿说说是怎样排的,体验排列的顺序和队列的整齐。

活动延伸与活动要点

亲子游戏"说相反"。家长说"××长",孩子快速说"××短"。如大象鼻子长,小兔尾巴短……

(安徽省芜湖市育红幼儿园邢敏老师提供)

教学活动案例2

活动名称:学习1~5的按量排序(小班)

活动目标

1. 使幼儿感知5以内的数量,并说出总数。
2. 能按数量的多少排序,并匹配相应数量的物体。
3. 能正确使用单位量词"匹"。
4. 会用印章制作实物卡。

活动准备

1. 教具动物卡片(数量分别为1~5)、标记图、教育挂图各5张。
2. 第一、二组:人手一套点卡(5张,数量分别为1~5。),每人1个实物印章,计算盒、印泥2盒,制卡纸若干张。

第三组:人手1套动物卡片(5张,数量分别为1~5。),每人1个圆点印章,计算盒、印泥2盒,制卡纸若干张。

第四组:人手1张涂色材料纸,彩色笔若干支。

第五组:人手1套动物卡片和饲料卡片(各4张),标记图每人1张。

活动过程

1. 集体活动。

(1)感知5以内的数量。

教师逐一出示五张动物卡片,说:请小朋友和小动物一起做拍手数数的游

第九章 幼儿物理量概念的发展与教育

戏,看看卡片上有几只小动物,给一只动物拍手一下,边拍边数。数完以后两手合拢,说说有几只动物我拍几下手。让幼儿集体进行拍手数数。最后出示5匹马,学习使用单位量词"匹"。教师指绒板上的动物说:谁来说说每张卡片上的动物有多少?

(2)学习 1～5 的排序。

教师出示标记图说:谁来在红线的上面按照数量的多少给动物卡片排队?动物数目最少的卡片排在最前面,最多的排在最后面,要边排边说:几只××请你排在最前面,几只××请你跟在几只××的后面……大家一起从靠近红旗的卡片开始说说动物是怎样排队的(如1只大象……5匹马)。

2. 小组活动。

第一、二组,点卡排队,做实物卡。

教师:把点卡按点数的多少排队,最少的排在最前面,最多的排在最后面。再从前到后地说说点卡是怎样排的,然后给每张点卡做一张实物卡。教师再出示实物印章说:一个圆点印一个实物。做实物卡时,要把印章上面的红旗放正,蘸一下印泥,在纸上竖直地印下去。注意不要印得太挤,印好以后说说,几的点卡,送你几个什么。

第三组,动物排队,做点卡。

教师:把动物卡片按动物数目的多少有顺序地排好队,再给每张动物卡片做一张点卡,最后说说,几只动物给你几张点卡。

第四组,按点数涂颜色。

教师:谁来说说这组游戏的名字?记住,最后说说按圆点数给物体涂颜色。

第五组,动物排队吃点心。

教师:看看卡片上的动物有什么不同,想想怎样排才有顺序,排整齐,要一边排一边说,什么样的动物排在什么位置。排好后,再看看点心有什么不同,一边喂动物一边告诉它吃什么样的点心。

3. 活动评价。

(1)展示部分幼儿制作的实物卡片,从印制图像的倒与正及清晰完整的程度指导幼儿学习印制的技能。

(2)展示第五活动小组个别幼儿的活动材料,请幼儿说说小动物是怎样排队吃点心的,让幼儿体验从大到小或从小到大的排列顺序。

(安徽省芜湖市镜湖幼儿园张立群老师提供)

教学活动案例 3

活动名称：纸娃娃来排队（大班）

活动目标

1. 能按长短差异对 10 以内的物体进行正逆排序。
2. 体会序列中量的递增、递减关系。

活动准备

1. 红绿相间不等长的纸条卡片 10 张一组，每人一组。
2. 黑板、透明胶带。

活动过程

1. 观察比较。

教师：今天我们要用纸条卡片进行游戏。你们每人有几张纸条卡片？它们是不是一样长？怎么不一样长（一张比一张长或一张比一张短）？

2. 正排序。

让幼儿给纸条排队。可从上到下把短的排在上面，长的排在下面。把 10 张纸条都要排好，注意纸条左边一端要对齐。

教师巡视幼儿操作情况，提醒出错误的幼儿检查一下是不是都排对了。尽量让幼儿自己发现问题、解决问题，不要急于直接指出错误。全体幼儿都做对后，再让他们将纸条打乱。

3. 逆排序。

让幼儿从上到下把长的排在上面，短的排在下面，将 10 根纸条排好。

4. 游戏"看谁排得快"。邻座的两三个幼儿各自用 10 根纸条比赛"看谁排得快"，要求幼儿探索排得又快又对的方法。

5. 讨论。

让几位幼儿说说自己是用什么办法给纸条排队的，比较谁的办法好。如将 10 根纸条握在手中，一端垂直在桌面上磕齐，依次拿出最短（长）的一根。

（安徽省芜湖市镜湖幼儿园张立群老师提供）

三、幼儿体验物理量守恒的教学

（一）幼儿体验物理量守恒的教学目标

量的守恒教育，十分有利于幼儿思维的抽象能力、推理能力及灵活性的发展。幼儿在 5 岁左右已具有初步的分析推理能力,他们已能认识到物体的外形特征等的变化不会引起物理量的变化。因此,量的守恒教育应在幼儿认识了相应的物理量的基础上进行,它是大班数学教育的一项重要内容。

大班的量守恒教育的目的主要是让幼儿初步感知和体验物理量的守恒,知道物体外形、摆放位置等发生变化,它的量是不变的规律。

(二)幼儿体验物理量守恒的教学方法

大班幼儿初步学习体验物理量守恒内容主要包括:长度守恒、面积守恒、容积守恒、体积守恒。

1. 运用变式学习守恒

通过运用各种量的多种变式,添入干扰因素,使幼儿做到不受外部因素变化的影响而认识到量的不变性,这是幼儿学习量守恒的主要方法。例如,用绳子、木棍等,摆出长度的各种变式,让幼儿判断它们是否一样长;用几何图形做出各种面积变式,让幼儿判断它们的面积是否一样大;用装有水或沙的各种杯子等容器做出各种容量的变式,让幼儿判断它们是否一样多;用积木、橡皮泥、面团等摆出体积的不同变式,让幼儿学习体积守恒。

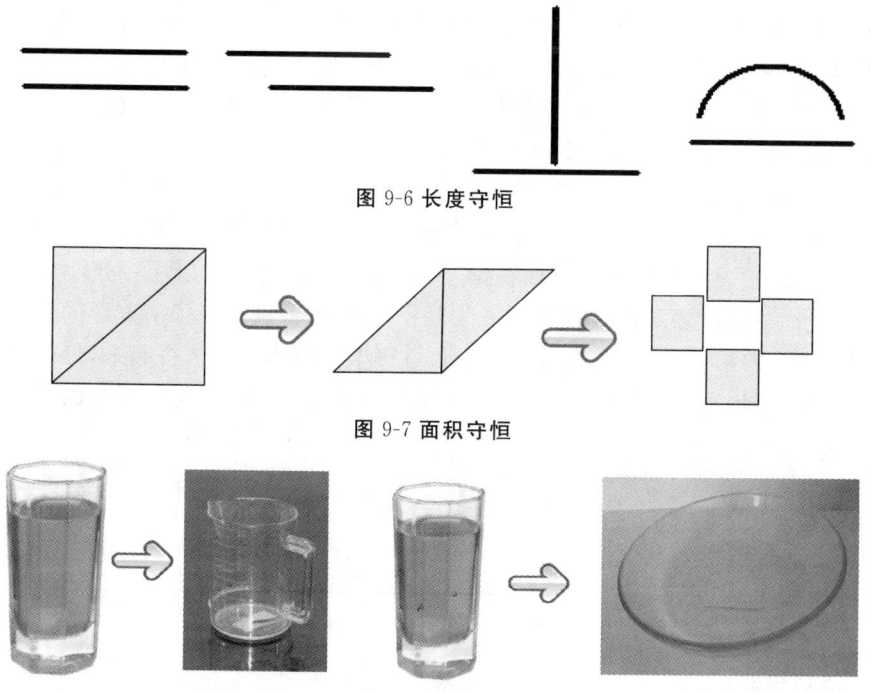

图 9-6 长度守恒

图 9-7 面积守恒

图 9-8 容积守恒

图 9-9 体积守恒

2. 用同等量的两份物体做守恒练习

守恒练习的目的是让幼儿理解物体外部特征发生变化后其总量不变的规律。使用同等量的两份物体学习守恒,即一份物体不变,另一份物体通过改变外形等特征后,幼儿仍可以直观地看到这种变式的量与原来是一样的,只是外形发生了变化,从而进行守恒判断。

在该过程中,教师首先要引导幼儿比较等量的两份物体,让幼儿确认两份物体在量上(大小、长短、面积等)是相同的;然后,将其中一份物体改变形式,通过提问让幼儿对两份物体的量作出判断并说明理由。在该过程中,教师应当引导幼儿将变式物体的量与原形物体的量进行比较,以证实它们的量是相同的。

3. 用数表示量的守恒练习

即把一个物体分成不同的份数,并改变物体的位置,让幼儿进行守恒判断。例如,在学习面积守恒时,将一个正方形分成两个长方形或四个小正方形,以此形成不同的排列方式,让幼儿借助数量进行守恒判断,作出"大的正方形分成了四个小正方形(两个长方形),也就是两个长方形(四个小正方形),只是摆法不一样,它们还是一样大的"这样的正确判断。

4. 与其他教学内容结合学习守恒

教师可以在"自然测量"和"等分"等教学中融入守恒教学,帮助幼儿学习和巩固守恒的相关经验与知识。如在学习自然测量时,幼儿可以用一张小卡片去测量两张大图形,感知它们的大小。在学习等分时,可以把一张正方形的卡片分成相同大小的两个长方形,然后把两个长方形卡片用不同方法拼起来,形成两个面积相同、形状不同的图形,从而让幼儿感知重新拼组的图形与原图形的大小是一样的。

(三)幼儿体验物理量守恒的教学范例

教学活动案例 1

活动名称:学习量的守恒(大班)

活动目标

1. 引导幼儿在学习比较物体时,不受位置、形状等条件的影响而正确判断物体面积的大小,感知量的不变特性。

第九章 幼儿物理量概念的发展与教育

2.引导幼儿学习将纸二等分的方法,在图形还原中领会图形之间的关系。

活动准备

大小、形状相同的图形纸两张,剪刀1把,糨糊少许。

活动过程

1.教师出示两张大小、形状相同的图形纸,并提问:这两张纸一样大吗?用什么方法可以证明它们是一样大的呢?然后用幼儿说的方法验证。

2.教师将一张纸贴在黑板上,将另一张纸二等分,贴成另一个图形,并提问:现在这个图形和黑板上的图形还一样大吗?

教师将二等分的图形纸与黑板上的图形并列在一起,让幼儿比较大小(幼儿回答:两个图形一样大)。教师说:为什么还是一样大呢?(幼儿回答:因为纸没有再扩大和再缩小,只是剪开了,拼起来还是和原来的纸一样大)。然后用重叠的方法验证结论。

3.教师继续将二等分后的两张小图形纸二等分,分成4张,再拼成一个图形,并提问:用这4张图形纸拼成的图形和黑板上的图形还是一样大吗?为什么?

教师将4张图形纸重叠贴在黑板上的图形纸上,验证再一次等分后的纸与原来黑板上的纸是一样大的。

(安徽省芜湖市镜湖幼儿园张立群老师提供)

教学活动案例2

活动名称:液体的守恒(大班)

活动目标

1.引导幼儿判断同种液体的多少、一样多,通过变式训练理解液体的守恒。
2.培养幼儿的观察、逻辑思维和推理能力。

活动准备

100ml量杯1个、75ml量杯1个、150ml量杯1个,两个贴有小象标记的玻璃杯、贴有小熊标记的小玻璃杯1个、变式训练图片1幅。

活动过程

教师:小朋友,你们看谁来我们班做客了?(一只小熊和一头小象)。它们都很渴,想请你们给他们喝点水,你们愿意吗?那就请小朋友和老师一起看看该给它们多少水喝。

第一步:感知操作认知维度。

1. 试验比较法：幼儿利用已有的生活经验进行操作，给小熊和小象喝一样多的水，并说出喝的水一样多。

2. 发现探索法：教师把两杯装有50ml水的其中一杯倒入75ml的杯子里，再把另一杯50ml的水倒入150ml的杯子里，问：现在两个杯子里的水还是不是一样多？为什么？

幼儿带着问题进行实验操作，寻找答案。分别把一杯水倒入小熊和小象的玻璃杯中。

第二步：形象表征认知维度。

图像观察法：教师出示图片。通过图片对幼儿进行液体守恒变式训练。

第三步：概念符号认知维度。

总结归纳法：根据实际操作及教师的变式训练，幼儿总结，教师作补充。教师：同样大的两个杯子装着等量的水，当倒入大小不同的容器里时，容器大的液面低，小的液面高，看上去不一样多，但实际上水还是一样多。

四、幼儿认识量的相对性的教学

(一)幼儿认识量的相对性的教学目标

心理学研究表明，5～6岁的儿童随着思维能力和思维灵活性的发展，开始能够在比较中理解一些基本物理量的相对性。因此，认识物理量的相对性是大班数学教育的一项重要内容。其教育目标主要是让大班幼儿在对物理量的序列比较中，初步感知体验基本物理量的相对性（双重性），如长短、大小、轻重、高矮等。

(二)幼儿认识量的相对性的教学方法

认识量的相对性是通过对三个不同的物体量的比较来认识的。一般是用操作和游戏等活动方式来帮助幼儿理解相对性。

第一，先进行前两个物体之间量的比较，判断其大小；再比较第二和第三个物体，判断其大小。如用三张宽度相同但长度不同的卡片比较，先出示最长和第二长的卡片，竖着或横着并排摆放，比较出两张卡片的长短；再出示第三张最短的卡片，将它与第二张卡片进行长短比较。

第二，向幼儿提出认识相对性的问题。如问："为什么第二张卡片一会儿说它长，一会儿说它短呢，请小朋友们想想看，这张卡片到底是长还是短呢？"这样可以创造活跃的气氛，激发幼儿积极思考。

第三,通过讨论总结,帮助幼儿建立起相对性的概念。对于教师提的问题,幼儿会给出不同的答案,教师应组织幼儿共同讨论,得出结论:"判断一张卡片是长还是短要看拿它和什么样的卡片比较,当第二张卡片和第一张卡片比较时,它就是短的;当它和第三张卡片比较时,它就是长的了。"

第四,通过操作与游戏帮助幼儿巩固对量的相对性的理解。当幼儿初步有了理解量的相对性的能力以后,就需要通过各种活动予以巩固。例如,可以组织集体活动,发给每位幼儿三片长度相同、宽度和颜色不同的纸条,要求幼儿将纸条按照从宽到窄的顺序依次排好,再请几位幼儿向大家说说自己的纸条哪种颜色的纸条最宽,哪种颜色的纸条不宽也不窄,哪种颜色的纸条最窄,以此巩固幼儿对宽窄相对性的认识。同时,还可以引导幼儿集体讨论:都是最宽或最窄的纸条,它们的颜色可以不同,所以比较纸条的宽窄和颜色没有关系。

(三)幼儿认识量的相对性的教学范例

教学活动案例 1

活动名称:学习量的相对性(大班)

活动目标

1. 能初步理解物体量的相对性。
2. 培养幼儿的观察、逻辑思维和推理能力。

活动准备

万花筒 DVD 动画光盘、木板、魔箱、蜡笔、电池、书本、玩具鱼、积木等。

活动过程

1. 导入。

(1)教师:小朋友好,今天 QQ 龙和宠物精灵们要和恐龙们玩一些什么样的游戏呢?我们一起去看看吧!

(2)复习 2 位数图式,1 位 3 笔心算 5 题。

2. 基础认知。

(1)观看动画片(DVD)。

(2)教师:鸭嘴龙为什么一会儿说黄色的木板窄,一会儿又说黄色的木板宽呢?

① 重播动画过程。通过 1 位 5 笔加减混合抢答,选出小朋友上来重新将木板两块两块地进行比较。

结论:看一块木板是宽是窄,要看它和谁比,和不同的木板进行比较,它的结果是不一样的。

② 教师从魔箱里变出 2 支蜡笔,通过 1 位 5 笔加减混合抢答,选出小朋友回答哪支长哪支短,留下短的 1 支;再从魔箱里变出 1 支蜡笔,通过 1 位 5 笔加

减混合抢答,选出小朋友回答这一次是哪支长,哪支短。

教师:刚刚说这支蜡笔短,现在又说它长,它到底是短还是长?

③ 老师再从魔箱里变出电池、魔法书等,重复②的教学过程。

3. 巩固练习。

(1)指导小朋友完成同步练习。

(2)用心算宝做10~20题20以内1位3笔/5笔加减混合题。

4. 游戏与拓展。

(1)聪明的猴子:在教室设定2个区域,一边代表轻/小/矮,一边代表重/大/高,教师组织幼儿像开火车一样边念儿歌边走队形:"猴子和大象比,哪个轻,哪个重? 猴子轻,大象重。猴子和兔子比,哪个轻,哪个重? 猴子重,兔子轻。一会儿轻,一会儿重,它到底是轻还是重?"念完儿歌后,当老师说"大象与猴子"时,小朋友迅速跑到代表轻的区域;当老师说"兔子与猴子"时,小朋友迅速跑到代表重的区域,谁最先跑到谁就是聪明的猴子。反复游戏。

(2)操作活动:提供玩具鱼、蜡笔、电池、书本、积木等,由教师指导幼儿自由玩,通过比较操作来感悟量的相对性。

5. 教师总结:小朋友,今天我们知道了看一块木板是宽是窄,要看它和谁比,和不同的木板进行比较,其结果是不一样的。我们还玩了很多游戏。小朋友,我们下节课见。

(安徽省芜湖市镜湖幼儿园张立群老师提供)

五、幼儿学习自然测量的教学

(一)幼儿学习自然测量的教学目标

皮亚杰认为,量和数具有同构性,只是幼儿对量的认识要略晚于对数的认识,8~11岁的幼儿才能完全具备测量的技能。这是因为在测量过程中,必须将其作为分割和有顺序位移的一种综合活动来建构,这对幼儿来说是有困难的。但幼儿在形成和发展对物体大小等有关属性的认识过程中,不可避免地会接触到有关测量的概念。学前期的幼儿一般不能运用常用的计量单位,中班以前的幼儿能使用"目测"的方式对物体量的差异做出判断,中班以后的幼儿具备了初步学习直接测量的能力。

第九章 幼儿物理量概念的发展与教育

（二）幼儿学习自然测量的教学方法

1. 示范讲解

对幼儿来说，要掌握测量的技能和要领是有一定的难度的，因此，在幼儿学习自然测量的过程中，需要教师做出正确的示范，并配以准确的要领说明。

（1）要帮助幼儿明确测量对象及工具。通过展示不同的测量对象和相应的测量工具，让幼儿懂得测量不同的对象应当使用不同的工具。如测量长度可用木棍、铅笔、线段等，测量面积可用图书、卡片、纸张等。

（2）要教给幼儿正确的测量方法和测量要领。如要向幼儿说明测量的起点、终点要对齐；测量工具的移动要连续，做好记号；前一次测量的终点应作为下一次测量的起点；测量一次记一个数，并记住最后的量数，算出量的结果；最后通过重复测量来加以验证。

2. 操作练习

即为幼儿创设环境，提供材料，并联系日常生活进行自然测量的练习，让幼儿自己寻找测量工具。如测量桌子、椅子的长度，然后进行比较；用脚步测量幼儿之间的距离、教室的长度；用小瓶子测量小桶可以盛下几瓶水和沙等。

（三）幼儿学习自然测量的教学范例

教学活动案例1

活动名称：学习自然测量（大班）

活动目标

1. 让幼儿通过操作学习自然测量，初步掌握正确的测量方法。
2. 使幼儿知道量具的长短与测量的结果有关，即量具越长，测的次数越少；量具越短，测的次数越多。
3. 培养幼儿互相合作测量的能力。

活动准备

1. 在活动室内布置一张模拟地图，地图中各个城市通向北京。
2. 各种自然测量的工具（笔、积木、筷子、布条、纸条等）。
3. 记录测量次数的纸、笔。

活动过程

1. 导入活动。

教师组织幼儿做"我的火车就要开"游戏，以此让幼儿熟悉全国各地地名。

2.学习自然测量。

(1)教师请个别幼儿测量从一个城市到北京的距离,并引导幼儿讨论出正确的测量方法:测量时,测量工具要和起点对齐,在测量工具的另一头用笔做个记号;第二次测量时,要从记号开始接下去量。

(2)教师与一位幼儿合作,再次进行测量,并做好测量次数的记录,最后说出测量结果。

(3)幼儿自由结伴,选择测量工具和测量线路进行测量。教师观察,适时指导。

(4)请部分幼儿说一说测量的结果。

3.体验测量工具的长短与测量结果的关系。

(1)教师:用两种不同的测量工具测同一条线路,测出的结果是一样的吗?

(2)请两位幼儿进行示范操作,引导幼儿比较测量结果的数目为什么不同,知道用长的工具量,则测量的次数少;用短的工具量,则测量的次数多。

4.活动延伸。

鼓励幼儿在区角活动中使用各种不同的测量工具进行测量,比较各种不同的结果。

(安徽省芜湖市镜湖幼儿园张立群老师提供)

▶阅读推荐◀

1.魏华忠、宋世龙.3~6岁儿童传递性关系推理的研究.心理学报,1994(3)

2.戴佳毅、王滨.4~6岁幼儿排序能力发展特点的初步研究.幼儿教育(教育科学),2010(10)

3.王燕.儿童传递性推理能力发展的实验研究.江西师范大学硕士学位论文,2006

▶思考与探索◀

1.简述幼儿认识物体量发展的一般趋势。

2.对幼儿进行物体量排序教育的意义是什么?不同年龄的幼儿排序能力发

展的特点是什么？

3.如何引导幼儿学习物体量的排序,并探索排序的可逆性、传递性和双重性关系？

4.引导幼儿认识物体量的守恒的方法是什么？举例说明。

5.设计一个幼儿认识量的相对性的教学活动方案。

6.什么是自然测量？如何引导幼儿学习自然测量？

第十章
幼儿空间方位概念的发展与教育

【内容提要】:空间是运动着的物质存在的基本形式。空间与幼儿的日常生活有着密切的联系,幼儿初步辨认一些空间方位,有利于幼儿空间知觉的发展和提高处理日常生活问题的能力。本章在讨论有关空间方位基本知识的基础上,重点简述了幼儿空间方位概念的发展特点,并以此为依据提出了小班、中班和大班幼儿认识空间方位的教学目标、教学要求。

【学习目标】:通过本章学习,(1)了解有关空间方位的基本知识;(2)掌握幼儿认识空间方位的一般发展过程和年龄特征;(3)重点掌握不同年龄段幼儿认识空间方位的教学目标和总体教学要求。

第一节 关于空间方位的基本知识

一、空间方位的含义

任何客观物体都存在于一定的空间之中,占有一定的位置,并且与周围物体存在空间上的相互位置关系,这就是客观物体的空间方位。空间方位一般用"上下"、"前后"、"左右"、"东西南北"等词表示。

我国一些心理学家很早就研究了我国幼儿空间方位知觉的发展问题(方芸秋,1958)。研究发现其一般的发展趋势是:3岁儿童仅能辨别"上"、"下"方位,4岁儿童开始能辨别前后方位,5岁儿童开始能以自身为中心辨别左右方位,6岁儿童已能完全正确地辨别上下、前后四个方位,但以自身为中心辨别左右方位的能力还较弱。

第十章 幼儿空间方位概念的发展与教育

国外,皮亚杰曾研究了儿童"左右"概念的发展,后来美国的埃尔凯德(Elkind)重复了皮亚杰的实验,他们两人的实验结果大致相同:5岁儿童能辨别自己的左右手、左右脚,7～8岁儿童能辨别对面人的左右手、左右脚,10～11岁儿童才能完全掌握左右概念的相对性。朱智贤等人(1964)重复了这一研究,所得结果证实了我国儿童也大致遵循这一发展趋势。"左右"概念的发展可划分为三个发展阶段:阶段1,儿童能比较固定地辨别自己的左右方位(5～7岁);阶段2,儿童能初步地具体掌握左右方位的相对性(7～9岁);阶段3,儿童能比较概括地、灵活地掌握左右概念(9～11岁)。

二、空间方位的特点

(一)相对性

我们周围的空间是向纵、横、深三个方向扩展的,分别表示上下、前后、左右三对方向。它们都是相对的概念,上是相对于下而言的,前是相对于后而言的,左是相对于右而言的。而且两个物体的位置关系也是相对的,甲在乙的右边,那么乙就自然在甲的左边。

幼儿对空间方位的认识有从绝对化逐渐过渡到相对化的特点。即幼儿在开始认识空间概念时,是将诸如"前"、"后"、"左"、"右"这样的方位概念当作永恒不变的方位来理解的,这与他们的思维发展处于半逻辑性阶段有直接关系。随着幼儿思维灵活性、相对性的增强,他们才能逐渐理解方位概念的相对意义。

(二)连续性

空间方位从上到下、从前到后、从左到右等的区域是连续的,不能截然分割的。以"前后"和"左右"方位为例,在空间上,从前到左的区域是相连的,在两者之间的一点都可成为前面偏左或者左面靠前。

(三)可变性

判断物体的方位要以参照物为依据,如果这个参照点的方向发生了变化,那么物体的空间方位也随之变换。如在教室里,以"教师"为基点来判断课桌的位置,与以"学生"为基点来判断课桌的位置是不一样的。

三、空间方位的辨别

判断空间方位需要动觉、视觉、听觉、触觉等多种感觉分析器的协同作用,才能完成。空间知觉有狭义和广义之分。狭义的空间知觉,即是空间方位辨别,是指人对客观物体在空间中所处位置关系的判断。广义的空间知觉,则包括方位知觉、空间距离知觉、图形知觉、大小知觉等内容。

进行空间方位辨别的前提是确定辨别的"参照点",即"基点",没有基点就无法辨别客体的空间方位。基点不同,客体的空间方位不同。所以,帮助幼儿确定辨别物体方位的基点,对幼儿辨别空间方位非常重要。当然,幼儿对基点的掌握有一个过程,即有一个从以自我为基点发展到能以客体为基点的过程。这与幼儿认知水平的发展有着直接的关系。

第二节 幼儿空间方位概念的发展特点

一、幼儿认识空间方位的一般过程

幼儿在辨别空间方位,形成空间方位概念的过程中,表现出以下几个特点:

(一)空间方位辨别经历上下 → 前后 → 左右的发展顺序

研究表明,这一发展顺序是由方位本身的复杂程度决定的。确定上下方位一般是以"天地"为标准的,"天为上,地为下"是永恒不变的,且人的"头为上,脚为下"也是不变的,不会因为方向的改变而改变,以之区分上下方位比较容易。

前后和左右是有方向性的,它们会随定向者的位置的改变而发生变化,因此学习起来相对较为困难,尤其是辨别"左右"要比"前后"更难。例如,当幼儿转了一下身子,原来的前面变成了后面,原来的左面变成了右面,这就给幼儿辨别前后、左右带来了一定困难。

(二)由以自身为中心向以客体为中心进行空间方位定向

我们平时在判断空间方位时,实际上会采用两种参照系:一种是以主体(自身)为参照,判断客体相对于主体的空间位置关系;一种是以客体为参照,判断客体相互间的空间位置关系。幼儿在辨别空间方位的过程中要经历从以自身为中心逐步过渡到以客体(其他人或事物)为中心的定向过程。

1. 以自我为中心的定向

幼儿辨别空间方位首先是以自身为坐标来辨别周围物体的方位的。这一能力具体表现为两个发展阶段:

首先,幼儿学会的是辨别自己身体部位的位置,将不同的方位与自己的身体某部位相联系,如上面是头,下面是脚。

其次,学会以自身为中心确定相对于自己的客体所处的方位。如我的前面是马路,我的后面是高楼大厦。

第十章 幼儿空间方位概念的发展与教育

2. 以客体为中心的定向

以客体为中心的定向,就是从客体出发确定其与其他客体之间的相互位置关系。如"娃娃的前面是小汽车,娃娃的后面有积木"。

幼儿辨别以客体为中心的"上下"和"前后"比较容易,但辨别以客体为中心的"左右",相对难度就大得多。要想辨别客体的左右方位,幼儿首先要有将自己转个180度的想法,想象自己站在客体的位置来确定其他客体的方位。

(三)辨别空间方位的区域不断扩展

幼儿辨别空间方位,最先学会的是辨别自己身体部位的方位,将自己身体的不同部位与某个方位相联系。这时期,他们感知空间方位的范围只限于自己的身体范围之内。当幼儿以自身为中心来确定相对于自己的客体所处的方位时,开始也只限于狭窄的空间范围,即离自己身体不远的、正对着自己的客体。稍有偏离或倾斜的客体,幼儿就不能正确辨别了。

随着年龄的增长,幼儿区分方位的范围有所扩大,可以辨别离自己身体比较远的上下、前后、左右的方位,而且能区分自己斜前方(后方)、偏左(右)的物体的方位。同时,幼儿对空间方位连续性的理解也有了明显发展,它们能把空间分成两个区域,或者左和右,或者前和后,还能把其中一部分再分成两部分,如前面的左边,前面的右边。也就是说,幼儿空间定位已不是单纯的线性定位了,具有了连续性。在幼儿的团体操表演中,幼儿表现出的准确定位能力和能走各种队形的能力,就说明这一点。

二、幼儿认识空间方位的年龄特征

(一)3~4岁

这个年龄阶段的孩子能辨别上下方位,开始学习辨别前后方位,但他们所理解的空间方位的区域十分有限,仅局限于直接感知的范围内,如自己的身体部位、紧挨自己且正对自己的物体。对于较远且不是正对自己身体的物体的方位,则不能正确地辨别。

(二)4~5岁

这时期,幼儿的空间概念快速发展。他们能够理解前后,并且开始学习以自身为中心辨别左右。他们区分空间方位的范围有所扩大,如区分前后区域的面积有所扩大,能够辨别离自己身体比较远的和稍微偏离上下、前后、左右方向的物体的方位。

（三）5～6岁

这一阶段的孩子已能正确地辨别上下、前后方位。此外，这一阶段的孩子虽然也能做到以自身为中心辨别左右，但尚不能做到以客体为中心辨别左右。他们能把空间分成两个区域，还能把其中一个区域再分成两部分。例如，他们能把一个区域分成左、右两个区域，又能把两个区域进一步分成左前、左后和右前、右后区域。

第三节 幼儿认识空间方位的教学

一、以自身为中心认识上下、前后、左右的教学

（一）以自身为中心认识上下、前后、左右的教学目标

1. 小班

幼儿能以自身为中心，区分并说出上下、前后方位，如能区分自己身体的上下、前后部位，能知道在自己的上面和下面的物体的位置，以及自己的前面和后面物体的位置。

2. 中班

幼儿以自身为中心，能认识并说出自身的左右部位和较远处物体的上下、前后方位。

3. 大班

幼儿以自身为中心，能区分并说出左右方位的物体，并指出自己与该物体的空间关系。

（二）以自身为中心认识上下、前后、左右的教学方法

1. 感知自身的部位

让幼儿感知自身的部位，以此来帮助幼儿认识自身的上下、前后、左右的部位，从而初步理解方位的含义。例如，认识上下：引导幼儿感知自己身体的上面是什么，下面是什么时，可带领幼儿摇摇头、跺跺脚，并说出上面是头，下面是脚。还可以引导幼儿感知鼻子上面有什么，鼻子下面有什么，引导幼儿眨眨眼、张张嘴，知道鼻子上面是眼睛，下面是嘴巴。

2. 以自身为中心认识上下、前后、左右

教师可以运用观察法、游戏法等引导幼儿将视野扩大到周围的环境，感知自身周围的客体，帮助幼儿掌握基本的方位概念。例如，可以让幼儿在活动室里观

察自己的上面有什么,下面有什么,前面有什么,后面有什么。也可以带领幼儿外出参观或散步,要求幼儿观察自己周围上下、前后、左右都有些什么东西。

(三)以自身为中心认识上下、前后、左右方位的教学范例

教学活动案例1

活动名称:认识上下、前后(小班)

活动目标

1.熟悉自己身体的各个部位,能按指令做动作。

2.学会以自身为中心辨别上下、前后,通过游戏感受上下、前后的空间方位,增强空间方位知觉,喜欢参加数学活动。

3.学习使用语句:我的上面是XX,我的前面是XX。

活动准备

1.幼儿已认识自己身体的各个部位。

2.5只小椅子。

活动过程

1.游戏:指鼻子。

玩法:幼儿听教师的口令指出身体的各个部位。如教师说"鼻子",幼儿就快速地指着自己的鼻子;教师说"脚",幼儿就快速地指着自己的脚。教师根据幼儿的反应,速度逐渐加快。当幼儿能跟上教师的节奏时,教师增加难度说:"请指出身体上面的一个部位,身体下面的一个部位。"这时,幼儿可能反应不过来,需要思考一下。

2.认识上下、前后。

请幼儿观察活动室里自己的上面有什么,下面有什么,前面有什么,后面有什么,并用语言进行完整描述:"我的上面有什么,我的下面有什么,我的前面有什么,我的后面有什么。"

3.游戏:抢椅子。

玩法:将5只椅子从前往后排成一排,请5位幼儿排成一列,一个跟着一个随音乐围着椅子走,音乐一停,幼儿立即抢占椅子。提问:"你的前面坐着谁?你的后面坐着谁?谁坐在最前面的小椅子上?谁坐着最后面的小椅子上?"音乐响起,游戏继续进行。一组游戏结束,再换其他组幼儿上来继续游戏。

(安徽省芜湖市安徽师范大学附属幼儿园王翠老师设计)

教学活动案例 2

活动名称：认识左右（中班）

活动目标
1. 能掌握"左"、"右"的概念，能以自身为中心区别左右方位。
2. 培养幼儿的空间方位感，喜欢参加数学活动，提高思维的灵活性。

活动准备
1. 幼儿围坐成圆圈。
2. 为每位幼儿准备一只卡纸做的大蝴蝶。

活动过程
1. 以自身为中心区别左右方位。

教师：你们知道我们吃饭的时候哪只手拿碗，哪只手拿筷子吗？幼儿回答：我们是左手拿碗，右手拿筷子。现在老师请小朋友伸出拿筷子的手和拿碗的手，学习说"左手、右手"。

教师再问幼儿人的左手和右手还能干哪些事情。以此帮助幼儿在实际生活中区分左手和右手。

2. 以自身的各个部位为中心区分左右。

教师：谁能说说在我们的身体上还有什么可以分为左右两部分？幼儿回答：左眼右眼、左眉毛右眉毛、左鼻孔右鼻孔、左臂右臂、左腿右腿、左脚右脚、左肩膀右肩膀。

（1）举手：请幼儿根据教师的指令举起左手或右手。

（2）拍肩：请幼儿根据教师的指令，用右左手拍自己的左右肩。

教师：你们都知道了哪只是左手，哪只是右手。现在老师要考考你们了。请小朋友伸出你的左手去拍你的右肩，伸出你的右手去拍你的左肩。看看哪个小朋友最聪明、反应最快。

（3）拍腿：请幼儿伸出左右手，根据老师的指令拍自己的左右腿。

教师：现在请伸出你们的左手去拍你们右腿，或是伸出你们的右手去拍你们的左腿。看看谁拍得又快又准确。

（4）游戏：蝴蝶真美丽。

玩法：全体幼儿围坐成一个圆圈，每位幼儿手拿一只蝴蝶和老师一起唱《蝴蝶真美丽》的儿歌。幼儿边操纵蝴蝶边唱：蝴蝶蝴蝶真呀真美丽，飞到东来飞到西。教师接着说：飞到左肩做游戏。幼儿按教师的指令将蝴蝶放到左肩上并说：蝴蝶在我的左肩上做游戏。教师逐个检查幼儿做对后继续说：飞到右脚上做游戏。幼儿边做动作边说：蝴蝶飞到我的右脚做游戏。

3. 练习以自身为中心区分左右方位。

让幼儿看看坐在自己左边的是谁,坐在自己右边的是谁,并请幼儿用连贯的语句说出:我的左边坐着XX、我的右边坐着XX。请幼儿观察活动室,说说他的左边有哪些东西,右边有哪些东西。

(安徽省芜湖市安徽师范大学附属幼儿园王翠老师设计)

教学活动案例 3

活动名称:听声音,辨方位——空间方位(大班)

活动目标

1. 能根据听到的声音辨别声音的位置,并能用相应的符号在图板上标示出来。
2. 能静下心来仔细倾听,做到在活动中不干扰别人。

活动准备

选一处能听到各种声音的地方(但也不要太嘈杂);卡纸每人1张;笔每人1支。

活动过程

1. 介绍活动的名称与规则。

教师告诉幼儿活动的名称叫"听声音,辨方位"。发给每个幼儿一张卡纸,让他们自己在卡纸上画一个"◎",表示他们所在的位置(以自身为中心)。当他们听到某种声音时,就用恰当的简单符号把它标记在卡纸上。例如,一阵风就画两道斜线、几声鸟叫就画一只小鸟。表示符号的位置应尽量精确地显示出声音的方向和远近(教师可事先做一次示范,以便幼儿理解)。

2. 幼儿自选活动地点。

让幼儿快速地(1分钟)找到自己的"倾听地点",分散坐下,以免"倾听开始"时,还有人走动,并且要求幼儿一旦选定了地方,就不要再随便移动。

在开始记录声音前,分别给幼儿一个信号,例如,学一声猫叫或狗叫,以增加活动的趣味性。活动持续的时间可视幼儿的年龄、专注程度和当时环境状况而定,一般以5~10分钟为宜。

3. 幼儿自行结伴交流记录。

在活动结束时,让幼儿自行找好朋友,交流彼此的声音记录。教师可问幼儿听到了几种不同的声音、是用什么符号来表示它们的,最喜欢哪种声音、为什么,最不喜欢哪种声音、为什么,哪种声音从来没有听过,知道声音是从哪里发出来的等。

活动建议

如果找不到合适的声音环境,可请其他教师协助,在不同的方位、地点制造出一些声音,供幼儿听和记录。

(教案来源:http://www.06abc.com/topic/20100121/47346.html)

二、以客体为中心认识上下、前后、左右的教学

(一)以客体为中心认识上下、前后、左右的教学目标

1. 小班

教幼儿认识并说出近处物体的上下、前后位置。

2. 中班

(1)教幼儿以客体为中心,区分并说出较远处物体的上下、前后位置。

(2)教幼儿以客体为中心,学会按照指定方向运动,如向上、向下、向前、向后。

3. 大班

教幼儿以客体为中心,区分并说出物体的左右位置。

(二)以客体为中心认识上下、前后、左右的教学方法

1. 操作法

通过观察、操作等方法帮助幼儿认识物体与物体之间的位置关系。例如,给幼儿每人一件玩具,让幼儿把玩具放到自己的或其他物体的某个方位上,并说出"我把玩具放到我的或其他物体的位置上"。

2. 游戏法

教师先准备好娃娃家的必需家具(床、桌子、柜子、椅子等),然后向幼儿交代任务:请大家帮助娃娃把东西放好。教师一边出示玩具一边问幼儿诸如"这是什么?""谁能告诉我被子应该放在什么地方?"等问题。在幼儿布置完娃娃家后,教师还可以提问:"我要的东西在盘子的左边,在杯子的下面,你知道是什么东西吗?请帮我拿来。"

(三) 以客体为中心认识上下、前后、左右的教学范例

教学活动案例 1

活动名称：喜羊羊与灰太狼（小班）

活动目标

1. 能以自身和客体为中心，认识和区分上下、前后方位。
2. 幼儿在活动中已形成初步的空间概念，对数学活动感兴趣。
3. 让幼儿在主动探索的过程中感知空间方位。能正确使用方位词，如上、下、前、后。能用方位词正确完整地表述方位，并能读准字音。

准备活动

1. 羊村村长头饰 1 个，喜羊羊、美羊羊、沸羊羊、懒羊羊头饰若干（与幼儿人数相同），灰太狼头饰 1 个。
2. 纸做的食物若干堆（与幼儿人数相同）。
3. 创设活动情境：教室的一半场地放几棵立体大树，一座立体狼堡，五六块积木。将食物放在这些物品的上面、下面、前面或后面。

活动过程

1. 谈话导入游戏，分配游戏角色。

教师：小朋友，你们看过《喜羊羊和灰太狼》的动画片吗？你们都喜欢谁？今天，老师来扮演羊村村长，小朋友扮演小羊，现在我们一起来做游戏。

电话铃响，"村长"（教师扮演）听电话。

"村长"：刚才我接到大象打来的电话，他看到灰太狼把我们粮仓里的粮食偷走了。我们成立特警队，我是队长，小羊们是队员，现在我们必须把粮食找回来，一切行动必须听队长指挥。能不能完成任务？

2. 引导幼儿学习方位词。

（1）"村长"：灰太狼非常狡猾，把粮食分藏在不同的地方，我们先要去侦察一下。小羊们要轻轻地走过去仔细看粮食藏在了什么地方，然后记住，回来报告在什么地方发现了粮食。

（2）"村长"示范。

（3）请喜羊羊侦察，回来报告情况。要求会说：在什么的前面（后面）发现了粮食。

3. 引导幼儿学习正确使用方位词。

（灰太狼正在睡午觉）。小羊们把粮食找了回来，并告诉大家是在什么地方找到的，如我在大树下面发现了粮食。

4.进一步理解和运用方位词。

"村长":刚才小羊们都很好地完成了任务(特别表扬喜羊羊,描述粮食的位置非常清楚)。但是,以后灰太狼可能还会来偷粮食,所以我们要想办法抓住灰太狼。要想抓到它,就先要练好本领。

(1)听命令行动。请小羊们躲到椅子后面;走到椅子前面来;向前走一步;向后退一步;喜羊羊到村长前面来;美羊羊到村长后面去。

(2)开三轮摩托车去狼堡。三分之一幼儿扮摩托车司机。另外幼儿听"村长"指挥,按命令排在司机前面或后面。三人一辆车开赴狼堡周围。

(3)布置任务。喜羊羊躲在大树后面;美羊羊躲在大树前面;懒羊羊躲在狼堡后面;沸羊羊躲在房子前面;"村长"躲在门后面。小羊们各就各位,保持安静。

(4)抓灰太狼。其他老师扮演的灰太狼出现了,东张西望。"村长"一声令下,小羊们一起扑上去把灰太狼抓住。

5.游戏结束。

小羊们胜利完成了任务,在音乐中结束游戏。

(安徽省芜湖市安徽师范大学附属幼儿园王翠老师设计)

教学活动案例2

活动名称:小兔捉迷藏(中班)

活动目标

1.在游戏、观察、操作中感知以自身和以客体为中心的上、下、前、后方位。

2.能用完整的语言描述方位,如兔宝宝藏在桌子底下。

3.乐意参加操作活动,体验游戏的快乐,完成操作活动后能收拾好活动材料。

活动准备

1.兔宝宝玩偶一个。

2.兔宝宝捉迷藏的教学挂图一幅。

3.幼儿操作材料:第一、二组,每人一盒油画棒和一张画有不同排列顺序的小动物的操作纸;第三、四组,每人一只记号笔和一张画有许多小动物玩耍的大森林图案的操作纸;第五、六组,每人一盒油画棒和画有楼房图案的操作纸。

活动过程

1.集体活动。

(1)兔宝宝藏在哪里。

第十章 幼儿空间方位概念的发展与教育

教师出示玩偶兔宝宝:兔宝宝想跟小朋友玩"捉迷藏"的游戏,请小朋友们把小眼睛闭起来,数到3睁开来看看兔宝宝躲到哪里去了。

教师把兔宝宝藏在沙发上面、桌子下面、柜子后面、阁楼上面……让幼儿以个体、小组或集体的形式来学说:兔宝宝藏在沙发上面……

(2)辨认平面图上的上下前后方位。

教师出示教学挂图:兔宝宝玩得可高兴了,其他的兔宝宝也想和小朋友们玩"捉迷藏"的游戏。瞧,他们都躲起来了,兔妈妈可着急了,我们帮兔妈妈来找找兔宝宝们,看他们都藏在哪里了。

幼儿讨论小兔躲藏的方位,老师重点指导幼儿用完整的语言描述,如一个兔宝宝藏在花瓶后面。

请个别幼儿描述,其他幼儿补充和学说。

2. 小组活动。

第一、二小组给最上面和最下面的小动物涂色。请幼儿找一种自己最喜欢的颜色的油画棒给操作纸中排在最上面和最下面的小动物涂色,提醒幼儿轻轻涂,注意画面整洁。

第三、四小组观察并说说谁在往下爬,谁在往上爬。请幼儿观察操作纸上的大森林图案,说一说谁在往下爬,谁在往上爬,并用"△"把往下爬的小动物圈起来,用"○"把往上爬的小动物圈起来。

第五、六小组观察并说说楼上楼下住着谁。请幼儿观察操作纸上的楼房图,说一说小猴的楼上住着谁,把它涂上红色;再说一说小猴的楼下住着谁,把它涂上蓝色。

3. 活动评价。

请幼儿说说自己是怎样操作的,表扬按要求完成操作的幼儿,鼓励没完成的幼儿说说自己遇到了什么困难,为什么没有完成。

(安徽省芜湖市安徽师范大学附属幼儿园王翠老师设计)

教学活动案例3

活动名称:认识左右(大班)

活动目标

1. 能辨认以客体为中心的左右方位。
2. 在情境游戏中,幼儿能确定物体左右的位置与顺序,并能用完整的语言表达出来。
3. 喜欢参加游戏活动,愿意与同伴交流合作,体验成功的乐趣。

活动准备

1. 课件。
2. 三个毛绒玩具：小猴、小鹿、小熊。两个木偶娃娃：青青和蓝蓝。
3. 迷宫操作纸和棋子。

活动过程

1. 儿歌导入，师幼一起做方位游戏。

根据儿歌做游戏辨认方位："双手举过头顶上，在头上面鼓鼓掌；双手快快往下降，摸摸脚下凉不凉；双臂伸向正前方，向前看齐我最棒；双手背后变翅膀，上下左右我飞翔；左手拍腿有声响，再用左手挠痒痒；右手敬礼很阳刚，右手摇船轻飘荡。我会左右辨方向。"

2. 集体活动，学习以客体为中心辨认左右方位。

（1）看课件回答问题。

教师：今天有三个小动物想来我们班做客，他们住在遥远的大森林里，所以小动物们乘坐火车来了。

教师展示三个小动物坐在火车车厢里的位置图片。

教师：我们看看是哪三个小动物，谁坐在最左边，谁坐在最右边，谁又坐在中间。

请个别幼儿用完整的语言回答，其余幼儿补充。如小猴坐在最左边，小熊坐在最右边，小鹿坐在中间。教师根据幼儿的接受情况，还可以追问：小猴的右边是谁，小鹿的左边是谁，小熊的左边是谁……

（2）教师：小动物们一下火车，就来到了我们班。

教师展示三个小动物，并把小动物们放在教室里的三块空地上。

教师：小动物们想和你们做朋友，但是小朋友们人太多了，小动物只有三个，所以小动物想考考小朋友。你们可要听清楚问题呀。现在请想和小猴做朋友的幼儿站在小猴的左边，想和小鹿做朋友的幼儿站在小鹿的左边，想和小熊做朋友的幼儿站在小熊的前边。

幼儿站好，教师检查有没有人站错了位置。

（3）教师：小动物和小朋友们做完游戏，要回家了。我们送点东西给小动物。

教师出示木偶娃娃，青青和蓝蓝。

教师展示PPT图片，即小动物们在回去火车上的座位图，引导幼儿说出小动物和木偶娃娃的座位关系。如小猴坐在最左边，小鹿坐在青青的左边，小熊坐在最右边……

3. 小组活动。

走迷宫游戏。请两位幼儿并排坐好组成一组。一位幼儿当指挥官，看迷宫图发出指令，如"向右走，向前走，向左走……"；另外一位幼儿当士兵，根据指令

第十章 幼儿空间方位概念的发展与教育

移动棋子,最终使棋子走到终点。

(安徽省芜湖市安徽师范大学附属幼儿园王翠老师设计)

三、认识空间方位的相对性、可变性与连续性的教学

(一)认识空间方位的相对性、可变性与连续性的教学目标

1. 大班

(1)教幼儿辨别物体与物体之间相对的方位关系,如我在他的前面,他在我的后面。

(2)教幼儿学会以不同基点判断同一物体的位置。①

(二)认识空间方位的相对性、可变性与连续性的教学方法

上下、前后、左右等空间方位不是绝对的,而是可变的。帮助幼儿认识方位的相对性、可变性,主要是通过选用不同的主体或改变主体的相对位置来进行。

1. 以不同物体作为主体,确定客体方位

教师在黑板上贴四个小动物,小猫在最左边,小狗在最右边,小鸡在小猫的右边,小猴在小鸡的右边。教师可先问幼儿,这四个小动物的位置是怎样的。当幼儿的回答不一样时,教师提醒幼儿:以不同的动物为基点,说法是不一样的。如以小鸡为基点,小猴在小鸡的右边;以小猴为基点,小鸡在小猴的左边。

2. 改变主体与客体的位置关系。

桌子原来在黑板前面,教师把桌子挪到黑板后面,问幼儿桌子在黑板的什么位置。

3. 各种活动感知空间方位连续性特点。

小明从楼梯下面往上走;小红从滑滑梯的上面滑到滑滑梯的下面;玲玲从我的前面排到我的后面;健健从我的左边排到我的右边,等等。老师一边讲,一边让幼儿做,从而让幼儿理解方位的连续性的含义。

(三)认识空间方位的相对性、可变性与连续性的教学范例

教学活动案例 1

活动名称:认识方位(大班)

活动目标

1. 在游戏的过程中,感受上下、前后、左右空间方位的相对性,知道以不同的

---

① 金浩. 学前儿童数学教育概论. 上海:华东师范大学出版社,2000

物体为中心,方位就会不同的规律。

2.能按左右的方位要求处理日常生活中的位置问题,建立起初步的位置观念。

3.喜欢参加数学活动,乐于操作,喜欢与同伴交流。

活动准备

1.小红花贴画若干。木偶小狗、小兔子和小乌龟若干。

2.教学图片1张,幼儿座位成"U"型。

3.幼儿每人1张操作纸和一盒油画棒。

活动过程

1.集体活动。

(1)教师和幼儿面对面站着,教师和幼儿每个人的右手上贴着一朵小红花,然后一起举起左右手。

教师:我举的右手和你们举的右手有什么不一样呢?

教师转过身,与幼儿方向一致,再举右手。让幼儿体验面对面站着,因为彼此方位不同,所以幼儿举的右手就和教师举的右手刚好相反;如果处在同一方位,教师举的手和幼儿举的手就一样了!

(2)出示木偶(背对着幼儿),让幼儿判断其左右是什么。

教师:这是一排木偶,这里有小狗、小兔子、小乌龟。小狗左边是谁?右边是谁?

教师出示木偶(正对着幼儿)说:现在小朋友看,小狗的左边是谁?右边又是谁?

教师请幼儿说说原因。

(3)教师出示图片,幼儿观察并判断。

教师:这是一幅很多小朋友在公园里玩的图片,有的小朋友和我们的方向是一样的,有的小朋友和我们的方向相反。请你们找出来,并告诉大家,他们的右手在哪边,左手在哪边。

(4)请幼儿"1212"地报数,并请报到数字"1"的幼儿站到报到数字"2"的幼儿前面。

教师:请把两手举起来(幼儿右手上的小红花可以起到提示作用),右手摸左脸,左手拍右肩膀,跺跺左脚,跺跺右脚。

2.小组活动。

将操作纸上的小朋友和小动物的左手、左脚涂上红颜色,右手、右脚涂上蓝颜色。

3.活动评价。

请幼儿说说自己是怎样操作的,表扬按要求完成操作的幼儿,鼓励没完成的幼儿说说自己遇到了什么困难,为什么没有完成。

(安徽省芜湖市安徽师范大学附属幼儿园王翠老师设计)

▶阅读推荐◀

1. 施建农、陈宁.幼儿身边的数学启蒙——几何形体与空间方位.北京:龙门书局,2000

2. 毕鸿燕、方格.4-6岁幼儿空间方位传递性推理能力的发展.心理学报,2001(3)

▶思考与探索◀

1. 举例说明幼儿认识空间方位的一般过程。

2. 举例说明如何根据学前儿童认识空间方位的年龄特征开展小班、中班和大班的教学活动。

3. 如何帮助幼儿利用空间方位知识解决绘画中存在的问题——物体间的位置关系?

4. 以"区分左右"为内容,设计一个游戏活动方案。

第十一章
幼儿时间概念的发展与教育

【内容提要】：本章介绍了与时间有关的基本知识；系统分析了幼儿时序与时距认知发展的特点及幼儿时间概念发展的年龄特征，从教学目标的设定和教学方法的采用等方面探讨了如何开展幼儿认识时间的教学，并辅之以具体的教学案例。

【学习目标】：通过本章学习，(1)理解有关时间的基本知识；(2)掌握幼儿认识时序与时距的发展特点及时间认知发展的年龄特征；(3)明确开展幼儿时间认知教学的目标和方法。

时间贯穿于物质运动过程的始终，各种物质运动过程都有一定的发展顺序和持续性，如花开花谢、日夜轮回、四季更替等都需要用时间来表示。离开时间，任何物质的运动、变化、发展都是不可能的，所以在人们认识世界的过程中，首先要认识时间。

幼儿对时间的认知主要是时间知觉(time perception)问题。教幼儿认识时间，可以发展他们的时间知觉，帮助他们形成时间概念，养成良好的生活习惯。同时，提高幼儿对时间顺序性、周期性的理解水平，有利于促进他们对次序关系、整体与部分关系的认识，提高其思维水平。因此，认识时间是幼儿园数学教育中的一项重要内容。

第十一章 幼儿时间概念的发展与教育

第一节　关于时间认知的基本知识

一、时间的概念

时间包含时序和时距两个概念。时序（temporal succession），即客观现象的顺序性，是指两个或多个事件的出现可以被感知为按顺序组织的不同事件，它依赖于我们对变化的体验。两个事件可以先后发生，也可以同时发生。如花的开与谢、太阳的升与落、人的生与死，早上、白天、中午、下午、晚上等反映时间顺序的概念，就是对时序的反映。时距（temporal duration），指客观现象的持续性，即两个连续事件间的间隔或某一事件持续的时间段。人们很早就通过太阳的东升西落、月亮的望朔圆缺，对时间进行度量。如一小时、一天、一年、一生等概念就是对时距的反映。这两个概念是相互联系，彼此依存的，它们共同构成了人们对时间的基本认知。

二、时间的特点

（一）流动性

爱因斯坦认为，时间并不是作为大自然的一种永恒不变的背景而简单地存在的，时间也是物质的东西，是不断变化的。和物质一样，时间也受自然规律的支配。不过，人们无法直接感受到时间的存在，人们对时间的感知是与对物质运动的感知联系在一起的。也就是说，当我们感知到物质变化的时候，就知道时间正在悄悄地溜走。时间在一分一秒地流动着，这种流动是不以人的意志为转移的，是永无止息的。

（二）不可逆性

时间的运动是单向的，时间不能倒流，流逝的时间是无法收回的。

（三）连续性与周期性

时间运动的不间断性就是时间的绵延，时间没有终点。同时，时间表现出一定的周期性，日复一日，年复一年，周而复始。

（四）无直观性

人们无法直观地感知到时间的存在，它既看不见也摸不着，既闻不到也听不见。因此，对时间的认识必须借助于某种媒介。一般来说，认识时间的媒介有三种：一是自然界的周期性现象，如太阳的升落、四季的变化、昼夜的交替、月亮的圆缺等；二是机体内部节律性的生理活动，也就是我们通常说的"生物钟"(biological clock)，如饥饿、心跳和呼吸的节奏等；三是计时工具，如手表、时钟、日历等。通过这些媒介，人们就可以测量和认识时间了。

（五）均等性

时间的流动是均匀的，既不快也不慢。所以，时间可以流动，但不会被"偷走"，时间对任何存在物都是公平的。

（六）绝对性与相对性

作为一种物质的东西，时间是客观的、绝对的，是不以人的意志为转移的。作为人的存在的一个维度，时间具有一定的主观性、相对性，是人把握存在的量度和工具。如某一天的晚上比该天的早上晚，但是今天的晚上比明天的早上早。根据时间的这种特性，人们可以把对事件的认知分为综合时间认知和具体时间认知。所谓综合时间认知是指以整体的观点看待整个时间序列，不分过去、现在和未来，对在这三个时间段内所发生事件的时间认知不有意加以区分，如"儿童对日常生活事件的表征"、"关于故事顺序的排列"等。具体的时间认知是指对某一具体时间的认知，是把时间序列主观地分割为过去、现在和未来，并能够分辨各个时间段所发生事件的时间的认知，如人们对昨天、今天和明天的时序认知。

三、时间概念的种类

对幼儿进行时间教育的重点是帮助他们掌握基本的时间单位，并能正确运用这些单位、词汇。一般来说，我们可以把时间概念分为以下四类：

表示顺序的时间概念：如"先、后"，"同时""以前""以后""再"等。

表示阶段的时间概念：如秒、分、时；早上、上午、中午、下午、白天、晚上；昨天、今天、明天；日、星期、月、年等。

表示动作时态的时间概念：如"刚刚"、"已经"、"正在"、"将要"、"马上"、"即将"等。

表示不确定时间段的时间概念：如"有一天"、"从前"、"有时"、"很早"、"小时候"、"以前"、"前几天"等。

表示速度的时间概念：如"快"、"慢"、"快点"、"慢点"、"赶紧"等。

第十一章 幼儿时间概念的发展与教育

第二节 幼儿时间概念的发展特点

一、幼儿时间概念发展的一般特点

幼儿的时间认知有一个从感性直观到抽象概括的认知发展过程。即从最初依赖于与时间无关的具体情景(如早晨起床、晚上看电视等),到依赖位置、距离、速度等与时间因素有关的现象判断(如根据速度判断时间的长短等),最后掌握和运用抽象的时间词汇(如过去、现在、未来等)。[①] 由于幼儿时间概念的发展包括对时间顺序的认知发展和对时间持续性的认知发展两大过程,所以,我们拟从这两种发展过程来介绍幼儿时间概念发展的一般特点。

(一) 幼儿时序认知的一般发展特点

1. 对时间顺序的认识由近及远,由短周期向长周期发展

幼儿最先认识的时间单位是一天之内的时间顺序,如早晨、中午、晚上;然后是一周之内的时序;最后是对一年之内季节的认识。方格、方富熹、刘范等通过对儿童时序认知发展的实验研究表明:儿童对时序的认知遵循着从感性直观上升到抽象概括这一认知发展规律。具体表现为儿童对时序的认识由近及远,由短周期向长周期发展。[②] 研究还表明,儿童对时序的认知能力是随着年龄的增长而逐渐发展的,一直持续到童年末期才基本完善。

儿童时序发展过程大致可以分为三个阶段:3岁前的萌芽阶段、4～7岁时的发展阶段、7岁后的逐步完善阶段。如对一日之内的时序——早晨、中午、晚上的概念,4岁幼儿能掌握的人数不到50%,而5岁、6岁幼儿基本能正确掌握这些时间概念。但5岁、6岁幼儿对一日之内时序的认知仍是感性直观的成分多。能摆脱图片的直观内容,抽象概括出时序的儿童在6岁组中只占37.8%,到7岁才能完全达到。[③]

幼儿最先掌握的是一日之内的时间顺序,这是因为"一天"是一个从日出(天亮)到日落(天黑)的完整周期,它周而复始地持续着,幼儿每天都能体验到这种规律性的变化。况且早、中、晚都有明显的时间参照物,如早晨就会与"起床"、"穿衣服"、"做早操"等生活事件联系起来;中午会与"吃中饭"联系起来;而晚上则会与"看电视"、"洗脸"、"漱口"、"睡觉"等生活事件联系起来。而星期、月、年无

---

① 林泳海.4.5～7.5岁儿童时间持续认知发展的实验研究.心理发展与教育,1996(1)
② 方格、方富熹、刘范.儿童对时间顺序认知发展的实验研究Ⅱ,心理学报,1984(3)
③ 方格、方富熹、刘范.儿童对时间顺序认知发展的实验研究Ⅰ,心理学报,1984(2)

法形成关于自然现象规律性变化的周期,也没有较明显的时间参照物。而且从有机体生理过程的节律来说,也是以一天24小时为周期来调节生命活动的。这种将时间形式与生活内容结合起来的整体性的、直接的生活体验使幼儿获得了关于一日时间的深刻印象。因此,对一日内的时序的认知要早于对一周、一年之内的时序的认知。

尽管幼儿知道春天小树会发芽,夏天可以游泳,秋天落叶满地,冬天雪花飘飘,但他们不容易对季节变化顺序形成深刻的印象,对其认识也较晚。其原因是幼儿思维发展的水平有制,最主要的是季节的周期变化的时间间隔较长。

2. 对时序的认识由固定性向相对性发展

时间的相对性是指时间的顺序不是绝对不变的,而是随着时间参照物的变化而变化的。如一天的晚上是在早上之后,但昨天的晚上,相对于今天的早上,却又成了前项。幼儿对时序相对性的认识较晚。当他们掌握了一日之内早晨、中午、晚上的时序后,往往认为晚上总是在早上、中午之后,早晨是"第一"的,把时序看作孤立、静止和固定不变的,把某一时间从整个时间流中割裂开来,不能理解到一天的早晨相对于昨天晚上而言,又是"第二"的概念。方格等对幼儿时序相对性认知发展的研究表明:4岁组被试基本上还不具有时间相对性概念,6岁组被试仅有约40%的幼儿能通过测试项目。实验证明,幼儿先认知时序的固定性,后认知时序的相对性。

幼儿先认知时序的固定性,后认知时序的相对性的主要原因是受思维发展水平的影响。维奥曼(Wellman)通过实验证明,对"时间标记"如"第一次"、"首先"、"然后"这些词的理解和使用与儿童的年龄有密切的关系。对于幼儿来说,"首先"、"第一次"这样的"时间标记"会阻碍他们顺利的完成任务。但对年长的儿童来说,"时间标记"却有助于他们顺利地完成任务,年长的儿童在有"时间标记"的条件下比在无"时间标记"的条件下能更好地完成任务。也就是说,幼儿的思维发展水平不仅影响他们掌握更为抽象的时序概念,而且会影响他们对时序相对性的认知。而要掌握抽象的时序概念和时序的相对性,则需要更高的思维水平。

3. 对时间的认知是以生活经验为基础的,具有鲜明的形象性和直观性特征

幼儿对时间的认知是以生活经验为基础的。由于时间是抽象的,没有具体形象作支柱,因此幼儿往往是通过把熟悉的、有兴趣的事件联系在一起作为参照物来认识时间的。例如,太阳升起来了,小朋友起床、刷牙,这是早晨;到幼儿园做操、游戏,这是白天;天黑了有星星、月亮,这是晚上……

弗瑞德曼(Friedman)在一系列实验中,把幼儿的几个日常生活场景(起床、午餐、晚餐、上床睡觉)分别画在一张图片上,然后让幼儿按顺序排列图片,结果发现:4~5岁幼儿能够正确表征其日常生活事件的序列,有的幼儿所排序的时

间段甚至超过了"一天"的时间范围,比如晚餐——上床休息——起床——午餐。因此,弗瑞德曼指出,3岁幼儿就已经对其常规活动有了基本了解①。依据这个研究范式,班尼森(Benson)等检验了4~7.5岁儿童对"昨天"、"今天"和"明天"的常规活动的时序认知,结果显示:儿童的时间顺序认知能力随着年龄的增长逐渐提高,而且尽管各个年龄段的儿童对三个时间都有相当深的认识,但他们对"昨天"的顺序判断却都好于对"今天"、"明天"的顺序判断。② 原因可能是"昨天"伴有不同的经验事件,因而是形象的、直观的、熟悉的。研究结果还表明,对事件的熟悉程度会影响幼儿的时序认知水平。同样,在实物排序或图片排序的活动中,尤其是在动手操作时,幼儿会表现出更高的时序认知水平。

4. 对时间的认知表现出从不同步向统一结合变化的特点

幼儿表示时间的词语出现得既晚又少。在使用时间单位的词汇时,开始只是能唱数时间词,如"早晨"、"中午"、"晚上"、"昨天"、"今天"、"明天"等。他们仅仅是记住了这些词的声音特征,并不能理解它们的确切含义,不能把这些词和它们所指代的特定时间对应起来。例如,他们往往用"昨天"泛指过去,"明天"泛指将来,把将要上小学说成"明天我就要上小学了",把以前去过北京说成"昨天爸爸带我去北京了"。

随着生活经验的积累和认知能力的发展,幼儿开始能够较为准确地理解时间词语,如开始懂得"早晨"就是起床、刷牙时间,白天是爸爸妈妈上班、自己上幼儿园的时间……进而逐渐掌握这些词所表达的时序关系,懂得早晨是"第一",中午是在早晨之后等等。但相对于昨天晚上,早晨又是"第二"的。在此过程中,幼儿逐渐认识了时序的相对性,达到了时间词语与时间认知相统一的水平。

另外,幼儿的时间认知与语言发展有着非常密切的关系,日常生活中亲子、师幼之间的语言交流,可能影响幼儿对时序的认识。尼尔森(Nelson)通过分析幼儿与父母的对话发现,父母花大量的时间与孩子谈论即将发生的事情,将有助于幼儿建构其"近的未来"的时间知识结构。研究者们还一致认为幼儿是逐渐理解各种时间的,并且在六七岁时能够准确地使用"过去"、"现在"和"未来"③等

---

① Friedman, W. J. The development of children's representations of temporal structure. In F. Macar, V. Pouthas, & W. J. Friedman (Eds.). Time, action, and cognition: Towards bridging the gap. Dordrecht, Netherlands:Kluwer,1992:67~75

② Benson, J. B, Grossman, S. E, & Hanebuth, E. Young children's temporal representations: Past, present, and future daily activities. Poster presented at the meetings of the Society for Research in Child Development, New Orleans, LA. 1993 Mar.

③ Nelson, Kmonologues as construction of self in time. In: Nelson, K. (Ed.), Narratives from the crib. Cambridge, MA: Harvard University Press,1989:27~72

词语。

(二) 幼儿时距认知能力的一般发展特点

1. 幼儿对时距的认知受空间概念的影响

皮亚杰认为幼儿常常把移动物体的距离远近与时间长短混同起来,不会考虑移动物体的速度。因此,他们很难将空间关系和时间关系区分开。皮亚杰曾做过这样的实验:让幼儿开动两只机械蜗牛,当跑得较慢的蜗牛跑了较长的时间而没有赶上跑得较快的蜗牛的时候,幼儿看到后都不能准确地再现这件事情,他们坚定地认为慢蜗牛先停。可见他们的时间知觉会受空间关系的干扰。

实际上,幼儿对时间的认知是与对物体运动、速度的认知密不可分的,时间观念发展的每一个阶段都与这两种观念的认知发展相互依存、相互促进。因此,幼儿只能依据速度和距离来考虑时距的长度。① 维克(Friedrich Wilkening)等指出,皮亚杰的研究只注意到了"时间—速度—距离"概念的发展,未能说明儿童是如何理解三者的关系的。他认为在现实生活中,通常不是要求人们对两个运动事件的时距作出比较,而是要人们综合考虑时距、速度、距离三者的关系。例如,一个小女孩在横过马路的时候,就要根据来车的速度和马路的距离估计自己是否有足够的时间越过马路。由于生活经验的积累,儿童很早就发展了根据时间、速度、距离三种变量中的任意两种推断出第三种的能力。② 也有学者研究发现,当用图片的形式来表现事件,要求儿童在一个空间标尺上用空间上的远近代表时间上的早晚来对这些图片进行排序时,儿童的判断具有一定的准确性。这说明儿童可以借助某种空间标尺来表征时间。③ 我国心理学家朱曼姝等的研究表明,"速度"、"位置"等空间概念,对儿童认识时间有极大影响。④

2. 幼儿对时距的认知受到计数策略的影响

幼儿对时距的认识与他们的计数策略之间有着密切的关系。国外有学者考察了儿童在度量事件的时距时,如何自发使用计数策略的情况。研究结果发现:当时距呈现时,伴随着有节奏的声音(主要是一种比较含糊地将时间分割成段的"暗示"),在

---

① Jean Piaget. The Child's Conception of Time. London,1969

② Friedrich Wilkenin. Children's knowledge about time — distance — velocity — interrelations. In: William J Friedmaned. The Developmental Psychology of Time. New York: Academic Press, 1982. 87~112.

③ Curt Acredolo. Assessing children's understanding of time — speed — distance interrelations. In: Iris Levin, Dan Zakay ed. Time and Human Cognition. Elsevier Science Publishers B. V. The Netherlands,1989:219~258

④ 朱曼姝、武进之.儿童对几种时间词句的理解.心理学报,1982(3)

第十一章 幼儿时间概念的发展与教育

这种情况下,儿童计数策略的使用会有所增加。7岁以后,即使没有这种暗示,多数儿童也能自发地使用计数策略。

二、幼儿时间概念发展的年龄特点

由于幼儿时间概念的发展是以生活经验为基础的,所以越是与他们的生活经验有联系的时间单位,如"早上"、"中午"、"晚上"等,幼儿越容易掌握。而那些联系不紧密的时间单位,如"分"、"时"等,则难以掌握。幼儿对时间的理解是从与生活紧密联系的"一天"开始的;然后逐渐向更长和更短的时间延伸。

(一)3~4岁

能掌握一些初步的时间概念,如"早上"、"晚上"、"白天"、"黑夜",但对时间的理解往往是和生活中的事件相联系的;能说出"昨天"、"今天"、"明天"等词语,但还不能理解其含义。

(二)4~5岁

这一年龄的幼儿已经能够比较准确地确定不太长的时间间隔,借助于个人经验,基本能知道经过"早上"、"白天"、"晚上"、"黑夜"就是经过一天,能逐步理解"今天"、"昨天"和"明天"的含义。知道"昨天"是刚刚过去的一天,"明天"还没有到,"今天"过去了就是"明天"。

(三)5~6岁

他们能认识"前天"、"后天",具有"星期"与"几点钟"的概念。这表明幼儿在建立时间更替(周期性)观念的同时,能区分较小的时间单位(如认识时钟上的整点与半点等)。另外,能正确理解时距与速度、距离之间的关系,能利用计数策略判断时距的长短。

第三节 幼儿认识时间的教学

幼儿认识时间的教学主要包括两方面的内容:一是认识日常时间,二是对时间进行判断。

教幼儿判断时间的次序性一定要结合游戏进行,让幼儿结合日常生活经验来体会时间,并达到认识时间的目的。

一、幼儿认识时间的教学目标

（一）小班

初步理解"白天"、"黑夜"、"早晨"、"中午"和"晚上"的含义，并能正确地运用这些时间词语。

（二）中班

能理解"昨天"、"今天"和"明天"的含义及其交替关系；理解"快"、"慢"、"快些"、"慢些"等时间词语的含义；能正确运用以上时间词语。

（三）大班

认识钟表，学会看整点和半点的时间；学会看日历，知道一个星期有7天，以及这7天的名称和顺序，能说出今天是星期几，昨天是星期几，明天是星期几；理解时序的相对性；理解时距、速度、距离之间的关系。

二、幼儿认识时间的教学内容

认识"早"、"中"、"晚"、"白天与黑夜"，认识"昨天"、"今天"、"明天"，认识"年"、"月"、"四季"、"星期"，认识时钟（整点、半点），理解时序的相对性，理解时距、速度、距离之间的关系。

三、幼儿认识时间的教学方法

（一）通过看图谈话认识时间

教师可以设计一些表示不同时间的图片，让幼儿看图回答与时间有关的问题，从而达到认识时间的目的。如教师设计太阳刚刚升起、大公鸡在叫、小朋友在穿衣服的图片，表现出早晨的情景，让幼儿回答这是什么时候，小朋友在做什么等问题，使幼儿认识"早晨"的含义。

看图谈话认识时间，所设计的图片一定要有明显的时间特征，如表示黑夜，一般可以设计天空有星星、月亮，小朋友睡着了；表示晚上，除可以设计星星、月亮外，还应画出小朋友在看电视、电灯亮着等场景。一般来说，看图谈话只适合于对一日时间的认识，表示"昨天"、"今天"、"明天"就比较难了。但对于持续性的时间认识，仍然可以采用看图谈话的形式，如通过图片让幼儿辨认一个情景事件的发展顺序，对图片进行排序，从而掌握"先"、"后"的时间概念。

(二)通过日常生活认识时间

受思维发展水平的影响,幼儿的时间认知能力带有具体性、形象性和经验性的特点。有规律的日常生活是幼儿理解时间这一抽象概念的前提和基础。因此,教师应有意识地引导幼儿把有规律的生活作为参照点来认识时间。

教师可以引导幼儿主动观察一些日常生活中的时间规律:如妈妈每天烧饭—吃饭—洗碗;小朋友每天早晨刷牙—洗脸—吃早饭—上幼儿园;时间有昨天—今天—明天,再长一些的有过去—现在—未来。自然界中有春—夏—秋—冬、乌云—闪电—打雷—下雨、发芽—开花—结果、白天—黑夜等。

教师还可以结合幼儿一日的生活,让幼儿通过动手操作参与到时间认知活动中。如教师可以按固定时序进行排序,让幼儿从特定的图片中选出一张放到一日之内的时间系列当中,组成一个完整的一日活动;也可以按相对的时间序列进行排序,如教师仅提供一张"做早操"图片,然后让幼儿在几张供选择的图片中选择两张,分别置于"做早操"图片的前后,从而组成一个时间系列。

(三)通过游戏认识时间

游戏是幼儿的主要活动形式和学习形式,所以也是幼儿认识时间的主要形式。在游戏中,幼儿可以通过活动内容、活动形式、扮演的角色等不断感知时间,理解时间。例如,在"娃娃家"游戏中,可以进行"早晨"、"白天"、"晚上"和"黑夜"的认识活动(早晨娃娃起床、穿衣、洗脸、吃饭;白天出去玩;晚上看电视,看月亮,看星星;夜里睡觉)。再如,"开火车"的音乐游戏,幼儿听音乐做邀请动作,嘴里念儿歌:"嗨嗨! 我们的火车要开了,我们的火车要开了。"这时大家停在原位不动,问:"几点开?"一位幼儿扮站长,发出信号"3点开"。一个脖子上挂有指针指向3点钟的钟面卡片的幼儿上来一起做开火车动作。

(四)通过日常生活中的谈话与活动认识时间

幼儿的时间认知与语言发展有着密切的关系,因此,教师可以在日常生活中多与幼儿交谈,引导幼儿理解时间概念。例如,在晨间谈话时,教师可以让幼儿讲讲早上来幼儿园之前,在家里干了什么,早饭吃了什么;对大班孩子,可问问他们是几点钟起床的。活动时,让幼儿多注意使用"第一个"、"首先"、"后来"等词语。离园前,可以同幼儿交谈,如今天白天在幼儿园学到了什么,中午吃了什么菜;昨天值日生是谁,他做得怎样,今天值日生是谁,明天应该谁做值日生等,让幼儿体验到昨天的事已经做过了,今天的事正在做,明天的事还没做,要睡一个晚上才是明天。

在幼儿讲述过去的事和将要发生的事时,教师要引导幼儿学习使用"早晨"、

"昨天"、"小时"、"马上"、"很快"等常用时间词语。能够用语言描述过去发生的事件,推测将要发生的事件、并由此做好适当的准备。① 如在吃午饭的时候告诉幼儿:"我们'马上'就要吃饭了,小朋友们该做什么呢?"这样,幼儿就会意识到在吃饭"之前"需要把桌子上的物品收拾好,然后去洗手。

教师也可以让幼儿在日常活动中认识时间。如在教室里放一本日历,每天撕日历,让幼儿认识到星期一至星期日的周期,知道当天是星期几。在教室里可以让小朋友轮流制作"气象日志",每天由一位小朋友填画"气象日志",并写上自己的名字。每周总结一次,看看过去的一周有几天是晴天、几天是下雨天或阴天。

(五)通过开设专门的数学课认识时间

时间认知的教学是比较抽象的,因此,引导幼儿了解并学会运用"时间标尺"是幼儿园时间认知教学的主要方法之一。日常生活中常用到的时间标尺是钟表和日历,教师可以开设专门的数学课引导幼儿(主要是大班幼儿)认识时间标尺,以使幼儿形成比较精确的时间观念。前面已经简单地介绍了日历的使用,这里主要介绍一下认识钟表的数学课的上课步骤。一般来说,认识钟表的数学课大致可以分成如下几个步骤:

1. 讲解时钟的用途

教师可以用多种"悬疑"的方式引出时钟,激发幼儿认识时间的兴趣。如教师可以通过让幼儿猜谜语的方式出示时钟:"会走没有腿,会说没有嘴,它能告诉我们什么时候起床,什么时候睡。"在幼儿猜对后出示时钟;也可以让幼儿听钟的闹铃声响,然后猜是什么,再出示时钟;还可以直接出示电钟、闹钟等各种不同形状的钟给幼儿看。在幼儿知道了钟的概念之后,再引导他们了解钟的作用。通过教师的讲解,幼儿知道钟能告诉爸爸妈妈什么时候上班、小朋友什么时候到幼儿园等。

2. 认识钟面的结构

出示不同的钟表,引导幼儿观察钟面,了解钟面的结构。首先应让幼儿认识到钟面上有 1~12 的数字,这些数字是按 1,2,3,4……12 的顺序排列的。其次应让幼儿了解钟面上有三根针及其名称和作用。

3. 演示讲解时针、分针转动的方向与规律

教师把时针、分针都拨到 12 的位置上,向幼儿演示时针、分针都是顺着 1,2,3……12 的方向走动的。提醒幼儿注意哪根针走得快,哪根针走得慢,并了解

---

① 玛丽·霍曼等.活动中的幼儿.郝和平等译.北京:人民教育出版社,1995

它们之间的运动关系:分针走一圈,时针走一个数字,表示过了一个小时。

4. 讲解整点与半点

教师在演示时间整点时一定要幼儿注意到:分针从12开始沿着1,2……的方向行走,走到12上,分针这样每转一圈意味着走一个整点。当分针指向12,时针指向数字3时,就表示3点整。让幼儿根据分针的位置和时针的位置来判断整点。

教师演示时间半点:分针同样要从12开始,沿着1,2……的方向行走,走到数字6上,告诉幼儿,如果时针在数字1与2之间,即在1点过去一点,就表示1:30分;如果在12与1之间,就表示12:30分。让幼儿根据分针的位置和时针的位置来判断半点。由于6:30时的时针与分针重叠在一起,因此,对6:30应着重解释。

5. 总结整点、半点规律

在多次演示讲解整点、半点的基础上,教师可告诉幼儿,"分针在12上,时针在几,就是几点整";"分针在数字6上时,时针在几点过去一点就是几点半"。让幼儿逐步理解和认识整点、半点。

6. 巩固对整点和半点的认识

教师可以分给每位幼儿一个小钟模型,老师报时间,让幼儿拨钟点,用游戏的方式巩固对整点、半点的认识。教师也可以组织儿童做"送钟宝宝回家"的游戏,把钟面为8点整的宝宝送到挂有"8:30"牌号的家里,把12点整的宝宝送到挂有"12:00"牌号的家里……总之,应通过开展各种游戏活动教幼儿理解和认识时钟的整点和半点。

7. 教学中应注意的问题

在教儿童认识整点、半点的过程中,教师演示拨针不能倒拨,一定要顺时针拨。在游戏活动中,教师报钟点应按时间的顺序报,如报6点后,再报8点、10点,不能先报10点再报6点、8点。先教儿童认识整点,再认识半点。

四、幼儿认识时间的教学范例

教学活动案例1

活动名称:认识白天、黑夜(小班)

活动目标

1. 结合幼儿的生活经验,引导幼儿能够区分白天、黑夜;
2. 与幼儿的日常生活体验相结合,引导幼儿说出白天与黑夜各有怎样的特点。

活动准备

反映白天和黑夜特点的图片,以及人们在白天、黑夜活动的图片,也可以利用多媒体呈现白天与黑夜的动态图景。

活动过程

结合幼儿的生活经验,引导幼儿能够比较清楚地区分白天和晚上。

教师:我们什么时候能够看到星星小朋友和月亮姐姐?什么时候星星小朋友和月亮姐姐休息了,太阳哥哥又出现了呢?

教师请幼儿观察图片,并结合自身体验,区分白天和黑夜。如"什么时候我们会打开灯,白天为什么不需要把灯打开"。引导幼儿理解白天就是我们借助阳光能够看到事物的面貌的时间,而晚上就是我们必须借助灯光才能够看到事物的面貌的时间。

教师小结:晚上我们可以看到星星和月亮,而白天我们能看到太阳;晚上看事物我们需要照明,而白天直接用眼睛就能很清楚地看到事物的模样。

活动延伸

教师可以让幼儿结合照明工具如"手电筒"的使用来区分明与暗、白天与黑夜,也可以通过控制光线的明暗让幼儿认识白天和黑夜。

(内蒙古自治区呼和浩特市政府机关幼儿园朱婷婷老师提供)

教学活动案例 2

活动名称:认识早晨、中午、晚上(小班或中班)

活动目标

1. 结合幼儿的生活经验,引导幼儿区分早晨、中午、晚上;
2. 幼儿能够根据自己的生活规律排列图片,并简单讲述自己的一日生活。

活动准备

反映早晨、中午和晚上特点的图片,以及小朋友在这三个不同时间段的主要活动图片,也可以利用多媒体呈现小朋友从早晨到晚上一日生活的动态图景。

活动过程

教师引导幼儿将时间与自己的生活联系起来,从而能够比较清楚地区分早晨、中午和晚上。

1. 教师向幼儿展示照片。按时间顺序摆放,即从幼儿早晨起床、进入幼儿园开始,到晚上爸爸妈妈接小朋友回家、全家人看电视,然后休息结束。请幼儿观察图片,并讲讲它们分别是发生在什么时候的什么事情。

2. 让幼儿找出一天中最先发生的事情图片和最后发生的事情图片(小班要

适度限制呈现图片的数量,最好不要超过 3 张)。

3.让幼儿任意取两幅图片,比较事情发生的先后,逐步排列出所有事情的顺序。

4.让幼儿用所学过的数字(如从 1 到 6)对事情进行先后排序(仅适合中班)。

5.让幼儿根据图片完整讲述一遍图中呈现的情景,并在图上写下表示先后顺序的数字(仅适合中班)。

针对幼儿的具体情况,教师可以适当减少或增加图片的数量。

6.教师小结:早晨太阳公公出来了,人们起床了,小朋友来到幼儿园,爸爸妈妈去上班;中午我们要吃午饭,并进行午休;晚上星星和月亮出来了,我们要睡觉了。

活动延伸

教师可以将幼儿的一日生活以故事形式讲解,引导幼儿了解早晨、中午和晚上人们的活动情况,使幼儿初步形成"一天"的时间概念。

(内蒙古自治区呼和浩特市内蒙古师范大学附属实验幼儿园陈小慧老师提供)

教学活动案例 3

活动名称:认识昨天、今天和明天(中班或大班)

活动目标

1.幼儿能够认识和区分"昨天"、"今天"和"明天"。

2.能认识"昨天"、"今天"、"明天"的时间顺序,并能正确表述。

活动准备

幼儿气象表(每人 1 张)。

活动过程

1.教师利用图片内容讲述"昨天"、"今天"和"明天"的时间含义。让幼儿了解昨天的事是已经过去的,今天的事是正在做的,明天的事是还没有做的。

2.在幼儿已经掌握早、中、晚的时间概念的基础上,教师提问:早上是不是一定在晚上之前呢?并引导幼儿思考昨天晚上和今天早上的关系及今天晚上和明天早上的关系。

3.结合观看值日生轮流表,让幼儿回忆昨天是谁值日,今天是谁,明天又该轮到谁。

4.引导幼儿在本周气象表上记录天气情况,说出今天天气是怎样的,想想昨天天气是怎样的。

5.教师小结:从早晨到现在一直到晚上这一整天叫"今天",前一天就叫"昨天",将要来的一天叫"明天"。

活动延伸

教师可以让幼儿将反映"昨天"、"今天"和"明天"的生活事件通过图画的形式表现出来,然后,打乱顺序,让幼儿进行排列,看谁排得又快又好。教师也可以通过给幼儿介绍好朋友的方式,如介绍"星期宝宝",以此深化幼儿对"昨天、今天、明天"的认识。

教师:谁来告诉大家,今天是哪位星期宝宝与我们一起玩?请举手幼儿回答。

教师:再请小朋友想一想,昨天是哪位星期宝宝与我们一起玩?明天是哪位星期宝宝与我们一起玩?

教师可以通过"找朋友"的游戏,让幼儿戴上代表"今天"的星期宝宝的头饰,找出自己的两个好朋友——昨天和明天。

(内蒙古自治区呼和浩特市内蒙古师范大学附属实验幼儿园陈小慧老师提供)

教学活动案例 4

活动名称:认识时钟(大班)

活动目标

1.能了解时钟的结构及分针、时针的运行规律。学会看整点和半点。

2.通过游戏,提高幼儿认识钟点的兴趣。

活动准备

手工制作的硬纸片钟(数量视幼儿的人数而定,教师也可以制作一个大的模型钟);老狼与小羊头饰;实物钟。

活动过程

1.介绍新朋友。

教师以介绍新朋友的方式引入活动主题。

教师:今天老师要给小朋友们介绍一位新朋友,这位新朋友会告诉人们什么时候起床,什么时候上学,什么时候回家,什么时候睡觉。请大家猜猜这位新朋友到底是谁呢?

教师也可以以谜语的方式引入主题。

教师:会走没有腿,会说没有嘴,它能告诉我们什么时候起床,什么时候睡。

或者让幼儿听声音(闹钟的闹铃)来判断是什么在响。当幼儿猜对后,请他们说说家里的钟表是什么形状的,还见过什么样的钟表(有闹钟、手表、挂钟和大

第十一章 幼儿时间概念的发展与教育

座钟)。

2.简单认识钟面(时针和分针)。

教师:今天老师也带来了一个钟,看看它是什么样子(圆形)。请小朋友们仔细观察,看看钟面上有什么(有两根针和12个数字)。

教师以提问的方式引导幼儿认识钟面:这两根针有什么不同(长度不同)?它们像小朋友们一样都有自己的名字,想不想知道它们叫什么名字呀(长的叫分针,短的叫时针)?钟面上一共有多少个数字(12)?

3.感知时针、分针的运行规律。

教师:今天呀,时针和分针要进行跑步比赛,小朋友们来做裁判,看看它们谁跑得快。现在它们都站在数字12的起点上了。首先请小朋友们猜猜它俩谁会赢?好,比赛就要开始了,预备——开始(教师操作钟表)!

谁跑得快(分针)?分针和时针赛跑的时候,他们之间有个秘密(教师反复操作)。小裁判们,你们想不想知道这个秘密呢?

总结:分钟走一圈,时钟走一格,这就是1小时。

4.认识整点。

教师:大家平时起床、上幼儿园、回家、睡觉大概都是几点钟呢?我们怎样根据分针和时针指的数字来判断起床、上幼儿园、睡觉的时间呢?别急,老师来告诉你:当分针正好指着12时,时针指向哪个数字,就表示几点。

教师边拨钟边和幼儿一起说"1点钟,2点钟,3点钟……12点钟"。让幼儿仔细观察不同整点的时针和分针有怎样的特点(分针均指向12)。

拨钟的时候,一定要按照顺时针方向拨。

5.个别练习与全体练习相结合。

请幼儿练习拨7点、8点、9点、10点……12点,并相互查看。一位或几位幼儿按照一日生活时间表"早上7点起床,上午9点上课,中午12点吃午饭,下午4点放学,晚上9点睡觉"在大钟表上演示拨整点。其他小朋友做评委,看他们拨得是否正确。

6.游戏"老狼,老狼几点了"。

(1)向幼儿说明游戏规则:老师或一位小朋友扮演老狼,请其他小朋友扮小羊。老狼在前面问"小羊,小羊几点了?"老狼就双手拿着一个钟,然后拨一个时间,小羊一起说几点了。如果老狼拨到6点,那就表示老狼要吃小羊了。

(2)请几名幼儿和老师先示范一次。

7.活动小结:由于钟表时间比较抽象,幼儿不容易理解和掌握,因此,教师要通过开展丰富多彩的游戏活动使幼儿基本掌握时钟的结构及分针、时针的运行规律,并学会看整点的时间。

活动延伸

在幼儿熟练地掌握了整点之后,教师可以进一步向幼儿演示学习半点,也可以把整点和半点结合起来一起学习。可以引导幼儿学认电子表。还可以通过讲故事的方式引导幼儿学会看时间。

(内蒙古自治区呼和浩特市内蒙古师范大学附属实验幼儿园陈小慧老师提供)

▶阅读推荐◀

1. 杨姗,方格.儿童时距认知的研究简介及发展趋向.心理科学进展,1998(1)
2. 方格,冯刚,方富熹,姜涛.学前儿童对短时时距的区分及其认知策略.心理科学,1994(1)
3. 林泳海.5~7.5 岁儿童时间持续认知发展的实验研究.心理发展与教育,1996(1)

▶思考与探索◀

1. 什么是时序与时距?
2. 简述学前儿童时序认知发展的特点。
3. 简述学前儿童时距认识发展的特点。
4. 教学前儿童认识时间的方法有哪些?
5. 设计一个学前儿童认识时间的教学活动方案。

第十二章
幼儿园数学教育评价

【内容提要】：本章主要任务是厘定幼儿园数学教育评价的基本内涵、基本功能、主体和内容；介绍幼儿园数学教育评价的类型与方法；分析并提出幼儿园数学教育评价的基本原则、当前存在的问题和未来的发展趋势。

【学习目标】：通过本章学习，(1)正确理解幼儿园数学教育评价的基本内涵和意义；(2)了解幼儿园数学教育评价的类型、功能、方法与基本原则；(3)分析目前幼儿园数学教育评价存在的问题，预测未来的发展趋势。

第一节 幼儿园数学教育评价概述

一、幼儿园数学教育评价的含义

《幼儿园教育指导纲要（试行）》指出：教育评价是幼儿园教育工作的重要组成部分，是了解教育活动的适宜性、有效性，调整和改进工作，提高教育质量的必要手段。

（一）教育评价

"教育评价"是美国教育家泰勒（R. W. Tyler）于1929年提出的科学概念。此后，学者们提出了各种不同的教育评价定义。但人们普遍认为，教育评价是指以一定的教育目标或教育价值观为依据，运用可行的评价技术和手段，通过系统地收集信息、资料并进行归纳、分析、比较和综合，对教育活动过程和教育效果及影响等做出价值判断，从而为不断优化教育和教育决策提供依据的过程。简单来说,教育评价就是根据一定的目的,运用科学的技术和方法,对教育现象及其效果进行价值判断的活动。它具有以下四个方面的特征:

第一,教育评价是一种客观的价值判断。它既不仅仅是对教育现象的客观描述,也不仅仅是纯技术性的工作,而是以教育中的客观事实为依据进行的一种价值判断。如对教育现象的描述和测验、对信息的收集和整理,以及按照一定的价值观或教育目的进行评价等这些过程,都必须要客观真实。

第二,教育评价的对象具有广泛性。教育评价的对象包括了教育的全部领域,涉及教育的一切方面,如教育活动、教育过程及其效果;在教育过程中影响教育效果的因素,如课程、教学人员、设备、经费、计划的制订与实施等也属于教育评价的对象。

第三,教育评价必须具有相应的评价标准,以便进行比较鉴别。不同的评价标准会导致对同一对象评价的结果不同,因而评价标准要慎重选择。

第四,教育评价是一个动态发展的过程。教育评价是对教育活动、教育现象、教育结果及教育过程本身进行的评价,因此,它是随着教育现象的发展而发展的。

(二)幼儿园数学教育评价

目前,关于幼儿园数学教育评价还没有一个公认的定义。通过对幼儿园教育评价的分析和界定,我们可以给幼儿园数学教育评价作如下描述:幼儿园数学教育评价是指以幼儿数学教育目标为依据,运用可行的评价方法,通过系统地收集信息、资料并进行分析、整理,对幼儿园数学教育活动、教育过程、教育结果,以及影响幼儿数学教育诸因素进行价值判断的过程。简单来说,就是对幼儿园数学教育的效果进行评价。

学习幼儿园数学教育评价,需要注意其与幼儿园数学教育测量和幼儿园数学教育评估的区别。

1. 教育评价与教育测量

幼儿园数学教育测量是指把幼儿园数学教育行为与事先设计的标准行为进行系统化比较,然后赋予数值的过程。结合幼儿园数学教育评价定义,我们可以粗略地认为,幼儿园数学教育评价等于幼儿园数学教育测量加上价值判断,或者说,教育评价就是建立在教育测量基础上的价值判断,是教育测量的深化。

幼儿园数学教育测量是一种以量化为主的事实判断,是对事物的现状、属性与规律的客观描述。测量重在查明事实真相,而评价则是对事实进行价值判断。因此,幼儿园数学教育评价与数学教育测量两者既有联系又有区别。但是,两者有时又是一致的,因为在很多情况下,教育测量本身就含有价值判断的意思。如考试测验是一种测量,但实际上却隐含着评价,即高分就是优秀。

2. 教育评价与教育评估

幼儿园数学教育评价是建立在教育测量基础上的价值判断,评价结果相对来说比较准确;而幼儿园数学教育评估则含有"估量、估计"的意思,带有较大程度的模糊性。然而,幼儿园数学教育本身是一种复杂的活动,其过程也是复杂多变的,因此对很多现象不能进行精确的测量,因此,幼儿园数学教育评价应采取定量与定性相结合的方式。所以,从某种意义上说,它们是共通的,都是一种对事物价值的高低、优劣等的判断。

二、幼儿园数学教育评价的功能

幼儿园数学教育评价的功能是指幼儿园数学教育评价活动本身所具有的能引起评价对象发生变化的作用和能力。它通过幼儿园数学教育评价活动及其结果,作用于评价对象而体现出来,其内容取决于评价活动的结构及运行机制。

(一)导向功能

教育评价是以一定的教育目标为标准进行的判断,所以,对任何评价对象作价值判断,都要依据一定的评价目标、标准、指标及其权重进行。这些评价目标、标准、指标及其权重,对评价对象来说,具有导向作用,能为他们的进一步发展指明方向。被评价对象必须按照目标努力才能达到合格的标准,得到好的评价。因此,教育评价具有引导评价对象朝着理想目标前进的功能。

(二)鉴定功能

教育评价的鉴定功能是指教育评价具有认定、判断评价对象达标与否、优劣程度、水平高低等的功能。它依据一定的评价标准,通过对评价对象相关资料的收集、整理、分析、判断,发现评价对象的优缺点及存在的问题,找到其与评价标准的差距。评价者只有通过评价,根据被评价者达到标准的程度,才能进行有针对性的指导,以促进教育的发展;被评价者也只有通过评价,才能确切地了解自己与评价目标的差距,明确自己努力的方向。

(三)诊断功能

评价是发现和诊断现存问题的重要且有效的手段。评价者收集评价对象的有关资料,进行科学、严谨的分析,并根据评价标准做出价值判断,分析说明评价对象各个方面的优点与不足,发现存在的问题,找到原因,进而对症下药,找到解决问题的途径和方法,从而提高数学教育的质量。教育评价的诊断功能是非常重要的,其目的就是为了更好地促进评价对象的发展。

(四)调节功能

通过数学教育评价,一方面能够使评价者发现和诊断问题,调整教育活动的目标和进度,以更好地服务于教育对象;另一方面,评价对象知道评价结果后,就能够了解自己的优缺点,从而取长补短,进行自我调整。

(五)激励功能

通过数学教育评价,被评价者就能知道自己离目标还差多远,或者离最优秀的被评价者还有多少距离,这就在无形中激发了其斗志,促使其努力学习和工作。

(六)研究功能

数学教育评价需经过一系列程序,如收集评价对象的材料,并对其进行分析,这种活动本身就是一种研究的过程。而且,通过教育评价所获得的资料数据,又可以作为进一步评价或者对某些专题进行研究的基础和前提。同时,对评价对象的评价,还能从中发现问题,生发出一些新的研究课题。

总之,幼儿园数学教育评价对于幼儿园数学教育的发展具有重要的作用。但是,这种评价也并非完全是正面的、积极的,它也具有负面效果,特别是当评价标准本身有缺陷或评价过程有失公平、公正时更为明显。因此,对幼儿园数学教育的评价要慎重,不可以偏概全,要全面、公平、公正、实事求是地评价。

三、幼儿园数学教育评价的主体

《幼儿园教育指导纲要(试行)》(以下简称《纲要》)指出:管理人员、教师、幼儿及其家长均是幼儿园教育评价工作的参与者。评价过程是各方共同参与、相互支持与合作的过程。幼儿园教育工作评价采取以教师自评为主,园长及有关管理人员、教师和家长等参与评价的方法。从《纲要》中可以看出,幼儿园教育评价的主体是多元的,同时又是相互交叉和渗透的。在幼儿园数学教育评价中,评价主体同样也是以幼儿园教师为主,以园长及其他管理人员和家长为辅。

幼儿园教师是幼儿数学教育的直接执行者,对幼儿数学发展的情况最有话语权,是幼儿园数学教育评价的主体。幼儿教师一方面根据幼儿园数学教育的目标,设计教学内容,选择教学方法,创设教学环境,引导幼儿学习数学;另一方面,通过对幼儿数学发展情况的掌握和了解,改进自己的教学方法,发现并解决幼儿在接受数学教育中存在的问题。

幼儿园管理人员(包括教育行政人员和园长)也是幼儿园数学教育评价的主体,他们可以对幼儿教师的教学活动、过程及结果进行评价,调整教师的教学活动的内容和方式；同时，他们还可以根据幼儿数学发展情况及教学的实际情况，调整或改进教学管理方式，以更好地促进幼儿数学知识等各方面的全面发展。

家长也可以对教师和幼儿的数学发展情况进行评价。家长还可以为教师提供幼儿的相关信息，帮助教师更好地教育幼儿。家长是教育评价的重要合作者和参与者。

最后，幼儿也是评价的主体之一。幼儿在评价中的作用通常遭到忽视。实际上幼儿园数学教育评价，最重要的就是评价幼儿的数学素养发展情况，作为评价对象的幼儿，更有资格对自己的情况做出评价。鉴于幼儿的思维能力等尚处在发展阶段，所以幼儿对自己的评价需要成人的引导和启发。成人也需要引导幼儿对自己做出正确的评价，以增强其对数学学习的信心，培养其学习数学的兴趣。

四、幼儿园数学教育评价的内容

《幼儿园教育指导纲要（试行）》指出，教育活动评价应重点考察以下几个方面：教育活动是否建立在对本班幼儿的实际了解的基础上；教育活动的目标、内容、组织与实施方式、环境能否为幼儿提供有益的学习经验，有效地促进其符合目的的发展；教育内容、方式、环境条件是否能调动起幼儿学习的积极性，有利于他们主动学习；活动内容、方式是否能兼顾群体需要和个体差异，使每个幼儿都有进步和成功的体验；教师的指导是否有利于幼儿进一步探索与思考数学问题。因此，幼儿园数学教育评价的内容包括以教师为主体的课程、教学情况评价，以学前儿童为主体的数学发展情况评价。当然，幼儿园或者上级部门也可以对整个幼儿园的数学教育情况进行评价。

（一）以教师为主体的数学教育活动评价

包括对教师数学教育活动的目标、内容、过程、方法、结果、环境等各个方面的评价。

幼儿园数学教育活动目标的评价包括：第一，教育活动是否符合幼儿发展的总目标，是否符合本园从实际出发制定的关于本学期幼儿的发展目标；第二，教育活动是否符合幼儿当前的年龄水平和状况，是否符合幼儿认识世界的方式，是否与幼儿的生活经验水平相适应；第三，教育活动目标是否包含幼儿的数学知识、情感与态度、操作技能等方面的内容。

幼儿园数学教育活动内容的评价包括：第一，教育活动的内容是否与幼儿园数学教育目标及幼儿教育发展总目标相一致；第二，教育活动的内容是否与幼儿的生活紧密联系，是否在幼儿学习的最近发展区之内；第三，教育活动的内容是否能够激发幼儿对数学学习的兴趣与热情；第四，教育活动内容是否能为师幼提供互动的机会,是否能为幼儿提供直接参与学习的机会等。

幼儿园数学教学过程的评价包括:第一,教师开展教学活动的过程是否循序渐进、符合逻辑;第二,教学过程是否自然、流畅;第三,教学过程是否充分考虑到了幼儿的个体差异及幼儿的发展水平;第四,教学过程是否引起了幼儿学习数学的兴趣与热情,师幼互动是否充分;第五,教学过程是否很好地处理了意外情况,能否根据当时的情况适时修改教学计划和进度等。

幼儿园数学教学方法评价主要是指教学方法是否符合幼儿的年龄特点,是否直观、因材施教,是否有助于教师教学及幼儿理解与参与等。

幼儿园数学教育活动结果评价主要是指活动结果是否达到了预定的目标或效果,教学活动的结果是不是朝着积极的方面发展等。

幼儿园数学教育活动环境评价包括教师是否创设了良好的物质环境与心理环境,活动环境是否宽松自由、是否有助于教师与儿童的学习等。

(二)幼儿数学发展情况评价

幼儿数学发展情况评价可以从认知、情感与态度和技能三个方面进行描述。

幼儿数学认知发展情况评价主要是评价幼儿对"数"概念的理解和掌握,如幼儿是否理解数字顺序、是否能够读出和写出数字、是否能够辨认各种简单的空间和图形形状等。

幼儿数学情感与态度情况评价主要是对幼儿学习数学的态度与情感方面进行评价,如幼儿学习数学的态度是否积极、是否喜欢学习数学等。

幼儿数学技能情况评价主要是对幼儿应用数学知识解决问题的能力的评价,如幼儿是否能够给出一定量物体的个数,是否能够将分散的物体按照一定的次序进行排列等。

综上,幼儿园数学教育活动评价主要是对教师的数学教学情况进行评价。实际上,幼儿园数学教育评价的内容涵盖所有与幼儿园数学教育活动有关的因素,如教师、幼儿、园长、管理人员、家长、教学环境与条件、教育目标及教育政策等,凡是与幼儿园数学教育相关的因素,都可以纳入到幼儿园数学教育评价的范围之内。

第二节 幼儿园数学教育评价的类型与方法

一、幼儿园数学教育评价的类型

幼儿园数学教育评价所涉及的范围很广,可根据不同的标准对其进行不同的分类。

（一）根据教育评价的功能划分

根据教育评价的功能,可以把幼儿园数学教育评价分成三种类型:诊断性评价、形成性评价和终结性评价。

1. 诊断性评价

又称"事先评价",是在教育活动开始之前,为了解幼儿的知识基础情况而进行的评价,一般在学期开始或将采用某种新的教学策略、教学计划之前进行,也可以在一个活动或一系列活动开始时进行。其目的是了解评价对象的现实状况及存在的问题,并分析原因,以使幼儿园数学教育活动的形式、内容、过程等更适合幼儿的自身条件及需要。通过诊断性评价,可以了解幼儿目前的数学学习基础如何、在数学学习方面存在哪些问题等。掌握了这些问题,有助于幼儿园教师有针对性地调整教学计划,加强个别指导,从而保证幼儿园数学教育的顺利进行。

2. 形成性评价

又称"即时评价"或"过程评价",是指在教育活动过程中,为不断了解活动的进展状况、及时对活动进行调整和提高活动质量而进行的连续性评价。其目的是及时了解问题、及时得到反馈,以便及时调整教学内容、方法和进度。一般来说,形成性评价具有以下两个作用:

（1）调整教学活动的目标和内容。通常教学活动都有明确的学习任务和目标,通过形成性评价,可以确定幼儿目前的学习状况,并据此调整学习活动的目标和内容。

（2）强化幼儿的学习行为。通过开展形成性评价,幼儿可以检查自己是否达到了预定的目标,发现自己存在的问题和需要改进的地方。

3. 终结性评价

又称"事后评价"或"总结性评价",是指在某一阶段的教育活动结束时进行的评价,其目的是了解这一阶段的教育效果。如在某一学期的数学教育活动结束时,对幼儿的学习情况进行的终结性评价;或者在某一数学教学活动结束后,为了解这次教学活动的效果,对幼儿有没有理解和掌握相应的概念所进行的评价。终结性评价的方式可以是对幼儿的测查、调查,也可以直接评价幼儿的作业或作品,得出结论。

（二）依据教育评价的参照标准划分

1. 相对评价

是以评价对象群体的平均水平或其中某一对象的水平为评价标准,然后利用这个评价标准来确定评价对象在群体中的相对位置或与群体中某一个体之间的差距的一种评价。相对性评价主要应用于学业成绩评价,一般采用百分制或等级制计分,计分的标准常常以群体的平均水平为基点。需要注意的是,相对评价的目的在于改进教学质量,而不是把它作为奖惩教师与学生的手段。

(1)相对评价的特点:① 评价的标准是在某个评价对象群体的内部确定的,所以其不适用于其他群体;② 评价的标准是对评价对象所在的群体进行测量以后确定的,与教育目标并无直接关系;③ 相对评价的评价结果只说明评价对象在该群体中所处的相对位置。

(2)相对评价的优点:① 适应性强,应用范围广。对任何群体都可以利用相对评价的方式进行评价,以找出每个个体在所在群体的相对位置;② 用建立在对评价对象群体测评基础之上的标准进行评价,有利于发现个别差异,能对评价对象作出较为客观、公正的判断;③ 有利于激发评价对象的竞争意识,提高个体的学习积极性。

(3)相对评价的缺点:① 相对评价易受到评价群体整体质量的影响。相对评价评选出来的优秀者未必就一定真的优秀,未被评上的也未必就不优秀,它取决于群体的整体水平;② 相对评价的结果所反映的只是评价对象在一定范围内的相对位置,并不能反映他们的实际水平;③ 评价标准是以群体水平为依据的,所以容易导致忽视教育目标的完成情况;④ 容易导致激烈的、无休止的竞争,从而挫伤一部分人的积极性。

2. 绝对评价

绝对评价是在评价对象的群体之外,预定一个客观的或者理想的标准,并运用这个固定的标准去确定评价对象是否达到该标准的一种评价,主要用于评价既定学习目标的达成情况。

(1)绝对评价的特点:① 评价标准是在评价群体以外确定的,不受限于某一群体,所有群体都可以用此标准进行评价;② 评价标准是在对群体进行测量前就已经确定了的;③ 评价结果能说明评价对象达到评价标准的程度。

(2)绝对评价的优点:① 绝对评价通常是围绕教育目标指定的评价标准,为评价对象提出了明确的努力方向和应达到的目标,有利于引导评价对象克服困难,自觉主动地朝目标前进;② 绝对评价可以使评价对象明确自己的实际水平与客观标准之间的差距,有利于创设一种积极向上的学习氛围。

(3)绝对评价的缺点:① 评价标准的制定难以完全做到客观、合理,还不可避免地带有主观因素;②不利于形成竞争氛围。

3. 个体内差异评价

个体内差异评价是指以评价对象以往发展水平或某一状况为标准进行的评价。它既可以是对评价对象的过去与现在的比较,也可以是对评价对象的有关侧面情况进行的横向比较。比如,评价者可以对一名幼儿从3岁到5岁之间的有关数学学习情况进行纵向对比,也可以对一名 6 岁儿童的基本的数学知识、技能与解决问题的能力等方面进行横向比较。

(三)按评价主体划分

1. 他人评价

是指由评价对象以外的其他主体进行的评价。优点是客观性强,可信度高,有利于避免主观片面性;缺点是评价的组织工作比较难,需要较多的人力、物力、财力的支持。

2. 自我评价

是指被评价者对自己所做的评价,如教师或者儿童对自己做出的评价。其优点是不受时间、场合的影响,省时省力,简便易行,可以在较长时间内进行,比较灵活机动,有利于发挥评价对象的主体作用;缺点是缺少外界参照系,客观性比较差。

(四)按评价方法划分

1. 定性评价

是指采用开放的形式如调查法、访谈法、观察法、系统分析法等方式获取评价信息,然后运用定性描述的方法处理有关幼儿发展的信息,对幼儿发展水平作出判断的评价。其优点是适用范围广,比较全面、真实;缺点是评价结果具有模糊性,不利于准确判断幼儿的发展水平。

2. 定量评价

是指预先设定可操作的评价内容,收集并量化评价对象的信息,运用数学方法作出结论的评价。其优点是易于操作;缺点是易导致将评价对象简单化,评价结果可能不真实、不全面。

二、幼儿园数学教育评价的方法

(一)观察法

观察法是指在自然状态或准自然状态下,研究者通过感官或借助于科学仪器,有目的、有计划地对评价对象的行为和表现进行感知、记录、分析的一种收集资料的研究方法。按照是否有明确的观察项目进行分类,可将其分为结构式观察和非结构式观察两种。

1. 结构式观察

结构式观察是指观察者根据事先设计好的要观察的内容进行的可控性观察。它又具体分为时间取样法、事件取样法和行为核查法。

(1)时间取样法。时间取样观察法是指在统一确定的时间内,按一定的时段观察预先确定好的行为,或按预先规定好的行为分类系统对其行为进行归类的方法。主要记录行为是否呈现、呈现的频率及持续时间。通常研究者需要确定总的观察时间和具体的观察时间段,并对要观察的数学学习行为进行定义、制定表格,进行现场记录,然后分析观察结果。时间取样法的优点是省时、简便、客观,可进行量化分析。缺点是它仅适用于研究幼儿经常发生的外显的行为,如儿童在数学学习中的表现等,而且只能说明幼儿某种行为发生的次数和频率,并不能说明幼儿内隐的心理活动和有关的背景资料。

(2)事件取样法。事件取样法是指专门观察和记录预先确定的行为表现或事件的完整过程的观察方法。它重在对事件本身的观察,如事件的特点、性质等,只观察预先确定要观察的行为和表现,对于其他的行为和表现不予记录,只要预定的行为或事件出现,就必须马上记录,并且要随事件的发展持续记录其全过程。它的优点是可以在有准备的情况下获得预先确定的有代表性的行为研究样本,可以保留行为的连续性和完整性,得到有关事件的环境与背景资料。缺点是只能被动地等待特定事件的发生,对事件发生的原因和条件等信息不能充分了解。

(3)行为核查法。行为核查法也叫"清单法"。是指把将要观察的行为制成清单式的表格,即核查表,以此观察某种行为是否出现,并记录观察结果的方法。通常会在核查表的各个项目旁边列出是否出现两项选择,在具体观察时,只要某种行为出现,就立刻进行记录。它具有诊断、测量的功能。行为核查法通常需要研究者根据研究目的确定观察内容,并将其细化为具体的可操作的观察项目清单,然后根据观察记录结果进行整理分析。它的优点是观察目标明确、省时省力、简单易行;缺点是不能记录和保留事件的情境及背景材料。

2. 非结构式观察

非结构式观察是指事先不确定观察内容和步骤,也没有具体的记录内容要求,而对调查对象采取弹性观察和记录的一种非控性观察方法。它具体可分为日记描述法、实况详录法和轶事记录法。

(1)日记描述法。日记描述法简称"日记法",是以日记的形式描述性地记录观察对象的行为表现或教育现象的一种观察方法。它是一种传统的观察研究方法,比较适用于跟踪研究和个案研究,记录的材料真实可靠,方法简便易行。但它需要大量的时间、精力,而且只能说明少数儿童的特点,缺乏代表性。

(2)实况详录法。实况详录法也称"连续记录法",是指在一定时间内对自然状态下的观察对象的行为表现进行持续地观察,并按照自然发生的顺序详尽记录和描述的一种方法。这种方法的目的是获得观察对象详细的、客观的、真实的、全面的行为表现材料,无选择地观察记录对象行为表现中的全部细节,以作进一步定性或者定量分析研究的依据。随着录像技术的发展与应用,这一方法逐渐变得简单易行。如果不具备录像条件,应使用速记法。用手工记录时,观察者的注意力需要高度集中,因此极易疲惫,故记录时间一般在半小时以内为宜。如果需要记录的内容较长,则应该由几个观察者轮流记录。记录内容要客观全面,不添加自己的主观意见与评价。因此,它的优点是实录下来的资料系统、完整,并可长久地保留。其缺点是对记录的技术要求高,人工记录比较困难;需要花费较多的时间和人力记录和处理资料。

（3）轶事记录法。轶事记录法又称"记事法",是研究者对认为有价值或感兴趣的事件进行记录的一种观察方法。它以记事为主,从事件的开始到结束的整个过程都需要按照事件自然发生的顺序进行记录。灵活性强,它不是连续的观察记录,而只是对研究者认为有价值或者感兴趣的事件进行记录。这种方法不受时间限制,不需要特殊的情境和步骤,不需要编制观察记录表格,简单易行;所获得的资料典型、真实可靠,有长期保留和反复研究利用的价值。但由于其往往不是现场记录,而是事后的回忆记录,所以,其内容往往不够准确。

（二）测查法

测查法又称"测试法",是指用预先准备的测试题目或者问题对幼儿的发展水平进行调查的方法。测查法可以用来评价幼儿的数学逻辑思维能力、空间想象能力及分析解决问题的能力。在评价时,要根据评价的目的确定评价内容,编制测试题目,设计记录表格并拟定评分标准,然后根据测查结果进行分析评价。它的优点是能够对很多对象同时进行标准化的测试,在较短的时间里获得大量的信息和资料,而且因为测查法一般是用标准化的问题进行的,所以比较容易对所得的结果进行量化分析。

（三）临床法

临床法是皮亚杰创立的一种方法,它是以提问的方式和为幼儿特别设计的实验环境来测定幼儿的思维发展情况的方法,其过程包括研究主题与问题的搜集和设计、提问的技术及对所收集的资料的诊断、分析、解说等环节。在具体应用时,评价者通常需要事先确定一个谈话的主题,让幼儿自由地叙述自己的想法。评价者在谈话过程中可以作一些必要的提问,也可以灵活地改变问题的提法,引导谈话,了解幼儿的真实想法。另外,在谈话过程中要将内容完整地记录下来,以便分析、总结。

采用临床法不仅能够使评价者和幼儿处于一种轻松、平等的对话过程中,还能使评价者了解幼儿丰富的、真实的行为表现,探讨幼儿内心最真实的想法和思维过程,因此,非常适用于幼儿园数学教育评价。但是这种方法对评价者的素质要求非常高,需要评价者对评价的内容非常熟悉,善于倾听和理解对方,还需要评价者具有较高的语言技巧和敏锐的观察力。另外,用这种方法所搜集到的资料不易进行标准化处理。

(四)作业分析法

作业分析法是指通过分析幼儿的作业、日记,了解幼儿的发展水平与状况,或检测教学活动的效果的方法。在幼儿园数学教育评价中,通过对幼儿的有关图形、空间、排序等作业的分析,可以了解幼儿的数学发展水平和教师的教学水平及存在的问题,并找到解决问题的方法,以促进幼儿更好地发展。

(五)展示法

展示法是让幼儿展示、交流其学习的过程与成果的一种方法。与作业分析法不同的是,作业分析法的主体是教师或其他领导,而展示法的主体除了教师以外,幼儿也是非常重要的评价主体。展示法能使幼儿在真实的学习生活环境下展示自己的作品、与评价者交流自己学习思考的过程。

(六)档案袋评价法

档案袋评价法又称"成长记录袋评价法",是指将在一定时期内的观察记录用档案袋保存起来,并据此对幼儿在一定时期内的学习与发展情况进行分析评价的方法。档案袋评价法所记录的并非是幼儿的所有情况,而是经过选择的能够反映幼儿数学学习情况与发展的材料。这种方法有助于我们全面了解幼儿的数学学习与发展情况。

第三节　幼儿园数学教育评价的基本原则

一、目的性与方向性原则

目的性原则是指在进行教育评价时,必须要有明确的目的,不能为评价而评价。只有首先确定了评价目的,才能决定采用什么样的评价标准和具体的评价方法。目的性原则是由教育评价本身的性质所决定的。

教育评价从某种程度上可以看作对教育目标实现程度作出的价值判断,因此教育评价具有方向性原则,即教育评价是沿着一定的方向进行的。

二、客观性和主体性相结合的原则

客观性是指在对幼儿进行数学教育评价时,必须采取客观的态度、实事求

第十二章 幼儿园数学教育评价

是,不能主观臆断或掺杂个人偏见。因为评价是否客观,关系到评价结果是否正确,关系到评价目的能否达到。主体性原则是指在对幼儿进行教育评价时,要承认幼儿在评价中的主体地位,充分发挥他们的主观能动性,使他们自觉地、积极地参与评价活动。在教育评价过程中,幼儿既是评价的客体,又是评价的主体。

三、科学性与可行性统一原则

科学性是指教育评价应按教育评价活动本身的客观规律办事,以科学的教育评价指标体系为尺度,采用科学的评价方法和技术对评价对象进行实事求是的价值判断。可行性是指评价的指标体系和方法技术要尽可能简便易行,教育评价程序要便于实施和操作。教育评价是对教育现象进行实际的测量和评定,并根据测量和评定的结果作出价值判断。

四、定量评价与定性评价相结合的原则

定量评价,就是对教育过程和结果从量的方面进行分析评价,用数据评价对象。而定性评价,则侧重于质的方面,是对评价对象进行质的描述。对于幼儿园数学教育,鉴于环境和条件的多变及幼儿自身发展的可塑性、多元性,很多情况不能进行量化分析,因此,在对幼儿进行数学教育评价时,要遵循定量评价与定性评价相结合的原则。

五、静态评价和动态评价相结合的原则

静态评价是指对评价对象已经达到或已具备的水平进行的评价。这种评价并不在意评价对象过去或者将来的情况,只评价评价对象在当下的显示状态,它有助于对评价对象进行横向比较,考查其是否达到某种标准。动态评价是指评价对象发展状态的一种评价,它重在考查评价对象的发展潜力和发展趋势,重在纵向比较。在对幼儿进行数学教育评价时,必须要遵循静态评价与动态评价相结合的原则。

六、教育性原则

教育性原则是指在教育评价中必须遵循促进评价对象不断改进和提高的原则,发扬其优点,改正缺点,以促进评价对象向更好的方向发展。贯彻这一原则需要做到以下两点:第一,评价者要根据评价结果,有针对性地给予评价对象以指导和帮助;第二,充分尊重和信任评价对象,从实际出发,帮助评价对象掌握自身在今后一个时期内的发展方向,扬长避短,争取更大进步。

七、可比性原则

可比性原则要求在对一个一定范围内的群体进行教育评价时,要有统一的评价标准,以保证在这个范围内的群体都能根据这个评价标准进行评价,并能进行纵向和横向比较。通过纵向对比,能够看到评价对象个体发展的轨迹和动态的发展变化过程,从而进一步提高教育质量;通过横向对比,能够看到评价对象个体各个方面的发展情况,有助于评价对象取长补短。

八、全面性原则

全面性原则要求评价的内容要全面,收集的信息要全面,不能片面强调评价指标体系中的某一项目,更不能偏听偏信。贯彻全面性原则,首先要抓住评价标准的全面性,尽可能全面反映教育目标;其次,在评价中要尽可能全面、充分地收集信息资料,以使评价建立在客观、全面、真实的材料基础上;最后,要用多种评价工具、多种评价方式方法进行综合评价。

第四节 当前幼儿园数学教育评价存在的问题与发展趋势

一、当前幼儿园数学教育评价存在的问题

(一)评价主体单一,没能充分发挥家长、幼儿等评价主体的作用

《纲要》指出,幼儿园教育评价的主体是管理人员、教师、幼儿及其家长,也就是说幼儿园教育评价的主体应该是多元的。幼儿身心发展不成熟,认识水平有限,逻辑思维程度不高,因此,在教育评价中通常容易被忽视。评价者通常将评价对象特别是幼儿看作一个等待被动接受评价的因素,认为评价纯粹是一个独立于幼儿之外的过程,似乎与幼儿没有关系。家长的评价地位也被忽视,幼儿园最常规的做法就是教师对儿童进行评价,然后反馈给家长,而没能将家长纳入到幼儿评价的主体范围之内。而园长及行政工作者,又不能真正深入了解幼儿园数学教育的实际发展情况,因而幼儿园数学教育评价的任务就自然而然地落在了教师头上,而这又会使评价主体单一,没能充分发挥幼儿、家长等的评价作用。

(二)评价过于注重结果,忽视过程

在对幼儿园数学教育进行评价的过程中,评价者往往只重视幼儿是否按照

第十二章 幼儿园数学教育评价

要求解决了某个问题,比如幼儿是否能够按照要求从1数到10,或者回答更加复杂的一些问题。通常来说,幼儿对数的学习是需要很长的一段时间的,在这个过程中,幼儿是如何学习、理解的,幼儿获得了怎样的阶段性的成果,这些都应该被纳入到评价内容中去,而不仅仅重视评价结果。

(三)评价内容单一,过于注重知识评价,而忽略情感与技能评价

幼儿园数学教育的目标包括三个方面,即认知、情感与态度及操作技能。目前幼儿园关于数学教育的评价,过于注重幼儿对数的知识掌握情况,如幼儿是否知道"1+1=2",而忽视了幼儿对数学的情感态度,如是否对数学感兴趣,是否愿意学习数学等。

(四)评价过于注重甄别与评定功能,忽视教师的发展

幼儿园数学教育评价不仅是对幼儿数学学习情况的评价,也是对教师教学情况的评价。在对幼儿进行评价时,往往忽视了评价的其他功能,如诊断功能、激励功能等;在对教师进行评价时,往往仅关注教师教学效果的优劣,并以此作为教师评级的依据。

(五)评价过于注重定量评价,忽视定性评价

幼儿园数学教育评价方法更多的是采用量化的方式,如给儿童一个分数、一个等级。量化评价可以用来了解幼儿的学习情况,但可能会影响幼儿学习和主动探究的积极性,忽视了幼儿在学习和活动过程中的情感、认知、态度、语言等方面的发展。幼儿在学习数的过程中,有着很多不确定的、复杂的因素,因此,评价者很难制定一个精确的数量化的结构或模式去评价,因此,对幼儿数学教育过程中的某些方面采用定性的方式去评价和描述,是必不可少的。

除上述种种问题之外,在幼儿园数学教育评价中,还存在着其他问题:如幼儿教师倾向于根据幼儿的一次数学作业或行为进行评价、忽略儿童数学学习的过程性、教师没能充分利用幼儿数学学习的评价结果来反思教学等。

二、幼儿园数学教育评价的发展趋势

(一)评价主体多元化,注重家园合作评价

《纲要》指出,幼儿教育评价的主体是多元的,评价是一个由教师、管理人员、园长、幼儿及其家长等多方参与的过程。而目前在幼儿园数学教育评价中,评价的主体并不是多元的,通常评价的任务都落在了幼儿教师身上。要更好地促进幼儿的发展,评价主体势必要用家园合作方式。家长对幼儿学习的影响,对幼儿

生活的观察和感悟,是幼儿园教师对幼儿进行评价的必不可少的信息源。

(二)由他人评价方式逐渐转向以自评为主、他人评价为辅的方式,注重评价方式的多样化

在幼儿园,对幼儿的评价通常是由教师进行的,而对教师的评价是由其他教师、园长或上级领导进行的,这样能够保证评价的相对公平、客观。但是,这种由他人评价的方式会遗漏很多更重要的东西,他人评价只能评价一些看得见、听得到的东西。在数学教学过程中,教师和幼儿都有自己的想法,有自己的感受,因此,引导和鼓励其进行正确、合理的自我评价,有助于更好地发现问题、诊断问题、分析原因,并找到解决问题的方法,促进教师和幼儿更好地发展。在进行评价时,评价方式应该多样化,不可只采用某一种方式,避免因为评价方式自身的缺陷而导致评价结果失真。评价既可以用书面考试、口试、活动报告等方式进行,也可用课堂观察、课后访谈、作业分析、建立学生成长记录袋等方式进行。

(三)评价内容倾向生活化,注重过程性评价

对幼儿园数学教育的评价,不再是进行简单地纯知识性的考查,而是结合幼儿生活中与数学有关的情境对其进行考查。这种方式贴近幼儿生活,更加形象生动,而且因为贴近生活,所以既能考查幼儿对数学知识的掌握情况,也能考查幼儿运用数学知识解决实际问题的能力情况,因而评价内容的生活化能够更加真实地反映出幼儿数学学习的情况。

在评价时,应从强调甄别式的评价向发展性评价发展,注重过程性评价。过分注重结果必然导致忽视幼儿或者教师在数学教育中的动态发展过程,忽略更多丰富、更有意义的东西,不利于师幼的全面发展。对幼儿数学教育的评价,既要关注幼儿对数学知识与技能的理解和掌握情况,更要关注他们对数学的情感与态度;既要关注幼儿数学学习的结果,更要关注他们在学习过程中的变化和发展情况。重点应放在纵向评价上,强调对幼儿的过去与现在的比较,强调评价的诊断功能和促进功能。

(四)以定量评价与定性评价相结合的方式呈现评价结果

传统的幼儿园数学教育评价多采用量化评价方式,即用分数来表示幼儿的表现和成绩。幼儿的可塑性很强,幼儿数学教育中所涉及的很多因素都是复杂多变的,所以,仅仅用一个数值是很难完整反映幼儿在学习数学方面的各种情况;而定性评价则能够很好地弥补定量评价的不足,能够清楚、详细地反映幼儿的数学学习发展情况。

（五）以发展的眼光看待幼儿，注重幼儿个体差异评价和纵向评价

幼儿园数学教育评价的目的是了解幼儿的数学发展状况，提供适宜的帮助和指导，促进幼儿认知、情感及解决问题能力的发展。因此，在评价时应注意幼儿的个体差异，不能用一个标准评价不同的幼儿，要针对幼儿的不同情况采取不同的评价方式。幼儿是发展中的个体，幼儿的任何行为都可能预示着一种转变或发展，因此，评价幼儿不宜采用静态评价方法，而应该采用动态评价方法，以发展的眼光对待幼儿

▶阅读推荐◀

1. 张慧和、张俊.幼儿园数学教育.北京：人民教育出版社，2004
2. 金浩.幼儿园数学教育概论.上海：华东师范大学出版社，2000
3. 熊小燕.论幼儿园数学教育的评价与改善.早期教育（教科研），2012（1）

▶思考与探索◀

1. 怎样理解幼儿园数学教育评价的内涵？
2. 试述幼儿园数学教育评价的方法及评价原则。
3. 简述幼儿园数学教育评价的类型。
4. 幼儿园数学教育评价的功能有哪些？
5. 论述目前幼儿园数学教育评价存在的问题。
6. 论述幼儿园数学教育评价的发展趋势。

参考文献

著作类：

1. [瑞士]皮亚杰.儿童心理学.吴福元译.北京:商务印书馆,1980
2. [苏联]列乌申娜.学前儿童初步数概念的形成.曹筱宁译.北京:人民教育出版社,1982
3. [美]R. W. 柯普兰.儿童怎样学习数学.杭生译.上海:上海教育出版社,1985
4. [英]帕梅拉·利贝克.儿童怎样学习数学——父母和教师指南.方未之译.北京:人民教育出版社,1987
5. [美]玛丽·霍曼,等.活动中的幼儿——幼儿认知发展课程.郝和平、周欣译.北京:人民教育出版社,1994
6. 林嘉绥、李丹玲.幼儿园数学教育.北京:北京师范大学出版社,1994
7. 邹兆芳.幼儿数学新编.上海:三联书店出版社,1996
8. 魏超群.数学教育评价.南宁:广西教育出版社,1996
9. 王志明、张慧和.科学.南京:南京师范大学出版社,1997
10. 朱家雄.皮亚杰理论在早期教育中的运用.北京:世界图书出版公司,1998
11. 张大均.教育心理学.北京:人民教育出版社,1999
12. 陈琦、刘儒德.当代教育心理学(修订版).北京:北京师范大学出版社,2007
13. 王振宇.儿童心理发展理论.上海:华东师范大学出版社,2000
14. 金浩.幼儿园数学教育概论.上海:华东师范大学出版社,2000
15. 陈向明.教师如何做质的研究.北京:教育科学出版社,2001

16. 庄虹. 幼儿园教学模式介绍. 长春：东北师范大学出版社，2003

17. Rheta Devries，等. 幼儿教育课程发展理论与实务. 薛晓华，等，编译. 台北：台北市学富文化发行，2003

18. 周欣. 儿童数概念的早期发展. 上海：华东师范大学出版社，2004

19. 张慧和、张俊. 幼儿园数学教育. 北京：人民教育出版社，2004

20. 徐苗郎. 我的幼儿园数学活动模式. 上海：上海社会科学院出版社，2004

21. 钱莹臻. 童心里生长的数学. 北京：中国少年儿童出版社，2005

22. 夏历. 学前儿童科学教育活动指导. 上海：复旦大学出版社，2005

23. 黄瑾. 幼儿园数学教育（修订版）. 上海：华东师范大学出版社，2007

24. 陈帼眉、姜勇. 幼儿教育心理学. 北京：北京师范大学出版社，2007

25. Rosalind Carlesworth，Karen K. Lind. 幼儿数学与科学教育. 李雅静等译. 北京：北京师范大学出版社，2011

26. [德]卡西尔. 人论. 甘阳译. 上海：上海译文出版社，1985

27. [英]帕梅拉·利贝克. 儿童怎样学习数学. 方未之译. 北京：人民教育出版社，1986

28. 金浩. 学前儿童数学教育概论. 上海：华东师范大学出版社，2000

29. 马忠林. 数学学习论. 南宁：广西教育出版社，1998

30. 中央教科所. 发展中的苏联教育. 北京：教育科学出版社，1989

31. 虞永平. 学前教育学. 南京：江苏教育出版社，1996

32. 许卓娅. 学前儿童音乐教育. 北京：人民教育出版社，1996

33. [挪威]让—罗尔·布约克沃尔德. 本能的缪斯——激活潜在的艺术灵性. 王毅等译. 上海：上海人民出版社，1997

34. 陈帼眉、刘焱. 学前教育新论. 北京：北京师范大学出版社，1996

35. 金浩、黄瑾. 学前儿童数学教育. 上海：华东师范大学出版社，1999

36. 杨汉麟、周采. 外国幼儿教育史. 桂林：广西师范大学出版社，2000

37. 曹中平. 幼儿教育心理学. 大连：辽宁师范大学出版社，2001

38. 冯忠良. 结构—定向教学的理论与实践（上）. 北京：北京师范大学出版社，1992

39. [苏联]维果斯基. 维果斯基教育论著选. 余震球译. 北京：人民教育出版社，1994

40. 陆磊. 幼儿数学优化教程——新课程背景下3~6岁幼儿数学活动设计. 上海：上海古籍出版社，2006

41. 廖丽英、范佩芬. 蒙氏数学教师用书（亿童幼儿园数学教育课程）. 武汉：湖北美术出版社，2005

42. 玛丽·霍曼等. 活动中的幼儿. 郝和平等译. 北京：人民教育出版社，1995

论文类：

1. 刘范.国内九个地区 3～7 岁儿童数概念的运算能力发展的初步研究.心理学报,1979(1)
2. 林嘉绥.儿童对部分与整体关系认识发展的实验研究——4～7 岁儿童数的组成和分解.心理学报,1981(2)
3. 吕静、王伟红.婴幼儿数概念的发生的研究.心理科学通讯,1984(3)
4. 曹飞羽.学前儿童数概念的发展.课程·教材·教法,1984(3)
5. 丁祖荫、哈咏梅.幼儿形状辨认能力的发展.南京师范大学学报(社会科学版),1985(3)
6. 方富熹、方格.学前儿童分类能力的初步试验研究.心理学报,1986(2)
7. 林嘉绥、王滨.3～6 岁儿童掌握长度排序能力发展的初步研究.学前教育研究,1989(5)
8. 方格、冯刚、方富熹、姜涛.学前儿童对短时时距的区分及其认知策略.心理科学,1994(1)
9. 魏华忠、宋世龙.3～6 岁儿童传递性关系推理的研究.心理学报,1994(3)
10. 林泳海.3.5～5.5 岁学前儿童时间认知发展的实验研究.心理发展与教育,1996(1)
11. 林泳海.5～7.5 岁儿童时间持续认知发展的实验研究.心理发展与教育,1996(1)
12. 杨姗、方格.儿童时距认知的研究简介及发展趋向.心理科学进展,1998(1)
13. 方格、田学红、毕鸿燕.幼儿对数的认知及其策略.心理学报,2001(1)
14. 曹瑞、阴国恩.3～7 岁儿童分类方式对分类结果影响的研究.心理发展与教育,2001(2)
15. 方格等.幼儿对数的认识及其策略.心理学报,2001(3)
16. 毕鸿燕、方格.4～6 岁幼儿空间方位传递性推理能力的发展.心理学报,2001(3)
17. 曾盼盼、俞国良.数学学习不良的研究及趋势.心理科学进展,2002(1)
18. 莫雷、邹艳春.3～5 岁幼儿一位数大小比较的信息加工模式.心理学报,2003(4)
19. 张华、庞丽娟.儿童早期数学认知能力的结构及其特点.心理学报,2003(6)
20. 张华、庞丽娟、许晓晖、陶沙、董奇.家庭生态环境与儿童早期数学认知能力.北京师范大学学报(社会科学版),2005(3)
21. 戴佳毅、王滨.4～6 岁幼儿排序能力发展特点的初步研究.幼儿教育(教

育科学),2010(10)

22. 史大胜、楚琳.新西兰学前数学教育发展现状及特点研究.外国教育研究,2011(9)

23. 张莉、韩楠楠.武汉市幼儿园大班儿童加减运算能力的发展水平.学前教育研究,2012(2)

24. 熊小燕.论幼儿园数学教育的评价与改善.早期教育(教科研),2012(1)

25. 刘果元.3～4岁儿童分类能力培养的实验研究.天津师范大学硕士学位毕业论文,2001

26. 焦丽梅.图形形状对4～7岁儿童大小知觉的影响.天津师范大学硕士学位论文,2004

27. 王燕.儿童传递性推理能力发展的实验研究.江西师范大学硕士学位论文,2006

28. 常宏.3～6岁儿童平面几何图形组合能力的发展研究.华东师范大学硕士学位论文,2009

29. 马以念.21世纪初中国少数民族地区的婴幼儿教育.21世纪婴幼儿教育国际研讨会论文(香港),1989,7

30. 郑毓信.美国数学课程标准(2000)简介.中学数学教学参考,1999(7)

31. 张志勇.义务教育教学新体系的探索.教育研究,1992(2)

32. 刘范等.在国内九个地区3-7岁儿童数概念和运算能力发展的初步研究.心理学报,1979(1)

33. 吕静、王伟红.婴幼儿数概念的发生的研究.心理科学通讯,1984(3)

34. 孙汀兰.学前儿童数学教育理论与实践.北京:科学出版社,2009

35. 丁祖荫.幼儿形状辨认能力的发展.南京师范大学学报(社会科学版),1985(3)

36. 林嘉绥、王滨.3～6岁儿童掌握长度排序的初步探讨.学前教育研究,1989(5)

37. 林泳海.4.5～7.5岁儿童时间持续认知发展的实验研究.心理发展与教育,1996(1)

38. 方格、方富熹、刘范.儿童对时间顺序认知发展的实验研究Ⅱ,心理学报,1984(3)

39. 朱曼妹、武进之.儿童对几种时间词句的理解.心理学报,1982(3)